镇江市软科学研究项目"镇江市农民工子女家庭教育问题研究"
(编号:YJ2011013)研究成果

农民工随迁子女家庭教育问题研究

沈茹 著

苏州大学出版社

图书在版编目(CIP)数据

农民工随迁子女家庭教育问题研究/沈茹著.—苏州:苏州大学出版社,2015.11
镇江市软科学研究项目"镇江市农民工子女家庭教育问题研究"(编号：YJ2011013)研究成果
ISBN 978-7-5672-1564-1

Ⅰ.①农… Ⅱ.①沈… Ⅲ.①流动人口－家庭教育－研究 Ⅳ.①G78

中国版本图书馆 CIP 数据核字(2015)第 261488 号

内 容 简 介

本研究综合运用问卷调查、个案访谈、文献法、参与式观察等多种研究方法,以法国社会学家布迪厄的文化资本理论以及其他相关理论为主要理论依据,对农民工随迁子女的家庭教育资本状况、家庭教育现状以及家庭教育的城市适应状况进行了全面分析,找出农民工随迁子女家庭教育存在的问题及其深层次的原因。探讨适合于农民工随迁子女家庭教育的指导模式,提出改善农民工子女家庭教育的有效策略。

农民工随迁子女家庭教育问题研究
沈 茹 著
责任编辑 施 放 周建兰

苏州大学出版社出版发行
(地址：苏州市十梓街1号 邮编：215006)
苏州恒久印务有限公司印装
(地址：苏州市友新路28号东侧 邮编：215128)

开本 890 mm×1 240 mm 1/32 印张 8.25 字数 259 千
2015 年 11 月第 1 版 2015 年 11 月第 1 次印刷
ISBN 978-7-5672-1564-1 定价：22.00 元

苏州大学版图书若有印装错误,本社负责调换
苏州大学出版社营销部 电话：0512-65225020
苏州大学出版社网址 http://www.sudapress.com

目　录

第一章　绪　论 / 001

　　第一节　问题提出和研究背景 / 001
　　第二节　概念的界定 / 008
　　第三节　研究综述 / 012
　　第四节　研究意义和研究方法 / 024
　　第五节　研究的理论基础 / 027

第二章　家庭教育的特点和意义 / 039

　　第一节　家庭教育的特点 / 039
　　第二节　家庭教育的重要意义 / 048

第三章　农民工家庭化流动与家庭教育 / 057

　　第一节　农民工家庭化流动规模和类型 / 057
　　第二节　农民工家庭化流动的特征和动因 / 061
　　第三节　农民工家庭化流动给家庭教育带来的压力和挑战 / 071

第四章　农民工随迁子女家庭资本状况 / 076

　　第一节　农民工随迁子女家庭经济资本状况 / 076
　　第二节　农民工随迁子女家庭文化资本状况 / 086
　　第三节　农民工随迁子女家庭社会资本状况 / 102

第五章　农民工随迁子女家庭教育现状 / 121

第一节　农民工随迁子女家庭教育环境 / 121

第二节　农民工随迁子女家庭教育观念 / 126

第三节　农民工随迁子女家庭教育方式 / 138

第四节　农民工随迁子女家庭教育沟通 / 157

第六章　农民工随迁子女家庭教育存在的问题及成因分析 / 169

第一节　农民工随迁子女家庭教育存在的问题 / 169

第二节　农民工随迁子女家庭教育问题成因分析 / 177

第七章　改善农民工随迁子女家庭教育的措施 / 189

第一节　政府介入：完善家庭教育运行机制 / 189

第二节　家庭重视：营造良好的家庭教育环境 / 198

第三节　学校指导：提高家庭教育整体水平 / 204

第四节　社区帮扶：丰富家庭教育资源 / 216

附录 / 224

附录一　农民工随迁子女家庭教育情况问卷调查（农民工随迁子女调查问卷） / 224

附录二　一、农民工随迁子女家庭教育情况问卷调查（农民工家长问卷） / 230

二、农民工家长访谈提纲节选 / 240

附录三　农民工随迁子女家庭教育情况问卷调查（教师调查问卷） / 242

教师访谈提纲 / 245

参考文献 / 246

后　记 / 257

第一章 绪 论

第一节 问题提出和研究背景

一、问题的提出

农村剩余的劳动力向城镇转移,是工业化和现代化的必然趋势。随着中国改革开放与城市化进程的逐步推进,中国农村劳动力大规模外出就业,开始了具有中国特色的"民工潮"迁移流动现象。党的十六大以来,国家为了缩小城乡差距,增加农民收入,对农民进城务工采取了积极引导,连续几年出台关于切实改善农民进城就业环境、做好管理和服务的相关政策,农民外出务工进入了一个新的发展时期,规模逐渐扩大。2008年《第二次全国农业普查主要数据公报》显示,农村外出就业劳动力达到13 181万人。根据国家统计局农民工统计监测调查,截至2008年12月31日,全国农民工总数为22 542万人,其中本乡镇以外就业的外出农民工数量为14 041万人,占农民工总数的62.3%。[1] 根据《2012年国民经济和社会发展统计公报》显示,全国农民工总量为26 261万人,比上年增长3.9%。其中,外出农民工16 336万人,增长3.0%;本地农民工9 925万人,增长5.4%。根据人社部公布的最新统计表明,2013年全国农民工总量达2.69亿人,比上年增加633万人;其中外出农民工1.66亿人,比上年增加274万人。2014年全国农民工总量超过2.7亿人。

近年来,举家迁居外出的农民持续增加。据国家统计局《2014年全国农民工监测调查报告》显示,2010年举家外迁的农民工约有3 071万;2011年约有3 279万;2012年约有3 375万人;2013年约

---

[1] 中国进城务工农民子女教育研究及数据库建设课题组.中国进城务工农民随迁子女教育研究[M].北京:教育科学出版社,2010:2.

有3 525万;2014年达到3 578万。可见农民工家庭化流动逐年增多,已具有相当规模。农民工举家外出务工的家庭化流动,必然带来农民随迁子女数量不断增加,有上千万的随迁子女跟随父母来到城市生活,并且呈现逐年递增的态势。据全国妇联发布的《我国农村留守儿童、城乡流动儿童状况研究报告》显示,全国31个省区市均有一定数量的流动儿童,而且在少数几个省份高度集中。流动儿童最多的省份是广东,占全国12.13%,规模达434万。浙江、江苏两省都超过200万人,四川、山东、河南、福建流动儿童也都超过150万人。流动儿童最多的这七个省份占全国流动儿童百分比之和为45.71%,人数之和达1 637万人。调查显示,部分地区流动儿童占当地儿童比例很高,上海市每10个儿童中就有4个是流动儿童,北京和浙江每10个儿童中有3个是流动儿童。值得注意的是,部分中西部地区的流动儿童在当地城镇儿童中所占比例也异常突出,如宁夏、新疆、青海和贵州分别高达41.76%、41.50%、35.79%和34.43%。[①]从这些数据我们不难看出,农民工随迁子女规模逐年扩大,意味着他们在城市的生存与教育问题将进一步突出。他们能否与城市适龄儿童一样接受良好的教育,是关系国计民生的大问题。

中央关注民生,强调教育公平,特别重视进城务工农民随迁子女接受义务教育问题,并出台了一系列关于解决好进城务工农民有关问题的文件。2003年国务院办公厅转发教育部等六部委《关于进一步做好进城务工就业农民子女义务教育工作的意见》中规定:"进城务工就业农民流入地政府负责进城务工就业农民子女接受义务教育工作,以全日制公办中小学为主。地方各级政府特别是教育行政部门和全日制公办中小学要建立完善保障进城务工就业农民子女接受义务教育的工作制度和机制,使进城就业务工农民子女受教育环境得到明显改善。"2006年中央一号文件《中共中央国务院关于推进社会主义新农村建设的若干意见》提出:"进一步清除和取消各种针对务工农民流动和进城就业的歧视性规定和不合理限制……认真解决

---

① 段成荣,吕利丹,王宗萍,郭静.我国流动儿童生存和发展:问题与对策——基于2010年第六次全国人口普查数据的分析[J].南方人口,2013(4):44-55.

务工农民的子女上学问题。"同年颁布的《国务院关于解决农民工问题的若干意见》规定:"输入地政府要承担起农民工同住子女义务教育的责任,将农民工子女义务教育纳入当地教育发展规划。"同年新修订的《中华人民共和国义务教育法》明确规定:"父母或其他法定监护人在非户籍所在地工作或者定居的适龄儿童、少年,在其父母或其他法定监护人工作或者居住地接受义务教育的,当地人民政府应当为其提供平等接受义务教育的条件。"同年《政府工作报告》中明确提出:"要解决城市低收入家庭和农民工子女教育阶段上学困难问题,让每个孩子都有平等接受义务教育的机会。"党的十七大报告进一步提出"要保障进城务工人员子女平等接受义务教育"。教育部2007、2008年工作要点中都明确规定要"以流入地政府为主、以公办学校为主,保障进城务工人员子女平等接受义务教育"。2008年国务院《关于做好免除城市义务教育阶段学生学杂费工作的通知》正式发布,明确要求"切实解决好进城务工人员随迁子女就学问题",重申"进城务工人员随迁子女接受义务教育要以流入地为主、公办学校为主解决"。① 这充分表明,农民工随迁子女教育问题已经成为政府高度关注的重大社会问题和民生问题。

  就目前来看,在国家的大力支持,地方政府的得力贯彻下,农民工随迁子女的义务教育及学校教育问题得到了一定程度的解决。根据教育规律,学校教育、家庭教育和社会教育是不可分割的整体,三者必须有机结合,互为补充,互相促进,才能促进受教育者健康发展。虽然农民工随迁子女义务教育及学校教育问题基本得到解决,但是与之相关的家庭教育、社会教育却发展迟缓,成为三位一体教育整体中的两块短板。儿童的一些基本生活技能、习惯和情感、价值观等主要是在家庭中习得并加以强化的,所以,家庭是儿童社会化开始的地方,家庭教育成为儿童社会化的重要手段之一。农民工随迁子女因为其所在家庭的实际情况以及父母身份的特殊性,在接受教育方面具有与其他城市儿童不太一样的背景,存在一些困难。如父母收入

---

① 中国进城务工农民子女教育研究及数据库建设课题组.中国进城务工农民随迁子女教育研究[M].北京:教育科学出版社,2010:3.

低,家庭经济条件差,父母工作时间长,以致无暇顾及对子女的教育等,诸如此类问题导致农民工随迁子女的家庭教育很大程度上处于缺失或者至少是不完善的状况。如前所述,教育在改变人的命运,提高受教育者择业竞争力方面具有极其重要的作用,所以,要想使农民工随迁子女不再重复其父辈之路,完全融入所在城市,平等参与社会主义现代化建设,公平分享改革发展成果,就必须高度重视农民工随迁子女的教育问题,尤其是家庭教育①。在这一背景下,对农民工随迁子女的家庭教育状况进行了全面分析,找出农民工随迁子女家庭教育存在的问题及其深层次的原因,构建农民工随迁子女家庭教育社会支持体系,提高其家庭教育质量,并帮助他们尽快融入所在城市,就成为一个现实而紧迫的问题。

二、研究背景

(一)社会经济迅速发展,对农村劳动力资源的需求增加

改革开放以来,国内生产总值(GDP)实现了持续高速增长的态势,中国进入了快速城镇化和工业化的阶段,表现为第一产业产值和吸纳就业人员都呈现迅速下降的趋势;而第二、第三产业产值在 GDP 中比重迅速上升,不仅吸纳了绝大多数的劳动力,而且吸纳了第一产业转移出来的剩余劳动力,其中农民工占了很大比例。随着社会经济的飞速发展,其对农村劳动力资源的需求不断增加,农村劳动力的转移规模将进一步扩大。《国务院关于解决农民工问题的若干意见》指出:"农民工是我国改革开放和工业化、城镇化进程中涌现的一支新型劳动力大军……他们对我国现代化建设做出了重大贡献。"

(二)城乡差距扩大,导致农民工家庭化流动趋势增强

目前,我国城乡发展不均衡情况依然存在,尽管改革开放 30 多年来城乡发展保持良好的态势,增长速度飞快,城乡居民收入也有较大增长,但是城乡居民在居民收入、教育发展、公共服务等方面还是存在较大的差距,特别是农村义务教育水平的相当落后,导致越来越多的农民工家庭化流动,且流动趋势持续增长。

---

① 李静.福利多元主义视域下流动儿童家庭教育社会支持体系研究[J].理论导刊,2012(11):24-27.

从城乡居民收入的绝对差额来看,据国研网《宏观经济》分析报告显示,我国城乡居民的收入差距总体呈加速扩大趋势,1978年我国城乡居民的收入差距为209.8元,1992年突破1 000元,1997年突破3 000元,2002年突破5 000元,2006年突破8 000元,2008年突破10 000元,到2012年已达到16 647元,改革开放以来城乡居民收入的绝对差距竟然扩大了79倍之多,目前农村居民收入水平仅相当于城镇居民在2002至2003年的水平,比城镇落后10年。从城乡教育差距分析,由于长期以来形成的城乡二元结构,城乡之间的教育投资差距显而易见,国家将有限的教育经费较多地投入基础较好的城市学校或重点中小学校,却忽略了乡村学校,城乡基础教育相差甚远,不管是硬件还是软件,都无法相提并论。从国民人均受教育年限来看,教育部公布的《中国教育与人力资源问题报告——从人口大国迈向人力资源强国》数据分析显示:"1982至2000年,农村15岁及以上人口人均受教育年限从4.70年上升到6.85年,城镇15岁及以上人口人均受教育年限从7.57年上升到9.80年,农村比城市低2.95年;而且2000年我国15岁以上文盲人口有四分之三分布在农村。"根据中国第五次全国人口普查结果,农村劳动力人口人均受教育年限为7.33年,而城市是10.20年,城乡人均受教育年限差距是2.87年。① 从中可以看出,城乡教育差距还是相当大的。

现代推拉理论认为,劳动力迁移的推拉因素除了更高的收入以外,还有更好的职业、更好的生活条件、为自己与孩子获得更好的受教育的机会,以及更好的社会环境。在市场经济和人口自由流动的情况下,人口迁移和移民搬迁的原因是人们可以通过搬迁改善生活条件。于是在流入地中那些使移民生活条件改善的因素就成为拉力,而流出地中那些不利的社会经济条件就成为推力。人口迁移就是在这两种力量的共同作用下完成的。② 因此,城乡收入差距与城乡

---

① 中国进城务工农民子女教育研究及数据库建设课题组.中国进城务工农民随迁子女教育研究[M].北京:教育科学出版社,2010:6-8.
② 柳波.并非通过法律的维权——以中国转型期"农民工"的维权途径选择为视角[D].重庆:西南政法大学,2008:12.

教育发展差距为农村劳动力外出产生了强大的"推拉合力",大多数外出打工的农民工在进城后选择继续留城生活,并且在适当的时候,经济条件允许的情况下举家迁移,导致农民工随迁子女的人数越来越多。

(三)维护教育公平,迫切需要解决农民工随迁子女教育问题

教育涉及千家万户,事关人民群众切身利益,实现教育公平既是建设中国特色社会主义与构建和谐社会的基本要求,也是我国教育改革和发展始终不懈追求的目标。教育公平的内涵可以分为三个层次:确保人人都享有平等的受教育的权利和义务;提供相对平等的受教育的机会和条件;教育成果机会和教育效果的相对均等,即每个学生接受同等水平的教育后能达到一个最基本的标准,包括学生的学业成绩上实质性公平及教育质量公平、目标层次上平等。[①]

教育公平是社会公平的重要基础,农民工子女教育问题是实现教育公平必须解决的瓶颈问题,是任何一个崇尚公平与正义的社会都必须正视的问题。让适龄农民工子女不再游离于义务教育之外,平等享有受教育的权利,它不仅关系到广大农民工的切身利益,更关系到下一代人的健康成长。全纳教育理论积极倡导教育公平和全部接纳(即共同、共容),反对排斥,强调合作,反对歧视,主张全纳,强调尊重个体差异和多样化存在和发展;力求促进人与人、人与社会、人与自然的和谐共处,进而建立一种无歧视、无排斥的,平等、公正、和谐相处的全纳社会。因此,使所有农民工随迁子女都能在城市里享受公平、均衡的优质教育,才能符合教育公平和全纳教育理念的实质,才是构建和谐社会的要旨。[②] 农民工随迁子女的教育问题不仅是教育问题,也是复杂的社会问题,解决得如何,不仅关系到随迁子女的健康成长,还关系到教育的公平和社会的稳定,必须引起我们高度重视。

---

① 郑凌燕.我国高校大学生资助政策存在的问题及对策研究[D].南昌:南昌大学,2009:40-49.

② 中国进城务工农民子女教育研究及数据库建设课题组.中国进城务工农民随迁子女教育研究[M].北京:教育科学出版社,2010:8-9.

(四)家庭教育意义重大,必须有效解决农民工子女家庭教育问题

家庭是个体出生后接受社会化的第一个社会环境,是一个人所受全部教育的基础,家庭教育对于个人的成长和发展具有举足轻重的作用,它将伴随我们一生。家庭教育将教育活动与家庭生活交织在一起,以其独特的方式起着学校教育和社会教育不可取代的作用。家庭教育是儿童教育的基础,家长也是儿童的终生老师。在儿童的心理还没有成熟,其人生观和世界观还没有完全形成的情况下,孩子的健康成长需要家长的正确引导。苏联教育学家苏霍姆林斯基就曾经把儿童比喻成了需要六位雕塑家来进行雕刻的大理石,这六位雕刻家分别为:家庭、学校、儿童所在的集体、儿童本人、书籍以及在儿童成长过程中偶然出现的因素。从以上排列的顺序来看,家庭被列为第一要素,因此,可以看到家庭教育对儿童塑造的决定性作用。由于我国经济、文化的全面发展以及独生子女政策的实施等因素,家庭教育越来越显示其重要性,已逐渐受到社会的重视。全国妇联和国家教育部曾联合下发了《全国家庭教育"十二五"计划》和《家长教育行为规范》等重要纲领性的文件,对家庭教育提出了具体的目标要求,强调家庭教育是未成年人成长发展中不可或缺的重要环节,是社会主义精神文明建设的重要内容。这些文件提出,继续扩大家庭教育和科学育儿知识的宣传和普及,使广大家长的整体素质和教育子女的能力得到全面提高。我国教育法更是规定:"父母有抚养教育未成年子女的义务"、"父母有管教和保护未成年子女的权利和义务"。这也从法律的角度规定了家庭具有法定的教育职责,每个有子女的公民必须认真履行教育子女的义务。目前农民工随迁子女中6至14岁的义务教育适龄儿童占了绝大多数。这个阶段正是一个人一生发展的基础奠定时期,这时期的孩子可塑性强、依赖性强、天真活泼,正是培养他们良好习惯和健康情感的最佳时期,是掌握基础技能以及基础知识的黄金时期。无论是儿童个人还是国家的未来,儿童小学阶段的教育都不容忽视。目前,许多的学校都为农民工随迁子女的全面发展创造和提供了良好的学习氛围和条件,从心理、学习态度以及习惯养成等方面都对他们进行有效的疏导和引导,使他们能够尽

快地融入当地社会的大集体当中去。① 但是对于这些农民工随迁子女的家庭教育而言,学校就显得有些无能为力。因为农民工随迁子女家庭教育问题具有明显多元性特征,既包括因社会分层造成的农民工子女教育享有的不平等,也受到因家庭经济条件不利因素的限制,更受到因家长期望高与支持能力低之间矛盾带来的负面影响,造成农民工随迁子女享有较好的家庭教育的权利不能得到保障。农民工随迁子女的家庭教育问题已经到了急需解决的地步。农民工随迁子女和城市居民的子女一样,都是每个家庭的希望,也是祖国的未来,他们的前途和命运与国家未来的希望密切相关。农民工随迁子女的素质提高关系到我国整体国民素质的提高,关系着我国整个社会的团结稳定,也关系着和谐社会的发展进程。因此,关注这些农民工随迁子女的家庭教育问题,不仅仅是有助于这些孩子的健康成长,也关系着我国整个社会的稳定发展。

第二节　概念的界定

一、农民工

农民工在《辞海》里没有它的定义。农民工概念的界定至今还处于研究探讨中,学术界并没有达成共识,没有明确的法律定义。人们给他们的称谓很多,如:进城务工人员、流动人口、民工、外来人口、暂住人口、打工者、盲流等。有些称谓只是一种形象或习惯的描述,还有些称谓存在明显的社会歧视和偏见。在学术界,"农民工"概念最早由社会学家张玉林教授于1984年提出,后被官方采用,党的十六届三中全会上,党中央第一次把"农民工"写入中共中央正式文件。② 即"农民工是我国改革开放和工业化、城镇化进程中涌现出的一支新型劳动大军。他们户籍仍在农村,主要从事非农产业,有的在农闲季节外出务工、亦工亦农,流动性强,有的长期在城市就业,已成为产业工人的重要组成部分。"农民工虽是农民出身,与农村保持着千丝万

---

① 张丽.农民工子女家庭教育现状的调查和研究[D].上海:上海师范大学,2011:5-9.
② 国务院.关于解决农民工问题的若干意见[N].人民日报,2006-3-28:1.

缕的联系,但他们已逐渐从农民阶层脱离出来而形成新的阶层。

农民工外出务工按照流动距离可分为两种情况:第一是就地流动,在本区县内的就业;第二种是异地流动,走出本区县,到外地务工。20世纪90年代初,离土不离乡就地流动务工是农民工主要方式,曾经兴盛一时。但这种就业方式主要在本地的乡镇企业居多,规模不大,企业缺乏竞争力,收入有限,对农民工吸引力不大。很快异地流动务工成为农民向非农产业转移的主要方式,并成为农民增加收入的主要来源。①本研究的农民工,以这种异地流动务工型的农民工为主要分析对象,就是跨省市或地区(省市内不同地区间)长期外出进城务工就业的农村户籍的劳动力,不包括在本乡或本县从事非农产业的农村劳动力。不仅因为异地流动务工型的农民工已经是农民工的主要类型,更因为与就地流动务工的农民工相比,他们与流入地文化、生活等各方面的差异更为巨大。目前学术界把青年的农民工称为"二代农民工"或"新生代农民工",但是他们目前基本上尚未成家,或其子女未到入学年龄。因此,本研究的农民工主要指"一代农民工",他们的年龄大约在30-50岁之间,并以异地流动到城市的农民工及其家庭为研究样本。他们大多数收入并不高,徘徊在温饱和小康之间。在城市的社会地位、生活水平、职业种类、公民权利等方面均属于城市最底层,但与农村相比,又好了许多,很多学者把他们称之为"城市的边缘人"。本研究主要探究的是这种状况下农民工随迁子女家庭教育问题。少数农民凭借政策的优势和自身的努力,向上发展到较高的层次。虽然他们仍保留了原先老家的风俗和趣味,但是,由于经济收入较高,在社会上得到较多认可,并不属于本研究的范围。

二、农民工随迁子女

农民工子女的称谓很多,从1996年《城市流动人口中适龄儿童少年就学办法(实行)》以来,人们将其称为"城市流动人口中适龄儿童少年"、"流动儿童少年"、"流动人口子女"。在国务院办公厅《关

---

① 王兆萍.转型经济发展中的文化断裂与贫困研究[M].北京:中国社会科学出版社,2007:152-153.

于做好农民进城务工就业管理和服务工作的通知》(国办发【2003】1号)中,将进城务工就业的农民子女称为"农民工子女"。2003年9月,国务院办公厅转发的教育部等六部《关于进一步做好进城务工就业农民工子女义务教育工作意见》中,则统一称其为"进城务工就业农民工子女"。2008年8月,国务院《关于做好免除城市义务教育阶段学生学杂费工作的通知》中又称其为"进城务工人员随迁子女"。政策对象表述变化,不仅与进城务工农民随迁子女教育问题的日趋突出有密切关系,而且也反映了国家把进城务工农民随迁子女教育问题从教育政策问题逐步上升到公共政策问题的认识和变化过程。

本研究所指的"农民工随迁子女"即"进城务工人员随迁子女"或"进城务工农民随迁子女",是指户籍不在县城及以上城市,而随进城务工就业的父母或监护人在县城及以上城市合法居住的,应依法接受九年义务教育的适龄儿童少年。农民工随迁子女类型应包括两类:(1)在农村出生后随父母进城的适龄儿童少年;(2)父母进城务工后,在城市出生并留城生活的适龄儿童少年。

三、家庭教育

家庭制度是人类社会最古老和最普遍的基本制度,社会的变迁使家庭在结构和功能上都发生了变化,但其教育功能却始终存在,只是因社会性质的不同而有所不同,并依社会的需要而不断完善。就家庭的功能而言,《中国大百科全书·社会学》从七个方面概括了家庭的主要功能:经济功能、生育功能、性生活功能、教育功能、抚养与赡养功能、感情交流功能和休息与娱乐功能。由此可见家庭教育是家庭内的固有的基本功能之一,培养适应社会环境和社会生活的"社会人"是家庭教育功能的基本目标。对于什么是家庭教育,不同的学者有不同的表述。《辞海》对家庭教育的解释是:父母或其他年长者在家庭里对儿童和青少年进行的教育;《中国大百科全书·社会学》认为,家庭教育包括父母教育子女和家庭成员之间相互教育两个方面,其中主要是父母教育子女;孙俊三等主编的《家庭教育学基础》中认为,家庭教育就是家长(主要指父母和家庭成员中的成年人)对子女的培养教育;赵忠心在《家庭教育学》一书中指出按照传统的说法,家庭教育是指在家庭生活中,由家长即由家庭里的长者(其中主要是父母)对其子女及其他年幼者实施的教育和影响,这是狭义的家庭教育。广义的家庭教育是人类的一种教育实践活动,主要表现为父母对子女的教育影响活动,也包括家庭中各成员之间相互实施的一种教育。总之,一切有目的有意识施加的影响都是家庭教育。传统社会的家庭教育是指狭义的家庭教育,现代社会强调家庭成员的平等关系,既有包括父母在内的长辈对晚辈的教育,也有晚辈对包括父母在内的长辈所实施的教育,强调教育的互动性。① 由于本研究主要探究农民工随迁子女的家庭教育状况,因此重点运用狭义上家庭教育的概念,家庭教育的对象主要是农民工随迁子女。

四、文化资本

文化资本(capital culture)泛指任何与文化及文化活动有关的有形及无形资产,是表示文化及文化产物究竟能够发挥哪些作用的功能性概念。它有具体化、客观化、制度化三种基本形态。②

文化资本理论认为,教育是文化再生产的工具,它再生产社会财富和权力的平等,并使之合法化。教育所需要的文化能力不是教育自身所能完全提供的。这种文化能力是潜在的,主要从家庭中获得。而来自良好教育家庭的儿童比来自受教育程度不足的儿童能够获得更多的文化资本。文化资本概念的提出是为了达到如下目的:"一是避免了常识性观点的固有假设,常识性观点往往把学术上的成功和失败看成是天赋能力的结果;二是避免了经济主义的倾向,这种倾向尽管明确地提出了教育投资与经济投资的收益率之间的关系问题,但在计算教育投资的产出时,往往只考虑金钱方面的投资与收益,或者那些可以直接换成金钱的东西,例如往往将教育所需的支持等同于用在学习上的那段时间可能产生的经济价值,即所谓的机会成本。"③

五、家庭文化资本

家庭文化资本是文化资本的下位概念,它是由家庭文化资源转

---

① 龚雯.进城农民工子女家庭教育的城市适应研究[D].长沙:中南大学,2007:8.
② 这三种形态在下一节中将展开论述.
③ 布迪厄,包亚明.文化资本与社会炼金术[M].上海:上海人民出版社,1997:193.

化而来的。它同样也具有客观化、具体化、制度化三种基本形态,是指家庭对子女发展造成影响的物质方面和精神方面的所有内容,包括家庭文化及成员的职业、经济条件、文化参与度、家长的教育水平及观念、家庭成员和子女之间的沟通与交流、家长对子女的教养方式、对子女的教育期望以及家庭所拥有文化耐用品等。有学者认为,它是指家庭成员通过相互交流和实践所积累起来的,占有特定的社会资源(如学历、文化商品以及实践中所表现出的文化知识、文化技能、文化修养等),并具有相对较稳定的态势,表现于家庭和社会实践活动中,对子女的成长起至关重要的指引、催进乃至阻碍作用。①

第三节 研究综述

一、农民工随迁子女教育研究文献综述

随着社会主义市场经济体制的建立与城市化进程的加快,越来越多的农民工举家进城务工,他们随迁子女的年龄大多在 6—15 周岁之间,正处于义务教育阶段的儿童、少年被带入城市,他们的教育问题日益成为社会关注的热点。学者们研究内容涉及农民工随迁子女教育的方方面面,主要集中在以下几方面:

(一) 农民工随迁子女教育现状研究

农民工随迁子女教育问题具有真正实质意义的研究是从 1998 年开始的。北京师范大学张斌贤教授的《天津市外来人口子女的义务教育问题的调查研究》,对 1997 年至 2001 年关于流动儿童义务教育问题研究的文献进行梳理后,对流动儿童义务教育存在的问题成因进行分析。随后专家学者相继发表了具有代表性的研究成果。如:吕绍清、张守礼的《城乡差别下的流动儿童教育——关于北京打工子弟学校的调查》;孙红玲的《浅论转型时期农民工子女教育公平问题》;张铁道、赵学勤的《建立适应社会人口流动的接纳性教育》;韩嘉玲的《北京流动儿童义务教育状况调查报告》;赵娟的《南京市

---

① 孙银莲. 论家庭文化资本对学生成长的影响[J]. 湖南师范大学教育科学学报,2006(4):44-46.

农民工子女家庭教育的现状调查》;国务院妇女儿童工作委员会办公室和中国儿童中心共同主持完成的《中国九城市流动儿童状况调查》;中央教育科学研究所教育发展研究部的《中国农民工随迁子女义务教育调查——基于天津、广东和四川三个地区的调查》等。这些研究成果的共同特点是:学者们都是通过一个城市或一个地区特定范围内的农民工随迁子女接受义务教育的整体状态的一系列调查,阐述了地区经济发展的差异性、社会生产力发展的不平衡性、社会制度改革的滞后性等原因,导致了义务教育体制与市场经济不相适应的现实状况。

(二)农民工随迁子女教育问题的成因分析

农民工随迁子女教育存在问题的原因是多方面的,专家学者从不同的视角进行分析。孙红玲的《浅论转型期农民工子女的教育公平问题》研究认为:这是城市化进程中出现的新课题,事关教育公平及优质教育资源的合理配置等,应积极探索符合农民工随迁子女教育特点的管理制度。张铁道的《建立适应社会人口流动的接纳性教育》研究认为:二元经济结构解体与教育机构调整的滞后性之间的矛盾,是造成农民工随迁子女教育问题的重要原因,其中城乡之间在教育资源上的分配差异性是最直接的原因。项继权的研究《农民工随迁子女教育问题的政策反思》认为,除了辍学严重、适龄儿童入学率低、教育歧视等原因外,农民工家庭化流动比例的增加,城乡户籍壁垒的存在,导致了农民工随迁子女不能与城市居民子女同样享受接受同等教育的权利,基础教育被排除在城乡教育体系之外,被边缘化。关键要解决这些问题,就在于政府怎么认识农民工随迁子女的教育问题,是否从心理上将他们与城里人平等对待,从体制上来解决这些现实问题。

(三)对农民工随迁子女教育相关政策的研究

专家学者们对农民工随迁子女教育的相关政策的研究主要从以下几方面展开:第一,农民工随迁子女入学政策研究;第二,农民工随迁子女义务教育政策演变的研究;第三,农民工随迁子女义务教育政策的建议;第四,农民工随迁子女义务教育政策的价值分析。如:史柏年的《城市流动儿童少年就学问题政策分析》;刘义程的《对流动农民工随迁子女受义务教育问题的制度性分析》;项继权的《农民工随迁子女教育问题的政策反思》;周皓的《流动儿童的义务教育:政策制定与服务到位》;范先佐的《进城务工就业农民子女的教育公平与制度保障》等。从教育政策的演变看,王涤的《中国农民工子女教育调查与研究》认为,用"流出地"代替"户籍所在地",弱化户籍带来的制度性障碍;就学方式从"借读"转变为"接收";学杂费要统一标准,不再强调收取借读费;把简易学校纳入民办教育管理范畴加以指导和扶持。田慧生、吴霓的《进城务工人员随迁子女教育问题研究——基于12城市调研的现状、问题与对策分析》研究认为,随迁子女义务教育政策主要涉及我国相关的教育法和一些普遍性规则,如正当性、公平性等,从公平的角度出发,肯定了政策应该向处境不利的儿童倾斜,倡导补偿性和发展性社会政策。周皓的《流动儿童的义务教育:政策制定与服务到位》的研究是从法律角度出发,认为解决农民工随迁子女的教育必须立足于城乡统筹的原则,进一步完善现行的法律制度,整理和修订涉及农民工随迁子女义务教育的相关法规,制定统一的《流动儿童少年教育法》;加快城乡户籍制度改革。①

(四)农民工随迁子女教育问题研究的评价

农民工随迁子女教育问题的研究虽然已经取得了丰硕的成果,但尚未真正地进入深层次的探讨及研究。提出这样的看法主要是基于以下几个方面:第一,有关农民工随迁子女教育问题的论文,在国内知名或全国性有较大影响的学术刊物上发表的还是寥寥无几,大多发表在省、市一级的学术刊物上。第二,研究缺陷。倾向于对区域总体状况的研究,已有研究多集中于北京以及东部发达地区。对于西部欠发达省份的流动儿童研究较少。另外,对农民工随迁子女教育问题研究的主体主要集中在省市教育行政部门和教育研究机构等。高等院校、社会科学研究机构等,对这方面的问题研究较少。第三,从已有研究文献的具体内容分析来看,研究方向狭窄,研究内容很少,需要拓展。这些文献主要从教育公平的角度,学校教育层面,对农民工随迁子女义务教育问题研究较多,而涉及家庭教育和社会教育这两个层面的少之又少。第四,研究方法多为定量研究,通过大

---

① 钟艳君,王小丁,邓芷苡. 近年来我国进城务工人员随迁子女义务教育问题研究综述[J]. 文史博览(理论),2013(9):63-65.

规模的问卷来考察研究对象的总体状况和发展趋势,缺乏深度展现社会事实多样性和特殊性的质性研究。为了进一步深化对农民工随迁子女教育问题的研究,应该在实证研究的基础上,运用多学科视角,运用多种研究方法相结合,努力使研究日益系统化、科学化、实用化。

二、家庭教育研究文献综述

家庭教育的研究问题,一直是国内外专家学者比较关注问题,从社会学、教育学、经济学、心理学等多学科领域进行广泛深入研究探讨,取得了丰硕的研究成果。

(一) 国外家庭教育研究现状

国外专家学者从事家庭教育研究方向主要集中以下几个方面:

1. 移民及其子女的教育问题研究

二战以来,大量移民出现,移民及其子女的教育问题成为社会的现实问题。专家学者从人口迁移的角度,关注移民及其子女教育问题,研究的主要内容是跨文化教育,许多教育与语言教育紧密相连。自20世纪50年代开始,研究成果形成了众多的派别:如文化同化论、文化融合论、文化变迁论、跨文化理解论以及多元文化论等。[①]研究的目的主要是维护移民的利益权利,强调对他们的理解和尊重。对于人口迁移中移民及其子女的教育问题的研究,主要集中于各国教育政策法规、教育救助制度等方面的研究。而移民子女家庭教育资源方面的研究几乎没有涉及。

2. 家庭社会因素对个体教育影响研究

二战以后,国外教育学家、社会学家、心理学家、经济学家等对家庭教育的研究发现,个体的认知发展、学业成就与家庭的环境有较高的相关度。专家学者特别关注研究个体的学业成就与个体家庭背景之间的密切关系。越来越多的研究认为,家庭社会环境与学生的学业成就之间有着密切的关系。特别是1966年著名的《科尔曼报告》;英国1967年发表的《普洛登报告》;胡森1967年主编的《国际数学学业成绩:十二国比较研究》,这三项大规模调查研究报告,成为教育社会学重要研究成果,使得人们改变了以往对学校教育的看法,使人们

---

① 哈经雄,腾星. 民族教育学通论[M]. 北京:教育科学出版社,2001:97.

对家庭背景在学生学业成就中的重要作用有了新的认识。[①]关于家庭社会因素对个体教育影响,主要有三种代表性的观点:(1)直接因素论。认为各种家庭经济地位、社会关系、文化资本等因素都能对子女的教育产生直接的影响,即所谓的有什么样的家庭条件就会产生什么样的教育结果。(2)中介因素论。认为家庭的经济地位与子女的教育有非常密切的关系,但也并不一定是必然和一致的,而影响最大的是一些中介变量,如:父母的教育程度、对子女的期望水平、教育态度和方法、家庭语言和娱乐的习惯等。(3)综合因素论。这种观点把家庭社会地位和社会文化背景、父母受教育程度、父母从事的职业、父母的价值观等各种家庭因素看成是彼此联系,对子女的教育产生综合影响作用。[②]

3. 从社会阶层化与个体教育的关系来进行研究

西方专家学者从社会阶层化与个体教育的关系来进行研究,主要集中在以下三方面:第一,社会阶层化对个体的教育成就是否产生影响?第二,为什么社会阶层化对个体的教育成就会有影响?第三,如何帮助社会低阶层者摆脱不利影响?有关社会阶层化与个体教育成就的关系的研究,一般是以家庭经济地位作为代表,来划分社会阶层化。通常研究根据家庭经济收入、父母职业类别、父母教育程度等客观标准来研究。也有一部分学者使用社会声望评量法以及主观判断来决定家庭社会经济地位。他们研究发现,个体的学业成就与家庭的社会阶层有着显著的正相关性。英国著名的曼彻斯特调查发现,个体的学业教育成就相关因素在家庭之内,家庭对个体学业成就的影响因素的重要性是学校教育和社区教育两项影响因素的总和的两倍。

(二)国内家庭教育的研究进展

从教育学视角研究亲子关系的主要成果有孟育群的《关于亲子关系对少年问题行为及人格特征影响的研究》《少年亲子关系诊断与调适的实验研究》,还有裴秀芳(编译)的《家长的首要期望与孩子的需要》、顾援的《6—16岁儿童对父亲教育技术的评价》。前两篇报告

[①] 杨昌勇,郑淮. 教育社会学[M]. 广州:广东出版社,2005:241-243.
[②] 龚雯. 进城农民工子女家庭教育的城市适应研究[D]. 长沙:中南大学,2007:5-12.

指出了亲子关系在儿童少年社会化的过程中的重要作用,提出了诊断与调适少年亲子关系的策略;后两篇论文则主要从孩子的角度提出了对于家长对待子女态度的期望。从心理学视角的研究报告论述了各年龄段亲子关系的不同特点及其对于子女成长的影响,如刘金明等的《初中生亲子关系、性格特征及其相关的研究》等。从社会学视角论述亲子关系的论文和报告,较为集中地探讨了社会变迁对于亲子关系的影响,如田晓虹的《论转型期亲子互动的特征》,概括出新时期我国发达地区亲子关系的变化趋势;周晓虹的《文化反哺:变迁社会的亲子关系》则着重论述了当代成年人向未成年人学习的理论依据和现实依据。[①]蒋逸民的《教育机会与家庭资本》是国内第一部系统研究学校教育家庭影响因素的专著。该书从科尔曼和布迪厄的研究基础上探讨社会资本的概念,以定性和定量相结合的方法,探讨中国文化背景下,社会资本的测量指标和测量措施,并用社会资本的概念解释家庭拥有资本的因素对学校教育的影响。并认为家庭背景因素影响学校的教育的机会,有效地调动家长这一宝贵的资源可以改善和提高学生成绩,从而提高整个学校教育的有效性。

三、家庭资本对子女学业成就影响的研究综述

近十多年来,许多国内外专家学者从人力资本、经济资本、文化资本和社会资本等家庭资本对个体学业成绩影响的视角进行研究。

(一)家庭文化资本与子女学业成就相关研究

法国学者布迪厄的文化资本理论认为,上层阶级的家庭子女因具有较高的文化资本,与学校教师的文化契合,并影响到教师评分,进而取得好成绩。DiMaggio[②]、Downey[③]、Wong[④]的研究结果均发现不

[①] 刘丹.流动儿童家庭教育资本研究——以昆明市 W 社区为例[D].昆明:云南大学,2010:8-9.

[②] DiMaggio, P. Cultural capital and school success. The impact of status culture participation on the grade of U.S. high school students[J]. American Sociological Review, 1982(2): 189-201.

[③] Downey, D. B. When bigger is not better: family size, parental resources and children's educational performance[J]. American Sociological Review, 1995(5):746-761.

[④] Wong, R. S. K. Multidimensional influences of family environment in education: the case of socialist Czechoslovakia[J]. Sociology of Education, 1998(1):1-22.

同家庭所拥有文化资本的多寡,对于子女学业成就的高低具有显著影响,即家庭的文化资本越多,则越有助于子女教育成就的取得。我国学者李文益与黄毅志的《文化资本、社会资本与学生成就的关联性之研究——以台东师院为例》、卢智泉等的《家庭因素对学生学习成绩的影响》、蒋国河与阎广芬的《城乡家庭资本与子女的学业成就研究》也发现文化资本对子女的学业成就具有显著影响。我国台湾学者卢淑华的《文化资本与学习成就的关系——以台湾教育长期追踪资料库 2001 年至 2005 年追踪样本为例》,其研究结果证实家庭文化资本对学业成就有正向效果。De Graaf[1]和 Farkas[2]等人将文化资本概念扩展为文化资源,除了包括布迪厄的文化资本之外,主要以更具体的指标,如家庭读书氛围、学习材料、视听设备及文化活动(如参观美术馆、图书馆、文化中心)来探讨文化资本对学业成就的影响,其结果证实了文化资本对学习成就的预测作用。

(二)家庭社会资本与子女学业成就相关研究

Coleman[3]将社会资本大致区分为家庭内的社会资本和家庭外的社会资本。其中"家庭内的社会资本"主要包括家庭内的亲子关系、父母对子女教育的关注、期望、支持、投入与参与等;"家庭外的社会资本"主要指父母在社区内的人际关系,包括与邻居的相处、与子女的教师联系,以及与子女朋友家长的关系等。这些人际关系网络的互动越频繁、强度越大,表示社会资本越多,就越能有助于子女获得较高的教育成就。Coleman[4]进一步说明家庭社会资本对于子女教育成就取得的重要性,他特别强调父母与子女之间的亲密关系,并指

---

[1] De Graaf, P. M. The impact of financial and cultural resources on educational attainment in the Netherlands[J]. Sociology of Education, 1986(4):237-246.

[2] Farkas, G., Grobe, R. P., Sheehan, D. & Shuan, Y. Cultural resources and school success: gender, ethnicity and poverty groups within an urban school district[J]. American Sociological Review, 1990(1):127-142.

[3] Coleman, J. S. Social capital in the creation of human capital[J]. American Journal of Sociology, 1988 (supplement):95-120.

[4] Coleman, J. S. Family, school and social capital. In Husen, T. & Postlethwaite, T. N. (Eds), International encyclopedia of education[M]. Oxford: Pergamon Press, 1994. 2272-2274.

出,当子女与父母之间保持密切的关系时,父母本身所拥有的物质及知识技能,才能施展而有助于子女的学业成功。若单亲家庭或父母没有与子女同住的家庭,由于父母与子女间的互动可能不及双亲家庭,因此社会资本较不足;同样的,若家里兄弟姐妹人数众多,父母与每个子女的互动机会可能被稀释,子女能得到的父母关注可能较少,从而不利于子女教育学业成就的取得。[1]

Fejgin[2]、Khattab[3]等学者的研究证实了父母对子女教育的支持与参与、亲子互动频繁以及对子女较高的教育期望都对子女的学业成就有显著影响。至于家庭外的社会资本,Hagan[4]等人的研究指出,搬家的频次对子女学业成就的影响要依据父母对子女教育的支持与参与程度而定,即家庭内社会资本,若搬家频次高,但父母对子女教育的高支持与高参与,则影响程度低,反之,则高。我国台湾学者巫有镒的《影响小学生学业成就的因果机制——以台北市和台东县作比较》,研究结果证实了 Coleman 的社会资本理论,并发现父母的教育期望会影响子女的学习成就。

(三)家庭经济资本与子女学业成就相关研究

国内外许多研究显示,家庭经济资本确实对子女教育成就的取得有影响。Wong[5]以家中是否拥有彩电、冰箱、洗衣机、汽车、房屋等有形物质资源作为经济资本的测量指标,来研究家庭经济资本与教育取得的关系,结果显示,家庭经济资本越多,子女的受教育程度越

---

[1] Blake, J. Number of siblings and educational mobility[J]. American Sociological Review, 1985(5):84-94.

[2] Fejgin, N. Factors contributing to the academic excellence of American Jewish and Asian students[J]. Sociology of Education, 1995(1):18-30.

[3] Khattab, N. Social capital, students' perceptions and educational aspirations among Palestinian students in Israel[J]. Research in Education, 2002(68):77-88.

[4] Hagan, J., Mac Millan, R. & Wheaton, B. New kid in town: social capital and the life course effects of family migration on children[J]. American Sociological Review, 1996(3):368-385.

[5] Wong, R. S. K. Multidimensional influences of family environment in education: the case of socialist Czechoslovakia[J]. Sociology of Education, 1998(1):1-22.

高;而 Stevenson & Baker[①]分析无形资源即学生参加补习教育对于上大学是否有影响,结果也同样显示参加补习教育的学生,就读大学的可能性较高。国内学者蒋国河、阎广芬的《城乡家庭资本与子女的学业成就》,蒋逸民的《教育机会与家庭资本》等研究,也证实家庭经济资本其有形与无形资源都对其子女学业成就有直接影响。另外,Teachman[②]则以教育资源的概念来指称经济资本并将其具体化。家庭教育资源测量指标包括:家中是否有专门学习的地方,是否提供参考书、报纸、字典、百科全书等学习资料。他在研究中指出,父母有高教育程度和高收入可能越有能力与动机创造出教育资源,越有可能帮助子女取得好成绩。

(四) 家庭资本对子女学习成就影响的研究趋势

在国内外各类家庭资本对个体学习成绩影响研究的现状基础上,从三个方面分析现有研究存在的问题,并对未来研究的发展趋势进行展望。第一,是将各种类型的家庭资本理论有机的结合。提出各类资本理论的学者,他们往往基于各自理论研究领域的突出问题,进行理论探讨,都有各自的长处和优点,但也有其局限性和不足,因此,如何将家庭中各类资本理论进行整合和扩张,形成一个新的解释框架,这是学者们需要考虑的问题。第二,考察各类家庭资本对个体学业成就影响的动态特性。家庭资本对个体学业成就的影响,不仅取决于家庭资本的各种类型,以及其具体测量的内容,而且还随个体学业成就的性质而发生变化,同时会因各个国家教育水平不同、教育制度差异、学校性质以及年级情况等因素而发生变化。因此,研究还可向纵深方向发展,研究不同家庭背景、家庭资本对个体学业成绩的影响,进一步探测这一研究的动态特性。[③]

[①] Stevenson, D. L. & Baker, D. P. Shadow education and allocation in formal schooling: transition to university in Japan[J]. American Journal of Sociology, 1992(6):1639 – 1657.

[②] Teachman, J. D. Family background, educational resources and educational attainment [J]. American Sociological Review, 1987(4):548 – 557.

[③] 张翔,赵必华. 家庭资本对学生学业成就影响的研究:现状与趋势[J]. 教育学术月刊,2012(3):86 – 89.

四、农民工随迁子女家庭教育研究文献综述

（一）农民工家庭的研究

有关农民工家庭的研究，一直以来是农民工相关问题研究的薄弱环节，这方面的相关文献资料比较少，有重要参考价值的文献就更少。吴温的《变革中的中国家庭——评〈生存在边缘——流动家庭〉》，虽然明确提及农民工的家庭，但是仅仅是一篇书评，没有阐明实质问题并进行深入细致地剖析。就笔者查阅的相关几篇文章，观点有以下几方面。徐志文的《进城农民工家庭的城市适应性——对福州市武区132户进城农民工家庭的调查分析与思考》，文章通过问卷调查显示，132户农民工家庭，有67户是举家都在福州居住，占50.8%。这些农民工家庭原有的生活方式和价值观念正在改变，逐渐向城市文明体系靠近，因为经济收入、职业地位、文化素养等方面的相对比较弱势，他们家庭的整体素质还比较欠缺。文章还论述了农民工家庭在城市的边缘地位问题，他认为边缘地位，除了包括由于缺乏足够收入，而勉强维持基本的物质生活条件外，还应包括在教育、健康、生活方式等社会文化条件方面的弱势状况。

（二）农民工随迁子女家庭教育研究文献综述

1. 农民工随迁子女家庭教育问题研究的总体现状

农民工家庭化流动，至今也已存在二十多年，但是并没有引起学术界对此问题的太多关注。许多家庭教育学专家如：赵忠心、吴奇程、袁元、彭立荣同时期的专著，都没有"农民工随迁子女家庭教育"等相关的内容，应该说，教育学领域对此问题的研究的发展与农民工随迁子女发展的速度是很不一致的，显得十分滞后。而人口学、社会学和家庭教育社会学领域的学者对这一问题给予了关注。如：李伟梁的《流动人口子女家庭教育问题研究》、关颖的《社会学视野中的家庭教育》、杨宝忠的《大教育视野中的家庭教育》、周伟文的《生存在边缘——流动家庭》等，但这些研究文献对此问题的述及仍是捉襟见肘。比如缪建东在《家庭教育社会学》一书中只是从宏观上探究"社会分层与家庭教育"时，谈及了农民工随迁子女家庭教育问题；而杨宝忠的《大教育视野中的家庭教育》中对农民工随迁子女家庭的教育的论述尚不到千字，且还是以"留守儿童"为主要对象的。由此可见,农民工随迁子女家庭教育问题的研究,无论是教育学、社会学还是相关边缘交叉学科,对该问题研究为数不多,总体状况是滞后与匮乏。

2. 农民工随迁子女家庭教育问题研究具体内容

农民工随迁子女家庭教育问题研究内容,主要以现状调查、存在的问题,问题的原因以及对策研究居多。

(1) 农民工随迁子女家庭教育现状研究。

从所查阅的文献看,农民工随迁子女家庭教育现状研究,学术界基本上以农民工子女的家庭背景等方面为切入点对此进行研究,观点亦相对统一。张翠娥的《武汉市流动儿童家庭教育调查报告》,从家庭教育行为、家庭教育观念和家庭教育效果三个方面对流动儿童的家庭教育状况进行了全面分析,并指出存在的主要问题。赵娟的《农民工家庭子女教养方式的质性研究》,用质性研究方法,通过对12户农民工家庭进行深度访谈,从教育期望、成长指导、教养氛围、控制方式等方面,探讨农民工家庭教养方式,并提出农民工家庭教育的建议。在《南京农民工子女家庭教育的现状调查》一文中,赵娟通过问卷调查法,指出农民工家庭的居住环境恶劣,自身的文化程度不高,职业地位相对低下。她总结出了农民工家庭教育的基本特征:第一是教育投入实用性、功利性较强;第二是教养方式缺乏民主;第三是对子女的期望值较高,并指出农民工子女家庭教育需要社会更多的关注。关颖的《青年农民工如何对下一代负责——天津市青年农民工子女家庭教育状况调查》,从城市文明对儿童的影响、父母的教育期望、父母教育行为方面进行了阐释。周芳的《流动人口子女家庭教育存在的问题及教育干预》,从家庭环境、父母素质、教育条件、亲子关系等方面进行研究,认为农民工文化水平低,但对子女的期望高,重视子女的学习,但又缺乏科学的教育方式方法等。杨贵树的《民工子女家庭教育现状调查及对策建议》还指出,农民工子女家庭教育不足或缺失,教育内容也不完整等状况。

通过上述文献可以得出,农民工随迁子女家庭教育虽然在不同的时空存在一定差异性,但总体看,农民工随迁子女家庭的诸多特殊性导致了农民工随迁子女家庭教育需求性的客观增强,而主观上,农民工家庭本身存在的各种困难障碍,造成其家庭教育严重缺乏,很难给子女提供优质、高效的家庭教育。这种供不应求的矛盾使农民工随迁子女家庭教育面临着一种巨大的压力和挑战。农民工随迁子女家庭教育存在缺位、缺量、缺失的不良现象。

(2) 农民工随迁子女家庭教育存在问题成因研究。

从农民工随迁子女家庭教育存在的问题成因研究的表象看,专家学者似乎有些迥然。但实质上都属于家庭教育观念、家庭教育行为、家庭教育效果三个范畴。关颖、张翠娥对此问题的研究认为,"父母的教育观念是影响家庭教育的深层因素","父母教育行为,满足孩子需要与限制孩子发展并存","家庭经济条件是流动儿童家庭教育根本的制约因素"等结论。李伟梁的《试论流动人口子女家庭教育问题的成因及特点》一文从社会化过程的中断、家庭物质条件的困难、子女入城后的复杂变化、家庭教育方法选择上的困难等四个方面探讨该问题的成因。他的另一篇《流动人口家庭教育问题的影响因素分析》文章,从影响农民工家庭教育的家庭内部环境、学校教育、社区环境、同龄群体和大众传媒等外部环境及社会制度等因素进行了分析和讨论,他的研究涉及面相对广泛,论述也较为深入。[①]

(3) 农民工随迁子女家庭教育问题解决途径和对策研究。

从农民工随迁子女家庭教育问题的文献资料看,在最后都会提出各自解决问题的建议和对策。它们的观点,或短期干预,或长期策略,但大同小异,都着眼于从社会、学校、家庭及子女自身四个方面进行思考,如:张晓玲、杜学元的《外出打工人员的家庭教育问题及对策》与杨贵树的《民工子女家庭教育现状调查及对策建议》认为,家长首先要树立正确的教育观念,要创造和谐民主的内部环境,增强亲情在家庭教育中的作用。其次,学校要兴办"家校",加强对家庭教育的指导力度。李伟梁的《流动人口子女家庭教育问题研究》认为,提高家长的文化素质、道德水平以及家庭教育素质,社会各界、社区要协助、指导农民工家庭教育,创新家庭教育机制。卢克清的《农村外出人员子女的家庭教育现状与对策》认为,要完善家庭教育指导工作的运行机制,营造民工子女"新家",从而在全社会的共同努力下,切实有效地

---

① 章春苗. 温州民工子女家庭教育问题研究[D]. 金华:浙江师范大学,2007:7-16.

解决民工子女家庭教育问题。此外,李伟梁的《流动人口子女家庭教育问题研究》还建议制定、修改和执行相应法律法规,继续推进户籍制度改革,建立家庭环境、社会环境和制度环境三者之间的协调机制等。

关于农民工随迁子女家庭教育的研究文献,在研究方法上,以调查研究为主,从相关文献的类型和内容来看,大部分都对现实状况进行程度不等的调研后而作,对农民工子女家庭教育进行抽样调查,归纳出状况与存在的问题,并提出对策建议。这些文献虽然为研究提供了大量丰富的实例,主要是现状的描述和罗列,研究停留在描述性层面,没有将研究对象置于特定理论发展的线索中去,更没有把现象放在一个理论框架和社会环境下进行研究,研究显得十分空泛。总之对农民工随迁子女家庭教育的研究刚刚起步,成果相当少,尚没有系统的理论体系和研究模式,可以说是一片亟待开垦的蛮荒地。

第四节 研究意义和研究方法

一、研究意义

（一）理论意义

目前对农民工随迁子女的入学问题研究较多,大多从宏观出发,以追求教育公平问题为突破口,着重对农民工子女的入学机会均等进行研究,对于他们的家庭教育的研究较少,现有的较少的研究大多是对现状及成因的分析,策略措施多是从宏观的、从国家政策的高度提出的,研究似乎不够深入。对农民工随迁子女的家庭教育进行专门深入研究的很少。本研究尝试从宏观和微观相结合的角度出发,以文化资本理论、贫困代际传递理论为基础,结合社会支持理论对农民工随迁子女家庭教育资源及其运作状况进行深入分析,系统揭示农民工随迁子女家庭教育存在的问题,试图从宏观和微观层面上提出社会对农民工随迁子女家庭教育进行支持的对策,丰富这一领域的成果。同时希望通过这次研究发现一些带共性的结论,为深入研究农民工随迁子女家庭教育提供一些实证研究的素材,能为寻求解决农民工随迁子女家庭教育问题提供一些经验借鉴。

本研究应用文化资本相关理论,对农民工随迁子女教育的文化资本进行探讨。目前,我国关于文化资本理论的研究大多从宏观的角度出发,而系统地从微观角度用以研究农民工随迁子女家庭教育问题似乎是一个空白。另外,文化资本的理论有许多值得学习、研究、借鉴的地方,但是,布迪厄的文化资本的理论,他是在法国社会基础上研究而得,法国的阶级划分以及当时的社会背景与当代发展中的社会主义中国是有很大差别的,因此,布迪厄的文化资本理论在我国的应用应赋予它中国特色。另外,布迪厄的文化资本理论侧重于高等教育领域,对接受高等教育阶层的人力资本和文化资本之间的关系问题研究较多;而对接受教育较低的阶层的人力资本和文化资本之间的关系问题研究较少,可进一步深入探讨。笔者希望通过对文化资本理论的思考,构建系统的农民工家庭资本分析框架来分析其子女的家庭教育问题。

(二) 实践意义

家庭教育是学校教育和社会教育的基础。英国教育家洛克曾说过:"家庭教育给孩子深入骨髓的影响是任何学校教育和社会教育永远代替不了的。"家庭教育比学校教育更能塑造孩子的个性、人格,影响他们的文化品位和价值观念,它对于子女的健康成长与成才起着特殊重要的作用。农民工随迁子女的家庭教育是关系到国家建设,关系到整体国民的素质的提高,关系到国家长治久安,和谐发展的大事。本研究期望通过对农民工随迁子女家庭教育的研究,力图真实反映农民工随迁子女家庭教育的现状,揭示他们家庭教育中存在的问题以及深层的原因,合理引导他们的家庭教育,同时希望引起社会各界从家庭教育的角度关注农民工子女的发展,提供必要的社会支持,从而提高农民工科学教育子女的能力和水平,提升他们家庭教育的科学性,改善随迁子女家庭教育不良的处境,树立他们的信心,增强他们融入社会的能力,培养出健康合格的社会公民,从而摆脱不利的社会地位代际传递,实现农民工子女的上升流动,实现社会的公平正义。

二、研究方法

(一) 文献法

本研究通过文献检索,在广泛收集教育学、社会学、人口学、经济学等方面的相关内容的文献资料基础上,有针对性地搜集关于农民工、农民工随迁子女教育、家庭教育等方面的研究材料,对其进行整理、归纳、分析,系统化了解国内外对本课题的研究水平和程度,继承与借鉴前人的研究成果,密切关注本领域的最新研究动态,为本研究设计和分析论证提供了丰富的材料和研究思路,使本研究建立在最新理论与实践的基础上。

(二)问卷调查

本研究设计了农民工问卷,农民工随迁子女问卷、城市学生问卷、城市学生家长问卷以及学校教师等不同围度的问卷,就农民工随迁子女家庭资本情况、家庭教育基本条件、家庭教养方式、家庭教育价值取向、家庭教育城市适应情况、亲子关系、家庭与学校和社区的互动等方面进行调查,尽可能全面了解农民工随迁子女家庭教育现状及问题,并依据问卷结果做出具体分析,为本研究提供依据。

(三)访谈法

为了更深入地了解农民工随迁子女家庭教育存在的更深层次的问题,探求家庭教育中的一些问题或现象的真正原因,更全面地发现造成问题或现象的各个要素及其之间的联系,本研究采用了非结构式访谈法,就是以日常生活闲聊式,就农民工随迁子女的家庭教育情况,和农民工随迁子女、家长、学校教师进行有针对性访谈,通过访谈,收集了大量有关农民工随迁子女家庭教育的真实客观资料,增强研究内容的鲜活性和生命性,为深入研究打下坚实的基础。

(四)参与观察

本研究的参与观察是在农民工随迁子女的家中,在农民工随迁子女活动的社区、学校,主要观察农民工随迁子女的居住情况、日常生活起居、父母对子女的态度和子女与其家长之间互动过程中的言行,以及农民工随迁子女之间的互动。

(五)比较法

本研究在问卷调查和个别访谈的基础上,比较城市居民子女和农民工随迁子女在家庭教育资本情况、家庭教育现状等之间的差异,同时比较不同层次农民工随迁子女、不同年龄段农民工随迁子女所受家庭教育的情况,找出他们家庭教育中存在的问题和薄弱之处,为寻找策略提供帮助。

第五节 研究的理论基础

为了更好地探讨农民工随迁子女家庭教育问题,本研究主要运用了三种理论作为分析工具:文化资本理论、贫困代际传递论、社会支持理论。此外,在具体研究过程中也参考了其他教育学、心理学、社会学等一些相关研究理论。

一、文化资本理论

(一)文化资本三种形态

布迪厄将资本分为三种基本形式,即经济资本、文化资本和社会资本,又把此三者的合法形式称之为符合资本。经济资本以金钱为符号,以产权为制度化形式。社会资本(社会关系资本)以社会声望、社会头衔为符号,以社会规约为制度化形式。而文化资本则以作品、文凭、教养为符号,以学位为制度化形态。文化资本主要指任何与文化及文化活动有关的有形或无形资产。它在日常生活中和金钱及物质财富等经济资本具有相同的功能。文化资本可划分为三种形态。[①]

(1)具体形态:与个人身体直接联系的文化资本,又叫作文化能力。它是通过家庭教育和学校教育储存于个人体内的文化知识、文化技能和文化修养,包括体态、姿态、举止仪表、交往行为、操作技能等形式的表现。这种文化资本不可以离开身体被转让或流通,只能在个体身体的直接实践活动中学习或模仿,它是无法通过馈赠、买卖和交换的方式进行当下传承的。因此,"测量文化资本的最精确的方法,就是把获取收益所需时间的长度作为测量的标准"[②]。故布迪厄非常重视家庭在文化资本具体化中的基础作用。

(2)客观形态:以文化商品的形式存在,是文化观念和文化能力的物化,又叫作文化商品。如书籍、电脑、绘画、古董、道具、工具及机械等物质性文化财富。这种文化资本可以被直接传递或转让其形式

---

① 概念界定时已简单说明,这里展开。薛晓源,曹荣湘. 全球化与文化资本[M]. 北京:社会科学文献出版社,2005:8-14.
② 薛晓源,曹荣湘. 全球化与文化资本[M]. 北京:社会科学文献出版社,2005:8.

上的所有权,但对文化商品的消费手段和使用手段也只能靠学习和模仿获得。文化资本与身体化过程紧密相关。布迪厄指出,"如果资本的主导类型(经济资本)的拥有者无法使文化资本的拥有者展开竞争的话,随着融合在生产工具中的文化资本的增长(掌握显现文化资本的方法所必需的具体化阶段也随着增长),文化资本拥有者的集体力量也会随之增长。可以说,文化资本的拥有者更愿意依赖某些条件来展开竞争,他们正是在这些条件中受到磨炼、接受挑战,他们最愿意的,乃是通过学术逻辑来展开竞争"。从这个角度上说,通过文化资本所获得的利润,"则与他们所掌握的客观化的资本以及具体化的资本的多少成正比"①。

(3)制度形态:是将行动者掌握的知识与技能以考试等方式予以承认并通过授予合格者文凭和资格认定证书等方式将其制度化。这是一种将个人层面的身体形态文化资本转换成集体层面客观形态文化资本的方式。从这一意义上讲,制度形态文化资本是一种介于身体形态文化资本与客观形态文化资本之间的中间状态。文凭是制度形态文化资本的典型形式。布迪厄制度形式的文化资本已经成为一种"社会炼金术",它赋予其拥有者一种文化、约定俗成、长期不变,并得到法律保护的价值。制度形式文化资本的积累只有通过经济层面的教育投资才能实现。投入资金量越大、投入时间越早,所获得的利润就越大,回报也就越高,即学术资格能够在文化资本和经济资本之间形成转换。②

(二)文化资本的基本特征

根据陈锋的研究③,文化资本具有六个方面的特征。

1. 实在性

文化作为人类的实践活动,是生产劳动的过程及其结果,它随着世界的发展而发展,随着世界的存在而存在,是实实在在存在的,具

---

① 薛晓源,曹荣湘. 全球化与文化资本[M]. 北京:社会科学文献出版社,2005:12.
② 比尔·马丁,伊万·撒列宁著,陈刚译.《超越文化资本:走向一种符合支配的理论》收录于布迪厄《资本的形式》,见 薛晓源,曹荣湘. 全球化与文化资本[M]. 北京:社会科学文献出版社,2005:296 – 329.
③ 陈锋. 文化资本导论[D]. 北京:中共中央党校,2005:21 – 25.

有实在性。同时,文化社会活动过程是生产社会精神过程,是客观实在的社会活动过程,它所产生的文化成果也是客观实在的,也具有实在性。这可以从职业分化、社会分工、精神生产的独立获得证实,也可以通过文化产业的兴起与发展、文化产品的交流和生产、文化人的阶层化得到证实。

2. 个体性

脑力劳动的积累产生文化资本,脑力劳动的根本形态是个体性的,而体力劳动是机械劳动,它具有可测性和重复性,因而具有可替代性,两者是不同的。同时,文化资本的原始形式,即具体化文化资本始终是个体化的文化资本,它不能通过出售、交换、馈赠等方式进行传承。

3. 虚拟性

文化资本是在劳动的基础上抽象的定义,是对人的劳动,特别是脑力劳动结果的抽象,是文化体制、文化产品、文化人的一种虚拟资本,是寓于实体之中的。经济资本可以表现为货币和其他物质形态,而文化资本并没有任何独立的物质形态。虽然它往往具体化地体现在人身上,客观化地转化为一种文化产品,并得到社会体制的认证,但真正的文化资本是劳动力价值,并没有出现结晶物质。

4. 专有性

文化资本的共享性是有条件的也是相对的。可共享性是一种可能性,只有共享的主体具备了相应的文化资本后,才能分享解读另外主体的文化资本。另外,文化资本总是寓于个体之中,并呈现出各自的专有性,体现为某个个体的劳动成果,它是社会劳动的具体结晶,其专有性是绝对的。

5. 可转换性

文化资本可以转化为经济资本、社会资本、人力资本等象征性或实体性的资本。并且文化资本三种形式之间也可以进行相互转化。具体形态文化资本、客观形态文化资本以及制度形态文化资本,它们是基于具体形态文化资本,并存在互相转化关系。任何一种转换的阻断,都会影响文化资本价值的认可与实现。更深入地分析,文化资本内部不同形式转换的同时,文化资本又与外部其他资本发生着转换,即具体文化资本被客观化、体制化的同时,文化资本本身也在不断地转换为社会资本、经济资本等其他现代形式的资本。

6. 可共享性

原生态的文化资本转化成次级的客观形态的文化资本与制度形态的文化资本,即可超越其个体性;另外,文化资本产品具有公共物品的性质,即消费的非竞争性和受益的非排他性。同时,文化产品通过共享则可以实现文化资本的价值转移、保值甚至增值。

(三)文化资本与文化再生产理论

1. 文化资本的再生产

布迪厄把"文化资本"与"再生产"结合起来,提出"文化再生产"的理论,再生产是文化资本的重要特征。布迪厄认为,人类的实践,包括教育,无非就是文化再生产活动,一切人类实践活动,都是创造和更新文化的活动。文化资本的再生产不是资本到资本的直接传递,而是在其中加入了媒介家庭教育和学校教育,其中学校教育使不同等级的后代获得了进入不同等级的机会和凭证,布迪厄称之为间接再生产。

文化资本的再生产实际上是社会化的结果,通过社会化,来自不同家庭背景的孩子,继承了父母的文化资本,使社会成员之间差异出现代际传递的现象。文化资本的再生产有两个主要阶段:第一是早期的社会化,主要依靠学前的家庭教育,家庭作为社会结构最基本的单位,是社会再生产最隐秘的地方。家庭是对文化资本再生产的第一站。个体从小在家庭中不知不觉地无意中继承了父母的文化资本,逐渐成长。在家庭中既有父母双方对子女的有意识的传导,也有孩子跟随父母无意识的效仿,这是一种潜移默化的教育,如果孩子从上辈人哪里得到"惯习"(habitus),我们可以说,在这个阶段孩子基本上实现了文化资本再生产的目的。子女在家庭中,在父母的直接影响下实现了早期社会化过程,对以后学校教育的成功起着决定性作用。不同阶层有各自不同的生活方式和价值观念,社会成员自幼就接受自己本阶层的先赋的文化资本,这种惯习会影响其一生。那些具有强大文化资本的家庭的后代在获得文化资本上具有先天的优势,从而能够积累更多的文化资本。其二是学校教育,他在《国家精英:名牌高校的集体荣誉感》一书中指出,学校是今日"支配和支配合法化的基础之一",因此,必须把教育社会学理解为知识社会学和权力社会学的一部分,而且不是次要的部分。他认为,如果说在封建社会中,教会将世俗的封建特权给予神圣化、正当化,那么,在晚近资本主义社会,充当类似教会功能的社会是学校。他断言:"可以肯定的是,有史以来,对权力和特权的传递问题所推出的所有解决方案中,确实没有任何一种方式比教育系统所提供的解决办法掩藏得更好,因而也更适合那些要一再使用最封建的权力和特权的世袭传递方式的社会。教育系统的解决方式就是在阶级关系结构的再生产中发挥重要作用,并在表面上中立的态度之下,掩盖他履行这一职能的事实。"①

布迪厄对84个机构的学生进行调查分析,通过学生主体的对应因素研究发现,高等学校的空间以及阶级结构的空间之间有两个惊人的对应关系存在。首先是名校和普通学校之间的对立性,反映了社会空间中上层资产阶级和小资产阶级之间的对立性。其次,在培养企业经营管理人员的学校、培养公务员的学校以及培养知识分子的学校之间的对立性,反映了统治阶级的两个集团,即经济资产阶级与文化资产阶级的对立性。布迪厄认为造成这种对立性的直接原因是来自不同家庭背景的学生,从家庭中习得不同的惯习,他们根据自己的惯习去选择感兴趣的学校,如知识分子家庭出身的学生,带有知识分子的惯习,就会乐意选择像巴黎高等师范这样的学校。因此,在一所学校之中,学生惯习就会十分相近,他们的惯习就会在同学之间得以相互欣赏和赞同,并由此得到强化,从而影响未来的职业生涯。布迪厄认为,文化资本的传递是阶级制度再生产的重要环节。"在剔除了经济位置和社会出生的因素的影响后,那些来自更有文化教养的家庭的学生,不仅具有更高的学术成功率,而且在几乎所有领域中,都表现了预期家庭出生的学生不同的文化消费和文化表现的类型。"②

---

① Bourdieu, P. Reproduction in education, society and cultur[J]. Sage,1990:178.
② [法]布迪厄,[美]华康德. 实践与反思——反思社会学导引[M]. 北京:中央编译出版社,1998:212.

2. 生活方式、惯习、位置和场域

布迪厄在社会各种群体中,进行"惯习"和"场域"的研究分析。他通过研究发现社会中的不同阶层,在语言、餐饮、娱乐等方面都有自己的喜好,这种性情倾向则由人在场域中的惯习所决定,而惯习则由人在社会关系网络中所处的空间位置所决定,"(惯习×资本)+场域=实践"。[①] 所以,无论是社会团体的实践,还是个人的实践,都可以作为惯习和场域之间相互作用的结果而加以研究和分析,但他也强烈反对将这一公式用于所有的分析,解决所有的问题。其实这种看似客观的公式包含着一个变动不居的社会实践。人的行为是受制于社会化的惯习和客观的相对变化环境。

布迪厄认为,惯习的变化是朝着试图与物质条件相妥协的方向。作为对这些条件的感知,惯习就不可避免地带有偏见。惯习作为性情,是在一定的场域之中所处的社会位置上获得的,是个人历史与客观结构相结合的产物。惯习它存在于潜意识层面,往往又超越于意志的控制和检查。但是,惯习又能够为实践提供原则和规则,然而,在客观条件的变化中,实践又能够产生新的原则和规则,实践所产生新的原则和规则,反过来又通过感知作用于惯习。这样惯习就必须具有一种调节性的构建能力,并处在不断地调整之中。

布迪厄的社会学理论研究成果给以后的研究很大的启示。家庭的弱势是由家庭在社会网络中的位置决定的,而家庭在社会网络的位置是以各种资源占有量的多少为标志,家庭所处的位置又决定了家长的惯习,这种惯习在家庭内部成员之间的互动以及家庭与外部的沟通交流中,指定了家长的知觉、思维、判断和行为方式。而这些来自父母的生活方式对子女的成长产生重要的影响,子女在对父母生活方式的长期、潜移默化地习得过程中,这种惯习得以在他们身上内化,而这种从父母那里继承的惯习将决定他们未来在社会网络中的位置。这是"位置—惯习—生活方式"三者的循环,这种循环让我们看到:家庭中每代之间文化复制生成与阶级复制生成。

布迪厄的文化资本理论有很好的指导意义,对研究我国农民工

---

① 刘少杰. 后现代西方社会学理论[M]. 北京:社会科学文献出版社,2002:213.

随迁子女的家庭教育问题具有一定的借鉴和参考价值。本研究将主要以文化资本的相关理论为基础,探讨农民工子女家庭教育问题,并提出相关建议。由于我国实行社会主义制度,农民工子女是作为工人阶级的亚阶层存在的,而不是一个独立的阶级,与法国的社会情况有所不同。在这个大背景下,应用布迪厄的文化资本理论需要做一定的调整,不可生搬硬套。

二、贫困代际传递理论

21世纪初,在西方反贫困理论研究和反贫困实践中兴起的一个具有较大影响的重要理论流派——贫困代际传递理论。该流派以撒哈拉以南的非洲、南亚和东南亚地区、南美和加勒比海地区,以及芬兰、美国等国家长期处于贫困线以下的社会底层阶级的特殊贫困人口为研究对象,采用家计调查,收集有关各类影响贫困的时序数据,通过计量模型的统计,探讨贫困的代际传递的深层次原因,并取得了很有影响的研究成果,为这些地区反贫困战略和政策的制定与实施,提供重要的事实依据和理论支撑。

(一)贫困代际传递概念

美国经济学家在研究贫困阶层时发现,贫困具有长期性,贫困家庭以及贫困社区存在贫困的代际传承现象,在20世纪60年代初提出"贫困代际传递"的概念,指的是贫困以及导致贫困的相关条件和因素,在家庭内部由父母传递给子女,使子女在成年后重复父母的境遇,继承父母的贫困和不利因素并将贫困和不利因素传递给后代这样一种恶性遗传链;也指在一定的社区或阶层范围内,贫困以及导致贫困的相关条件和因素在代与代之间延续,使后代重复前代的贫困境遇。①

(二)贫困代际传递产生原因的理论观点

贫困代际传递理论在研究造成贫困的长期性产生原因时,重点从国家、社会、社区、家庭、贫困者个体等几个方面来探讨贫困产生以及再生的深层原因。研究认为贫困产生不仅受结构性因素的影响和作用,也受文化性因素的影响和作用,是贫困家庭的经济情况、资源

---

① 李晓明. 贫困代际传递理论述评[J]. 广西青年干部学院学报,2006(3):75-77.

环境、所处的社区文化、政治体制以及贫困者个体素质等多方面因素相互作用、相互渗透、长期积累和沉淀的结果。贫困代际传递主要有以下理论观点。

有的认为文化行为是导致贫困及贫困代际传递的主要因素。长期的贫困生活使穷人形成一整套的特定的文化体系,这种文化体系往往造成穷人和其他社会成员在生活方式、文化等方面的相互隔离。而这种脱离主流文化的"亚文化"体系,将会对穷人及其后代产生显著影响,形成自我维持和不断被复制,导致贫困的恶性循环。

有的从社会政策的角度出发,强调福利依赖的代际传递性。贫困家庭由于长期接受社会福利救济,改变了这些贫困家庭成员的价值观和人生观,使得贫困家庭成员形成一种政策依赖心理,从而丧失了努力工作的热情与创新精神,陷入政策福利救济的贫困陷阱。[①]

有的则认为贫困的代际传递与经济结构有关。该理论强调了经济结构因素对贫困代际传递的影响,其中人力资本具有关键性的作用。认为经济结构的变动引起的劳动需求结构变化,使得贫困家庭无法适应经济形势的变化,造成贫困的恶性循环。

有的认为贫困家庭结构以及学校教育情况是造成贫困代际传递的重要原因。贫困家庭中因为父母受教育程度低,严重影响自己对子女的学业辅导以及精神鼓励,无法帮助子女完成适当的教育。家庭结构也是造成贫困本身及其代际传递的一个基本因素。如贫困家庭中兄弟姐妹多,或父母离异等都可能导致子女营养不良、缺乏监管以及行为榜样等,这些因素都有可能导致子女成人后的贫困。在贫困代际传递研究中,儿童贫困(child poverty)也是一个核心概念。[②]它指在贫困家庭中成长的儿童,缺乏接近经济、社会、文化、物质、环境和政治等资源的机会,而恰恰是这些资源,对他们摆脱贫困与成长至关重要。儿童贫困既是贫困代际传递产生的重要原因,也是贫困代际传递的结果。

---

① Lawrence M. Mead. The new politics of poverty: the non-working poor in America. New York: Basic Books, 1992, http://www.soc.utu.fi/sospol/julkaisut/.

② 李晓明. 贫困代际传递理论述评[J]. 广西青年干部学院学报,2006(3): 75-77.

（三）消除贫困代际传递的对策措施

1. 减少社会排斥，保障穷人的各项社会权利

有些学者认为，贫困的代际传递主要是由客观社会环境所导致的机会不公正的结果。正如有学者所指出：许多穷人"往往由于民族、等级地位、地理位置、性别以及无能力等原因而遭到排斥。在影响到他们命运的决策之处，根本听不到他们的声音"①。因此，政府在政策法规的制定过程中，应强调权利平等和社会公正，要让弱势群体参与制度规则的制定，并促使现有的规则趋于更合理、更公平，从而充分保障穷人的各项社会权利的实现。

2. 对贫困家庭的广泛支持

由于贫困家庭的经济贫困影响其对子女的教育投资，政府除了有义务为儿童提供接受正规教育所需的学校、教材及其他一切条件和设备之外，应针对贫困家庭给予广泛的政策性支持，从而为贫困家庭的孩子在人力资本的形成上提供巨大的推动力。让每一个贫困家庭的儿童完成公认的摆脱贫困代际传递所需的中学教育。此外，对低收入父母应在两方面给予支持：一是工作机会；二是必要的技术培训。藉此以增加贫困家庭的经济收入，以保障贫困家庭的生存和贫困儿童获得正规的学校教育。②

3. 提供健康服务与教育

有些学者认为，持续较高的人口出生率以及兄弟姐妹之间的性别不平等与贫困代际传递之间具有较强的关联性。因此，实行计划生育政策，提供高质量的生殖健康服务，加强生殖健康教育，从而有效控制人口出生率，缩小贫困家庭规模，提高儿童人力资本质量。同时，减少社会对妇女的各方面的歧视，提高妇女适应社会能力与提供一定的经济保护。这些公共干预政策能够在人口体质与智力发展中产生一定的影响作用，决定着人口的人力资源素质，对有效防范和减

---

① 克莱尔. 消除贫困与社会整合：英国的立场[J]. 国际社会科学杂志（中文版），2000(4)：54.

② Castañeda, T. and Aldaz-Carroll, E. 1999. The intergenerational transmission of poverty: some causes and policy implications, Inter-American Development Bank. http://www.iadb.org/sds/doc/1258eng.pdf.

少贫困代际传递起到一定的作用。

4. 为父母提供教育与技术培训

有些学者认为,加强父母的教育对后代教育会获得重大效益。因此呼吁,任何国家都必须对父母加强教育,提高父母受教育水平,特别要加强贫困家庭的父母技术培训和文化培训,针对贫困家庭的成员应提供免费的教育和技术培训,力争所有年龄段的成人都能接受免费教育,尤其是母亲。

5. 实施儿童发展计划

促进儿童发展是从根本上消除贫困代际传递的关键所在。要消除儿童贫困,促进儿童发展,最有效的办法是国家实施"儿童发展计划"。国家把人力资本投资的重点放在儿童身上,这是消除贫困代际传递的有效方法。实践证明,早期儿童保育和发展计划为父母、儿童和社会带来了许多的利益。可节约更多的可用资源,增加其生产性投入,减少反社会行为和青少年犯罪。教育投资非常高昂且收效慢,需要很长时间,即使有较高的回报率,贫困家庭也很难负担这笔教育投入经费。因此,政府应有计划地采取措施帮助贫困家庭的教育投资问题,缓解贫困家庭因为教育投资而给家庭带来沉重的负担,这些措施将会有效减少贫困的代际传递。

总之,贫困代际传递理论是近年来在西方国家流行的一种关于贫困问题研究的重要理论流派。这一理论对贫困本质及贫困发展趋势的理解有其独特的视角。学习这一理论,为农民工子女家庭在各种社会资本的获得、受教育权利的保证、社会政治权利的分享、社会安全保障等方面,做出公平公正的政策制定和制度设计提供借鉴,保障农民工子女能够获得较好的家庭教育资源、公平的教育权利、平等的发展机会,从而为促进农民工子女健康发展提供巨大的推动力。

三、社会支持理论

社会支持理论产生于20世纪70年代,是基于"支持需求是从人类基因中衍生出来的一种本能福利的观点,以心理失调的社会原因为研究对象的社会病原学所采用的一种理论,用以说明互动、社会网络和社会环境对社会成员的心理受挫感和剥夺感所产生的影响,着重对社会生活有困难者减轻心理应激反应,缓解精神紧张状态,提高社会适应能力的研究"①。该理论被广泛地应用于社会生活的各个领域,也为我们研究农民工随迁子女的家庭教育提供理论支撑。社会支持理论的主要内容是:在现代社会,任何一种社会形态的社会都存在社会风险。这种社会风险犹如经济学上的"水桶效应",水流的外溢取决于水桶上最短的一块木板一样,最容易在承受力最低的社会群体身上爆发。因此,社会支持理论的存在最根本的基础是社会弱势群体的存在。我国学者陈成文用社会弱者来指代社会弱势群体,他认为社会弱者是社会支持的客体,社会支持就是一定社会网络运用一定的物质和精神手段对社会弱者进行无偿帮助的一种选择性社会行为。社会支持的内容和手段是物质支持和精神支持。社会支持有社会性、选择性和无偿性的本质特征。社会性是说社会支持是一种社会行为,是在一定社会历史条件下进行的,受一定社会历史条件的制约,因而表现出强烈的社会性。选择性是说社会支持是社会支持主体的选择性行为,社会支持主体实施社会支持行为有着明确的行为目的。无偿性是说社会支持是一种对社会弱势者进行无偿帮助的社会行为。②

从社会发展来看,农民工随迁子女的家庭教育处于弱势地位。对农民工随迁子女的家庭教育的社会支持网络应是由多元化的支持主体,采用多种途径对他们提供社会支持的多层次网络结构。其主要内容有:第一,物质支持。生活的贫困直接影响家庭教育的质量,因此,通过社会支持网络调动社会资源,给予农民工随迁子女必要的物质支持。第二,精神与心理支持。对农民工以及随迁子女来说他们所承受的心理压力更大,其精神生活也更为贫乏,因而在家庭教育中缺乏与子女的情感交流。因此,对农民工以及随迁子女给予精神关怀和心理矫治也是理所当然的,是社会支持网络中的重要内容和方法。第三,教育理论的专业支持。农民工由于自身生活状况的限

---

① 郑杭生.转型中的中国社会和中国社会的转型[M].北京:首都师范大学出版社,1996:318-319.

② 陈成文.社会弱者论——体制转换时期社会弱者的生活状况与社会支持[M].北京:时事出版社,2000:131-145.

制,所接受的教育水平普遍较低,一般都缺乏对子女进行家庭教育的专业理论知识,在教育孩子的观念及养育孩子的方式上都存在着较多的问题。因此对他们提供专业的家庭教育理论支持是帮助其迅速提高家庭教育质量的有效途径。①总之,本研究将在社会支持理论的指导下,通过增强政府的政策支持、学校的积极配合、社区的合理帮助、非营利组织的参与,从物质支持、精神支持、教育理论的专业支持等方面构建多元参与、配合协调的农民工随迁子女家庭教育支持体系。

---

① 李建丽. 学校对城市弱势群体家庭教育支持的研究——以天津市下岗职工子女家庭教育为例[D]. 天津:天津师范大学,2007:46.

第二章 家庭教育的特点和意义

第一节 家庭教育的特点

家庭教育是在家庭生活中,由家长(主要是父母)对其子女(一般指儿童青少年)实施的教育,是家长对子女自觉或不自觉、有形或无形的终生持续不断的教育行为。它是通过文化、心理、语言、环境等综合因素对子女施加影响的过程。它既包括了家庭成员之间的多重水平上的影响,也包括家庭的社会背景、家庭的生活方式和家庭环境对其产生的影响。家庭教育是历史的产物,它与其他教育形态一样,受着社会生产力、政治经济制度及各种社会意识形态的制约,但它更受着家长的思想观点、价值观念、文化素养等因素的制约。随着社会经济的发展,家庭教育的性质、形式和特征也在不断变化。当前,家庭教育主要呈现出以下特点:

一、家庭教育的启蒙性

家庭是孩子出生后接受教育的第一课堂,父母是孩子的第一任启蒙老师,因此,父母对孩子所实施的教育具有早期性。在一般情况下,孩子出生以后经过3年的成长发育,进入3岁至6岁学龄前期,即幼儿时期,也是接受教育的早期阶段,这是人的身体和智力发育极其重要的时期。我们的古语曾说:"染于苍则苍,染于黄则黄。"幼儿时期是人生接受潜移默化教育影响的开始,人的许多基本能力,如基本动作、语言表达、生活习惯以及性格特点等,都是在这个年龄阶段逐步形成。美国心理学家本杰明·布鲁姆对1 000多个儿童进行了长期的跟踪研究发现:儿童50%的智力水平是在4岁以前获得的,30%的智力水平是在4至8岁时获得的,而在8至17岁这一阶段只增加了20%。国外研究还表明:人的语言能力发展期是在1.5岁左右,4至5岁是形象知觉的敏感期,5至5.5岁是掌握数字概念的最佳时期。这些都说明了学前阶段是儿童身心发展最佳关键时期,如果在这个时期对儿童及时进行教育,就会加速其发展;反之,则会贻误时机。而这一时期,承担儿童养育、训练、教育责任的是家庭。从古至今,许多取得巨大成就的杰出人才,他们在幼年时期都受到良好的家庭教育,是他们以后人生取得成功的极其重要的原因。如德国大诗人、剧作家歌德,很小的时候,父母就注重对他早期教育,在他两三岁时,父亲就抱他到郊外野游,让他观察自然,培养他敏锐的观察能力。三四岁时,父亲给他讲童话故事,并教他背歌谣、唱歌等,为了培养他的语言表达能力,创造条件有意让他在众人面前演讲,父母精心培养,使歌德从小就善于学习,乐于思考。良好的家庭教育,为日后的成才打下了坚实的基础。他8岁就能用德语、英语、拉丁语、法语、意大利语、希腊语阅读各种书籍,博览群书;14岁开始写剧本;25岁仅用一个月的时间完成了著名的小说《少年维特的烦恼》。再如:大发明家爱迪生、书法家王羲之、文学家茅盾等,他们能取得成功都得力于幼年时期接受了良好的家庭教育,这充分说明了家庭教育对人的早期的身心发展的重要作用。据报载,至今世界上已有数十例关于兽孩的报告。兽孩是儿童离开了人类社会,长期无法接受社会教育的结果,他给我们的启示是:人生落地,不一定都成为社会人。在狼的世界里将成为"人狼";与狗为伍,便成为"人狗",说明了人之初一旦被剥夺了社会的启蒙教育,削弱乃至丧失了语言、思想交际等社会刺激,人的能力就会衰弱殆尽,日后即使返回人类社会接受教育也难以成为正常的人。原苏联教育家马卡连柯曾经说过:"儿童教育的最重要的阶段,就是儿童初生几年的最初阶段。"①而儿童最初几年的绝大部分时间正是在家中度过的,家庭教育的影响将在孩子的一生中留下不可磨灭的痕迹。我国教育家蔡元培先生说:"家庭者,人生最初之学校也。一生之品性,所谓百变不离其宗者,大抵胚胎于家庭之中。"②这充分说明了家庭早期教育与影响对人身心发展的启

---

① 马卡连柯. 马卡连柯全集第三卷[M]. 北京:人民教育出版社,1957:216.
② 蔡元培. 中学修身教科书[M]. 北京:中央广播电视大学出版社,2012:165-166.

蒙性,对一个人的思想观念的形成、智力的发展、性格的培养具有至关重要的启蒙意义。

二、家庭教育的随机性

家庭教育不同于学校教育,学校教育具有明确的教育计划,教学大纲及教材内容的系统性,教育方式的规定性及严格的规章制度的保证。而家庭教育不受时间、地点、场合、条件的限制,可以随时进行,教育的意图、内容、方法等均蕴含于具体的日常生活之中,"遇物则诲",相机而教,随时进行,利用一切可利用的机会向孩子进行教育,易为孩子所接受。家庭教育的随机性表现有灵活分散的特点,即家庭教育分散于家庭生活的各个方面,各个环节,从物质生活的吃、穿、用;到精神生活的家风、家规、人际关系;到文化生活的读书、娱乐、谈心、聊天等都包含着教育因素。家庭教育随机性还表现在教育内容和方法的灵活性。家庭教育是针对孩子个别的教育和训练,父母对子女教什么,怎么教,受家庭成员的思想观念、知识水平、心态与情绪、时间条件、物质环境、家庭生活运转的方式等影响,家庭教育与家庭生活相伴随,方法十分灵活,具有较大的随机性。家庭教育的随机性还表现在潜移默化之中。家庭实际生活中经常对子女起作用的是家长毫不掩饰的言谈举止,不论是有意或无意,有形或无形,家庭教育时时处处存在于家庭生活的每一瞬间。马卡连柯说过:"不要以为只有你们同儿童谈话,教训他、命令他的时候,才是进行教育。你们是在生活中的每时每刻,甚至你们不在场的时候,也在教育着儿童。你们怎样穿戴,怎样同别人谈话,怎样谈论别人,怎样欢乐或发愁,怎样对待朋友和敌人,怎样笑,怎样读报,这一切对儿童都有着重要的意义。"[①]这句话充分说明了家庭教育潜移默化的随机性特点。子女在与家庭成员的自由接触中,家庭成员的各种观念、行为都会无拘无束地流露出来,并对子女产生影响。家长敏感而机智地抓住教育时机予以正确引导,就会产生良好的教育效果。

三、家庭教育连续性

家庭教育的长期性,是相伴人生的,与学校教育相比,更具有连

---

① 马卡连柯.马卡连柯全集第三卷[M].北京:人民教育出版社,1957:400.

续性和持久性。孩子出生后,从小到大,几乎三分之二的时间生活在家庭之中,朝朝暮暮,时时刻刻都在接受着家长的教育和影响。这种家庭教育和影响是在有意和无意、计划和无计划、自觉和不自觉之中进行的,不管是以什么方式、在什么时间进行教育,都是家长以其自身的言行随时随地的教育影响着子女。这种教育对子女的生活习惯、道德品行、谈吐举止等都在不停地给予影响和示范,其潜移默化的作用相当大,始终伴随着人的一生,可以说是活到老学到老,所以有些教育家又把家长称为终身教师。这种终身性的教育往往反映了一个家庭的家风,家风的好坏往往要延续几代人,甚至于十几代、几十代,而且这种家风往往与家庭成员从事的职业有关。如:"杏林世家"、"梨园之家"、"教育世家"等。同时家风又反映了一个家庭的学风,学风的好坏也往往延续几代人、十几代人、几十代人。如在中国近代,无锡人严功增补清末《国朝馆选录》,统计自清顺治三年丙戌科至光绪三十年甲辰科,状元共114人,其中父子兄弟叔侄累世科第不绝者,如苏州缪、吴、潘三姓,常熟翁、蒋两姓,浙江海宁陈、查两姓。看得出,家庭教育的连续性往往对人才群体的崛起有着重要影响。①在当代社会随着科技的快速发展、社会需求的增大,人们对职业的选择机会增多,家庭的所有成员不可能像古代一样都从事同样的职业,但这种情况却屡见不鲜,有的家庭人才辈出,个个都在各自的岗位上做出突出成绩;而有的家庭违法犯罪层出不穷。这就是人们常说的"家风",实际上是家庭教育连续性的原因。

四、家庭教育的差异性

家庭教育受家庭结构、父母的文化素质、家长教育观念的影响,存在一定的差异性。从家庭结构的差异性来看,随着社会经济迅猛发展、文化生活快速变化,带来了传统的家庭结构的改变,造成家庭结构多样化和复杂化,独生子女家庭、单亲家庭、离异家庭、隔代家庭、残缺家庭、寄养家庭、空巢家庭、打工家庭、下岗家庭等随着社会的变化不断出现。家庭结构多样化和复杂化使家庭教育的差异性越

---

① 刘家伶.试论曾国藩的家庭语文教育对现代家长的启示[D].长沙:湖南师范大学,2008:6.

来越明显,各种不同教育观念正影响着各种不同的家庭教育。如随着国家独生子女政策的实行,独生子女家庭越来越多,家庭结构呈现核心化趋势,多数父母望子成龙,为孩子的成长付出了巨大的代价。有的家庭采用过度教育,有的则采用补偿教育,还有的采用神童教育,家长急于求成、拔苗助长的家庭教育方法,严重违背了孩子身心发展的自然规律。再如:单亲家庭、离异家庭,父母对子女的家庭教育投入的精力和时间都有限,往往采用简单粗暴的教育方法,受家庭经济条件的影响,对子女的学习投入也受到限制。另外,家长离异后,自身心理失衡,对子女的心理发展带来许多负面的影响。这些都造成单亲家庭、离异家庭的教育质量、子女性格发展、子女心理健康等方面不如完整家庭。而空巢家庭、隔代家庭教育则表现为,祖辈对孙辈往往溺爱大于教育,孩子过着衣来伸手,饭来张口的生活,事事顺着孩子,长此以往,导致孩子以自我为中心,自私、孤僻、任性等不良个性形成。从父母的文化素质来看,父母文化素质的高低在一定程度上决定着家庭教育水平的高低、影响着教育观念选择以及教育方法的采用。一般来说,文化素质较高的父母重视子女的早期家庭教育,注重子女的智力开发和能力培养,家庭氛围和谐民主。因此,一般子女思维灵活、知识丰富、兴趣广泛,素质也较高。而素质较低的父母,一般不太重视子女的家庭教育,对子女教育往往采用简单粗暴的教育方法,家庭氛围欠和谐,子女一般素质相对较低。从家长教育观念来看。家长接受的教育、从事的职业等,影响家长的教育观念,不同家庭的教育观念各异。有些父母希望孩子独立,有意识让孩子多吃苦,支持孩子住校;有些父母认为"棍棒底下出孝子",对孩子严加管教,动不动就体罚孩子;有些家长对子女十分溺爱,不愿让子女受苦受累,想尽办法给子女提供舒适的学习生活环境;有些家长则很少干预子女的生活,希望子女自由发展。因为家长教育观念的差异性,导致了家庭教育方式的多元化。[①] 总之,家庭结构的不同、父母文化素质的高低、家长教育观念的迥异都带来家庭教育的差异性。

---

① 李丽. 浅谈当前家庭教育的特点[J]. 当代教育论坛,2004(2):54–55.

五、家庭教育关系的多重性

家庭教育中家长与子女关系,除了亲情血缘关系外,还有经济生活关系、师生关系、朋友关系、长幼关系、管理与被管理关系等,呈现多重关系并存的状态。在以往传统的家庭里,一般子女较多,家长精力有限,父母和子女之间的关系主要是一种长幼关系,家长对子女的教育也比较简单,希望子女有一定的文化知识、将来能找到一份工作就可以了。现代家庭情况则不同,独生子女政策实行以来,多数家庭就一个孩子,家长对子女的期望值较高,希望子女将来能考上大学,已是多数家庭的教育目标。加上升学竞争的激烈,多数家长一心让子女学习,家庭中子女力所能及的家务劳动都由家长代劳。子女放学或休息在家,家长经常充当"教师"的角色,为子女辅导功课;双休日和节假日,家长又充当了"陪读"的角色,陪子女上各种补习班、兴趣班。亲子关系在很大程度上被师生关系、陪读关系、陪练关系所代替。如果子女学习不理想,有些家长则动不动就打骂、惩罚等。这时亲子关系又是管理者与被管理者的关系。也有一些家庭,亲子关系民主平等,父母开明,家庭氛围和谐,家长尊重子女,以平等民主的方式教育子女,准许子女参与家庭决策,这样家长与子女之间除了亲子关系外,还有朋友式的关系。

六、家庭教育的全面性

家庭教育的终极目的与国家教育目的一致,都是为了培养合格的、全面发展的社会主义公民。一个合格社会主义公民,必须接受全面教育,无论是德育还是智育、体育、美育、劳动,家庭教育都有责任按社会要求,使其向社会所需要的方向发展,这一目的决定了家庭教育的全面性,它比学校教育具有更广阔的教育范围和更丰富的教育内容。家庭是孩子生活成长的摇篮,是培养全方位人才的重要场所。家长既要负责孩子身体健康成长,又要关心孩子的德、智、体、美的全面发展。随着现代社会快速发展,社会竞争日益激烈,整个社会对人才的要求也不断提高。家庭也越来越重视对孩子的教育和培养,希望自己的孩子将来在社会上有竞争力,为了教育好孩子,煞费苦心,想尽一切办法创造优越的学习条件,给孩子购买书籍,辅导孩子功课,陪孩子上各种培训班,让孩子参加各种竞赛等,家庭教育对孩子智育方面重视程度非常高。① 同时家长还重视孩子的学习生活习惯、个性的发展、为人处世、社会交往、思想道德、人格教育等方面的培养,家庭教育的内容呈现出丰富性、多元性和全面性的特点。总之,在家庭中孩子的思想观念、情感态度、意志行为、个性品质等方面都在家庭日常生活中得到培养和发展。家庭教育以其灵活多样的随机性,潜移默化的感染性,影响深刻的全面性,有着学校教育和社会教育无法取代的特殊作用。

七、家庭教育的权威性

家庭教育的权威性是指父母长辈在孩子身上所体现出的权力和威力,是一种特殊的权威性,主要指血缘伦理的权威性。家长有一般教育者无法比拟的优势,家庭的存在,确定了父母孩子间的血缘关系、抚养关系、情感关系。孩子在伦理道德和经济物质生活的需求方面与父母长辈有很大的依赖关系,建立在这种关系上的权威性,不但有一般的教育力量,而且天然的带有亲情色彩。权威有着强大的人格感化作用,是一种无形的教育力量。家庭成员的根本利益的一致性,都决定了父母对孩子有较大的制约作用。因此孩子非常服从父母的教育,父母的教育也容易被孩子接受。幼儿尤其如此,在和小伙伴玩耍时,一旦发生争执,他们常常会引用父母的话来证实自己的所作所为是正确的,这是父母在孩子心目中的权威性决定的。家长要合理利用这一特点,对孩子良好性格的形成,以及生活习惯培养是非常有益的,家庭中,孩子与父母之间的关系,是孩子面临的第一个重要的社会关系。在这种关系中,几乎反映了社会伦理道德的各个方面,如果形成这种关系时出现缺陷和裂痕,孩子后来走向社会,在处理各种人际关系时,这种缺陷和裂痕就表现出来。强调父母权威的重要,还因为父母在孩子小时候总是扮演着双重角色,既是孩子安全生存的保护者,又是孩子人生启蒙的老师。家庭教育效果的好与差,与父母在家庭中树立权威程度有直接关系。父母的权威必须建立在尊重孩子人格的基础上,而不是用封建家长制对待孩子。有的家长不仅明白建立自己的权威的重要性,还懂得怎么来建立自己的权威,

---

① 李丽. 浅谈当前家庭教育的特点[J]. 当代教育论坛,2004(2):54-55.

他们不是靠压制和主观臆断,而是采用刚柔相济的方法。该严得严,该宽则宽,父母教育协调一致,在孩子面前做威严而慈祥的父母,这样才能使父母的教育容易被孩子接受。

八、家庭教育的及时性

家庭教育的过程,是父母长辈在家庭中对子女进行的个别教育行为,比幼儿园、学校教育要及时。常言道:知子莫若父,知女莫若母。由于父母对子女的特殊关系,家长与子女朝夕相处,子女有什么想法都愿向父母倾吐。子女在自然状态下,少有戒心,因而思想品德、行为习惯表现得最真实、最充分,所以,家长对子女的各种情况了解得非常清楚,子女稍有变化,甚至是一个细微的神情,父母都可以心领神会子女的心理,所以,作为家长通过子女的一言一行,一举一动,可以及时把握子女的心理状态,随时发现子女身上存在的缺点和问题,从而可以采取有的放矢的家庭教育,可以使子女的不良行为习惯、错误缺点能够得到及时教育和纠正。而在学校教育中,教师面对全班几十个学生,往往采取针对全班学生存在的共性问题,进行群体教育,由于时间和精力有限,不可能照顾到每个学生的特点,顾此失彼的现象时有发生。而家庭教育有很强的针对性、及时性,因此,家长可以利用这一特点,对子女进行正确的家庭教育,可以使子女在入学前就形成良好的行为习惯,为接受学校集体教育打下良好的基础,可以弥补学校集体教育的一些问题和不足。

九、家庭教育的感染性

学校教育、社会教育也具有感染性,但相对于家庭教育来说就比较弱。在家庭生活中,教育者与受教育者基于血缘和亲情的关系,共同生活,教育过程的感染性是不言而喻的。父母与子女之间的血缘关系和亲缘关系的天然性和密切性,随着成长过程的延续,促使子女与家长的关系向着亲密化发展。家庭教育的感染性体现在家庭生活各个方面,都会对子女起着潜移默化的感染作用,父母的喜怒哀乐对子女产生强烈的情感体验和强烈的感染作用,使家长与子女在教育过程中能"以情动情",并产生强烈、深刻、持久的影响,甚至影响终身。在家庭生活中,家长的价值观念、道德水准以及施教方法直接影响着子女的道德行为。同时,家长们对待工作和生活的态度、兴趣爱好、待人接物的行为方式,都会耳濡目染地感染着子女。① 长此以往,子女对父母的言行举止往往能心领神会,在处理发生在身边的人与事的关系和问题时,子女对家长所持的态度很容易引起共鸣。在家庭中,家长如果高兴愉快,子女也会随着家长高兴愉快;如果家长烦恼、苦闷,子女也会随之情绪低落;如果家长脾气暴躁,感情用事,缺乏理智,子女也会效仿;如果家长在处理突发事件时,沉稳坚定,处变不惊,子女也会遇事沉着冷静。总之,家长良好心理品质对子女的培养产生积极的影响作用。为此,家长要努力建立和维护这种优势,最有效的方式是向子女提供行为的楷模,要多用正确、规范的言行给子女提供可效仿的人生体验,在子女心目中树立起可效仿的正面形象,家长的言传身教对子女的身心发展将产生最直接的潜移默化的影响。家长的以身作则的教育影响效果,胜过千言万语说教。

十、家庭教育的复杂性

家庭教育是一个相当复杂的教育过程,它的复杂性是相对于学校教育而言的。因为它既是长期的、复杂的、艰辛的、科学的、系统的工程,又没有固定的、现成的、统一的教育模式。首先,家庭教育没有规定的教育内容和学制,家庭教育的任务相当繁重,教育内容相当丰富,社会教育要完成的,家庭教育必须完成,社会教育触及不到的,家庭教育责无旁贷。总之,家庭教育所涉及的内容比学校教育要广泛得多,涵盖了孩子成为合格社会公民的方方面面。其次,家庭教育的条件只有自然的条件,难有人为的选择,特别是家庭关系,是天然造就的,无法更改。不同的家庭,教育的条件各不相同,千差万别。再次,家庭教育是一个相当长的过程,伴随一个人的终生,并随着家庭的变迁、子女的成长,家庭教育也在发展变化的动态之中,非常复杂。这一切,决定了家庭教育工作是非常艰巨的。最后,家庭教育复杂性的另一方面是指教育要求不一致,经常陷于"教而无效,放而不忍"的困境。左邻右舍对孩子的影响有好有坏。从目前我国的居住条件来看,很难像孟母那样三迁住所。这就构成了家庭教育的复杂性。作为父母来说,应该了解和掌握教育孩子的基本知识和方法,懂得给孩子提供怎样的成长空间和条件,明白家庭教育的主要职责。

---

① 夏扉.论家庭教育的特性及其教育对策[J].中山大学学报论丛,2007(1):19-22.

第二节　家庭教育的重要意义

一、家庭教育对人成长和发展的重要作用

（一）家庭教育对人的一生成长和发展起奠基作用

苏联教育家马卡连柯说："家庭是重要的地方，在于人从这里走向生活。"自家庭产生以来，教育子女就是其职能之一。人一出生首先进入家庭生活，家庭是人最初接触生活和受教育影响的环境，人的一生有近三分之二的时间是在家庭中度过的。在家庭环境中，不论父母有无意识，儿童在客观上已接受着教育。同时，有些知识和能力的获得，是和生理过程紧密联系的，错过了生长期就不易掌握。在胎儿期，婴儿通过对母体生理变化的感受能力在母体内接受母亲气质性格的影响。父母通过对新生儿的抚摸、亲热、照顾、情感交流等行为使婴儿大脑皮层不断受到刺激并逐渐接受人类的情感，慢慢学会同父母进行交流。在幼儿期，儿童还没有独立的生存和生活能力，心理和生理上对父母的依赖性很强。儿童身体的健康发育、智慧的萌发和启迪、言语的交流、对周围事物和社会关系的认识、行为习惯的培养、生活能力的获得、品格特点的形成等，无一不受到父母自觉不自觉的影响，父母成为他们生活中最直接、最亲切、最可信赖的首位指导者和走向社会的最初引路人。因此，他们把父母当成第一个模仿的对象。由于他们对世态炎凉、人情冷暖的感受首先来自家庭，即从家庭人际关系中形成最初的观念，推而广之去认识人类世界，所以父母的要求便成为他们生活和行为的准则。父母对周围的人和事物的态度评价标准便成为他们评价是非善恶的依据。可见，父母对儿童是非观、荣辱观的建立起着奠基的作用，这些观念一经形成，将对儿童的一生产生深刻的影响。

家庭对儿童的社会化有着特殊的价值。儿童对社会的最初概念、感受都是从家庭开始的。家庭是社会的细胞，是社会的基本单位，是社会的缩影，社会上对儿童积极的或消极的影响，总是通过家庭起作用的。首先，人出生后最先接触的是父母，家庭是人生最早的生活环境和最早微观的社会关系的开始。孩子降生后，父母就开始

了对孩子多方面的教育与影响,通过用自己的言行,对周围的人和事的评价与态度,把人与人之间的一些初步的道德观念、行为准则,具体地传授给子女。可以说每个人的价值观念的雏形都是在家庭中形成的。其次,家庭的经济生活状况、政治态度、社会地位、工作态度、家庭成员间的关系以及与人的交往、父母及其他成员对孩子的态度、对孩子的要求等也都对他们产生教育和影响,形成他们最初的价值观、道德观念和行为准则。

总之,家庭教育是一切教育的基础,父母是孩子的第一任老师。孩子最初生理素质的培养、最初智慧的开发、最初语言的教给、最初行为的模仿、最初生活本领的传授、最初习惯的养成等无一不是在家庭中习得。良好的家庭教育是孩子健康成长的重要条件和前提。所以,家庭教育是奠定人生之路最基础的教育,它对一个人一生的发展有着至关重要的奠基作用。如果家长能够科学运用教育学、心理学、社会学和生理学等知识对儿童实施早期教育,就会大大加速儿童智力发展和儿童的社会化进程,这对人才的开发具有重大的意义。

(二) 家庭教育对人的个性、品德、智力的形成和发展起重要作用

1. 家庭教育影响着孩子性格的形成

常言道"积习成性,积性成命",就是说,一个人性格的好坏决定着一个人的一生,而对人的性格形成起着重要作用的首先是家庭,这种作用主要通过家庭成员之间的关系、儿童在家庭中所处的地位,以及家庭成员特别是父母对儿童的态度和实际行动对儿童的影响实现。家庭教育具有感染性,在人世间没有比父母与子女之间的血缘关系更为亲密的关系了,这种特殊的血缘关系,是维系家庭教育的纽带,这种血缘的亲近性和亲和力是其他任何教育形式都不具有的。在家庭中,父母的素质、个性、言语、行为,生活习惯、教育态度、世界观和价值观等,自觉或不自觉地时刻在耳濡目染、潜移默化地影响孩子的成长,对孩子的世界观和价值观、道德品质、行为习惯等形成起重要作用。孩子的性格特征、兴趣爱好、学习态度、思想品德、行为习惯等在家庭中表现得最充分、最自然。所以,父母有时间、有条件了解孩子各方面的情况,从实际出发,进行相应的指导和培养。在民主

式的家庭环境中,家长能平等地对待孩子,尊重孩子的主体地位,对孩子的态度公正和民主,对孩子言行赏识和鼓励,对孩子的自尊和自信努力保护,注意培养孩子独立的积极的性格。在家长式作风的家庭环境中,对孩子的否定性态度、专制性态度,对孩子的性格养成是极为不利的。许多孩子的逆反性、反抗性、神经质以及对人的冷漠等消极性格,往往是由于家庭教育失当造成的,在这种环境中成长起来的孩子往往会形成偏执、自私、粗暴等不良习惯,有的甚至终生都无法改变。

2. 家庭教育影响着孩子道德品质的形成

儿童、青少年作为社会的独立个体,必须具备一定的社会价值观念,遵守一定的社会行为规范和道德准则,形成良好的道德品质。良好的道德品质是社会发展对一个人的起码要求,但良好的道德品质不是在自然状态中萌生的,在人的品德发展中,家庭作为孩子最初生活的场所,它对于培养孩子良好的品德行为习惯具有重要作用。家庭生活中,父母与孩子之间、祖辈与孙辈之间以及孩子与孩子同辈之间,所产生的家庭生活关系、行为关系、道德关系、道德规范等,成为孩子最初接触的社会规范。孩子最初总以父母的道德行为为榜样,以双亲的需求为认同对象,通过同化作用,逐渐形成自己的行为习惯、道德规范、价值体系等,以规范其与他人的关系。

在家庭教育中家庭教育方式是孩子道德品质形成的一个重要方面,如果家长能采用民主科学的教育方式,家庭教育在培养孩子良好品德行为习惯上就会获得良好的效果,如果家长采用不正确的教育方式,就会影响孩子的健康成长,容易使其养成不良的品德行为习惯。因此,认识到家庭教育方式的重要性,用正确的家庭教育方式实施教育,对于培养孩子良好品德行为习惯具有重要意义。父母是孩子的镜子,父母的一言一行都是孩子最直接、最经常的仿效榜样,孩子是父母的影子,父母的人生态度、兴趣爱好、待人接物的处世方式都会在孩子身上折射出来。如果父母教养方式不当、言行不一、思想落后就会使孩子出现品行问题。

3. 家庭教育影响着孩子智力的发展

在对孩子实施教育的整个过程中,学校教育始终处于主导地位,然而家庭教育却起着关键的作用,其特殊功能是学校教育和社会教育所不能替代的。近年来,国内外教育科学追踪研究表明:"从出生到5岁是人一生身心发展,尤其是大脑发展最旺盛的时期。"这一时期,儿童生活的大部分时间在家中度过,家长在日常生活中,在与儿童的接触交往中有意无意地把身边的知识传授给他们,促进孩子感觉能力、思维能力等的发展,而这些能力的发展对儿童以后的学业、事业有重要影响。俗语"三岁看大,八岁看老"说的正是这个道理。我国心理学工作者对科技大学少年班第三期学生进行的研究表明,少年班学生智力发展水平明显高于同龄的学生,他们思维敏捷、理解力强、富于创造性,其中带有普遍性的是他们有较高的天赋和受过良好的家庭教育。所以说,天才出生在不良家庭教育环境中,他们的天赋也会泯灭,成为庸才。相反本不是天才的儿童,若能受到良好的家庭熏陶,也会出类拔萃,成为天才,爱迪生便是明显的例证。需要说明的是,在家庭教育影响儿童智力发展的诸因素中,家长的受教育程度、文化素养、家长的价值观、教养方式都起着重要作用。家庭教育的关键是培养孩子良好的学习习惯,端正的学习态度,它决定着学习成绩与效果。正确的学习态度和习惯,不光是按时上学,还包括孩子的积极思考、心无杂念。因此,家庭教育主要是孩子的习惯养成教育。

(三)家庭教育是人实现社会化的起点和基础

家庭是人出生的摇篮,也是人最先接受教育的场所,家庭教育更是人实现其社会化的起点和基础。孩子的社会化是指特定的社会文化环境之中,孩子能够满足社会的要求,在与社会的互动作用过程中,能够将社会需要期待的价值观和社会规范要求内化,获得社会生活和工作所需要的知识技能以及社会所认可的社会行为方式。对于社会来说,这是社会的连续性的必然手段,对孩子而言,是孩子被社会承认认同,参与正常社会生活的必经之路。

家庭教育是孩子实现社会化的重要途径。孩子出生后,家庭的各种生活形式是孩子最初接触到的社会组织形式,孩子在家庭中接受这种初步的教育影响,这种教育影响将伴随终生,将为以后孩子继续接受各种形式的教育奠定基础。每个家庭以其独特的教育方式以及特有的地位,潜移默化地教育影响着孩子基本的行为方式、生活习惯、生活态度。孩子在家庭教育中最早获得基本生活技能、文化知识,初步认识和了解一些基本的社会规范,从而为孩子的社会化打下坚实的基础。孩子在家庭教育中逐步成熟,走进学校学习,走向社会工作,并逐步学会协调自己和社会的各种关系,能够更好地处理自己和社区的各种问题,具备了社会生活的基本技能,逐步完善人的社会化。家庭教育对孩子实现社会化有重大影响,家庭教育的内容决定着孩子社会化的发展方向;家庭教育的方式和方法、水平和质量对孩子的社会化的水平和质量也有着重要的影响。

家庭教育培训孩子的社会角色。角色是由个体所处的社会地位所决定的,并为社会所期望的理想的行为模式。明确角色的意识,能使个体认识到自己的社会地位,明白自己应该承担的义务和责任,并且能够产生一定的角色期望的作用。孩子的社会角色最早是在家庭教育的影响下形成的。首先,家庭最先为孩子复制文化传统所需要的性别角色以及性别要求的行为规范。其次,家庭教育影响孩子的未来理想、职业选择、兴趣爱好、人生观和价值观等,使他们逐步学会如何选择和充当一定的社会角色。再次,父母在家庭中承担的各种角色,为孩子提供了启蒙影响,也为孩子将来在社会上充当或扮演不同的角色打下基础。

二、家庭教育对社会发展的重要作用

社会是由千千万万个健全文明的家庭组成的。每个家庭的生活状态影响着社会的发展,同样,社会快速发展也在时时刻刻影响着每个家庭及家庭教育,家庭教育与社会发展紧密相连,在彼此的互动中,同发展,共进步。家庭教育水平的快速提高和其资源的开发利用,离不开社会的发展和环境的优化;社会的迅速发展也离不开家庭教育所提供的优秀的人力资源。家庭教育是履行社会职能的载体,是人类再生产必不可少的组成部分。每个家庭孩子身心健康发展,是家庭可持续发展的必需条件,也是社会可持续发展的前提,更是社会进步发展的坚实的基础,家庭教育总是与社会的发展变化密切相关。

(一)家庭教育是培养现代化建设人才的坚实基础

家庭教育在培养人才方面发挥的特殊作用,是学校教育和社会教育不可替代的。福禄贝尔说过:"国家的命运与其说是掌握在当权者的手中,倒不如说是掌握在母亲的手中。"这句话很有哲理性,它深刻地说明了家长在教育子女中所起到的作用。孩子出生后,家庭的环境、家庭的文化氛围、父母的言行等都时刻在熏陶和影响孩子。孩子在家庭生活、与家庭成员的交往中获得最初的知识经验和情感体验,形成自身的情绪和情感、行为习惯、伦理道德,从而促进身心发展,逐渐长大,能够走出家庭、走向社会,适应社会。家庭教育好与差,对孩子参与社会生活的态度、能力及所发挥的作用具有十分重要的意义。接受良好家庭教育的孩子,具有积极的社会生活态度,并具备一定社会生活的能力,在社会中必将发挥着积极的重要作用。斯坦福大学教授特尔曼对 1 528 名天才儿童进行了 40 年的追踪研究发现,这些天才中 90% 进入大学读书,其中 30% 为优秀毕业生,大多数人在社会中,从事专业工作,都取得出色成就。这些天才成长的重要因素是具有较好的家庭文化背景,从小就接受良好的家庭教育,家长又极其重视早期家庭教育。

中国的超常儿童教育的研究也发现,我国 280 名少年大学生中,大多数都接受过良好的早期家庭教育,其中 61 名冒尖的学生提前考国内外研究生,不少人在专业工作岗位上做出了成就。[①] 再从某市 1990 年关于家庭和青少年犯罪的调查提供的情况看,犯罪青少年家长文化水平在小学以下的占 55.1%,这些家长文化低又不注意学习,不重视对孩子教育且缺乏教育知识、方法和能力,致使孩子犯罪,危害社会和家庭。

家庭教育是培养高素质人才的坚实基础,所有家庭应共同努力,培养具有高尚的道德品质、渊博的知识、健康体魄、较强的工作能力、良好的心理素质、积极与他人合作、全面发展的一代新人,为社会主义现代化建设输送更多的人才。

(二)家庭教育是提高民族素质及社会文明程度的重要载体

整个社会由许许多多的家庭组成,家庭教育是最具有广泛性和

---

① 中国超常儿童追踪研究协作组.怎样培养超常儿童[M].西安:西安交通大学出版社,1987:138.

基础性的教育。家庭教育成功与否对提高我国国民的素质将产生巨大的影响作用,同时为祖国的未来——儿童的培养奠定了基础。家庭教育教会儿童学会做人、学会生活、学会学习,培养他们健全的人格。因此,健康良好的家庭教育是全部教育的基础,是社会精神文明建设和提高的保证。由于血缘亲情的原因,赋予家庭教育强烈的感染力,家长可以"动之以情"地对孩子进行富有成效的教育。家长对孩子实施家庭教育的积极情绪会对孩子产生积极的正面影响,起到良好的教育效果,家长应注意以积极的正面的情感感染孩子。家庭教育又是最具有针对性的教育。在家庭中,父母与孩子朝夕相处,对孩子个性特征了如指掌,更能够从孩子的实际出发,有针对性地、个性化地实施家庭教育。家庭教育也是最富灵活性的教育。在家庭中,父母可以随时随地对孩子进行教育,能够做到"遇物而诲",随机教育,不受任何条件限制,父母的教育方法和教育手段也比较灵活多样,容易被孩子接受。家庭教育的这些鲜明的特点为良好的家庭教育提供了先决条件。作为父母是否具有科学的教育理念、正确的教育方法,受家长的文化水平、社会地位、性格特点、人生观和价值观、教育态度等多方面的影响。父母的文化水平、社会地位会对家庭的文化氛围产生一定的影响,决定他们不同的价值观和人生观,也决定他们对孩子的教育理念、教育态度、教育期望、教育方法都会有所不同。因此,与其说家庭教育影响子女的身心素质,毋宁说家长的素质影响着家庭教育的质量和效果,国民素质的高低直接受家庭教育的制约和影响。如日本,把家庭教育视为培养新型国民的重要事业,日本在"教育立国"的观念中,将家庭教育放在了令人瞩目的地位。家庭教育在日本的经济振兴和社会发展中显示了至关重要的作用。[①]家庭教育问题,不仅仅是某一个家庭的孩子是否成人、成才的问题,它更关系到全民族的整体素质问题,以及国家未来前途的问题,一个孩子是一个家庭的希望,千万个孩子是一个民族的希望。

家庭教育在社会主义精神文明建设中发挥着重要作用。家长应

---

① 颜楚华. 当前农村贫困地区家庭教育问题初探[D]. 长沙:湖南师范大学,2004:4-12.

抓住时机,把家庭作为精神文明建设的阵地,帮助孩子树立起是非观念,树立革命的理想和信念,增强抵制消极因素的能力,为他们在改革开放的环境中健康地成长打下良好的根基。在社会主义精神文明建设中,家庭教育担负着重要的责任,是父母应尽的权利和义务。我们每一个家庭要与学校、社会密切配合,不断加强对孩子的共产主义思想道德教育,使社会风气逐渐出现根本的好转,大大加快社会主义精神文明建设的进程。总之,家庭教育能提高民族素质,而且还是社会主义精神文明建设的重要载体。

(三) 家庭教育是构建和谐社会的重要保障

要构建社会主义和谐社会,我们一定要实现民主法治,公平正义,充满活力,安定有序,诚信友爱,人与自然和谐相处的社会。社会的和谐发展归根结底是人的发展和为了人的发展。古人云:"家之不宁,国难得安。"孟子也说:"天下之本在国,国之本在家。"家庭教育是整个社会和谐发展的基石,社会的和谐发展依赖于家庭教育,家庭教育成功与否,不仅仅关系到祖国的未来——孩子是否能够健康成长和成才,更关乎整个社会是否能够有序、和谐、快速地发展。因此,家庭教育在构建社会主义和谐社会的进程中所产生的重要影响作用是不可轻视的。

首先,良好健康的家庭教育为构建社会主义和谐社会奠定坚实的基础。家庭与社会两者紧密相连,息息相关,人们常常用"细胞"和"机体"的关系来比喻家庭与社会两者之间的关系,每个健康和谐的家庭构成了整个社会的健康和谐。俗话说,"家和万事兴",良好健康的家庭教育不仅关系到每个家庭的幸福和谐,更关系到一个国家长治久安与和谐发展。

其次,良好健康的家庭教育是构建社会主义和谐社会的重要保证。和谐社会的本质,是指人与自然,人与社会,人与自我发展的和谐。其中,人的自然发展是社会发展的根本前提,同时又是自然与社会和谐发展的产物。整个和谐社会的核心和主体是人,人自身的健康和谐发展,是整个社会和谐发展的前提和根本。人自身要想成功实现和谐发展,必须依靠健全的人格和正确的世界观、人生观、价值观来完成。而人的性格养成与人格建立和家庭教育密切相关,一个人的家庭环境、家庭文化、家庭教育奠定了一个人的道德素质与行为规范。因此,要提高家庭教育科学质量,用科学的家庭教育理念、健康的家庭教育方式与正确的家庭教育行为来促进人的和谐健康发展,为构建社会主义和谐社会提供保证。

最后,良好健康的家庭教育是构建社会主义和谐社会的重要途径。一个经济快速发展、商业高度发达的社会并不一定是和谐社会。其中关键因素是人,是国民的素质。一个和谐社会必须是国民接受良好的教育、有较高的道德教养,这才是决定和谐社会是否成功的关键,也是构建和谐社会的重要标志。因此,要构建和谐社会,必须从教育抓起,形成长效机制,抓好学校教育、社区教育的同时,必须重视家庭教育,通过良好健康的家庭教育,培养个体正确的世界观、价值观、人生观以及健全的人格,使他们能够融入社会、融入自然,能够正确处理人与社会、人与自然各种复杂关系,成为一个健康和谐的人。这种健康的家庭教育是实现社会主义和谐社会的必由之路。[①]

总之,家庭是社会的缩影,是社会的细胞,是人生的摇篮,是社会文明的窗口。家庭教育是大教育观中的重要一环,是摇篮教育,也是终身教育。随着社会的进步,家庭教育担负的培养人的使命更加重要和艰巨。社会的和谐发展有赖于家庭教育职能的充分发挥,家庭教育的成败关系到社会的基础是否牢固。

---

① 张萍,赵晓伟. 新形势下家庭教育与和谐社会关系探析[J]. 福建党史月刊,2010(6):47.

第三章 农民工家庭化流动与家庭教育

第一节 农民工家庭化流动规模和类型

一、农民工家庭化流动规模

从全球发展来看,农村人口流入城市,是实现现代化的核心要素。人口的流动大致可以划分为三个阶段:第一阶段为先锋阶段;第二阶段为家庭化阶段;第三阶段为大众化阶段。中国农村人口众多是基本国情,将农村剩余劳动力从土地上解放出来,是实现中国现代化的必经之路。人民大学段成荣教授认为,我国农民工人口流动大致有四个阶段:第一阶段,农民利用农闲季节外出务工,以短距离流动为主,大多数农民单身外出,农忙季节依然回家,没有脱离家庭生活;第二阶段,农民工随着流动范围扩大,跨省跨区域流动成为主体,农民基本脱离农业生产,不少家庭中夫妻双方均外出务工经商,子女留给家里的祖父母或其他亲属照顾;第三阶段,流动人口在外地站稳脚跟后,并且在经济条件许可的情况下,安排子女随迁,在流入地生活、就学;第四阶段,核心家庭在流入地稳定下来后,青壮年流动人口进一步将父母列入随迁的考虑范围。① 当前,我国流动人口已经进入第三个阶段,并正在向第四个阶段过渡。我国流动人口的主体是农民工,其流动的模式家庭化特征日趋明显。农民工的流动正逐渐由分散的、跑单帮式的个体成员向城市流动,转变为整个家庭向城市流动。20 世纪 80 年代中后期,随着社会主义市场经济体制的建立,我国农村剩余劳动力大规模流动到城市打工就业,结构发生了重大变

---

① 段成荣.关注流动儿童问题 促进和谐社会建设[EB/OL].西安人口网,2013-12-27.

化,其中最为显著的结构变化就是由分散的、个体化的流动转变为家庭化流动,农民工家庭化向城市流动达到了前所未有的规模和速度。国家统计局《2014 年全国农民工监测调查报告》显示,2010 年举家外迁的农民工约有 3 071 万;2011 年约有 3 279 万;2012 年约有 3 375 万;2013 年约有 3 525 万;2014 年达到 3 578 万。可见农民工家庭化流动逐年增多,已具有相当规模。大量农民工家庭举家流入城市,对中国城市和乡村的发展和稳定都有深刻影响,一定程度上缓解了因个体化流动所带来的农村留守儿童等问题,对维持农民工在城市中家庭的完整性具有重要意义。但农民工家庭化流动带来的问题是,随迁子女数量不断增加,大批学龄儿童跟随父母来到城市,他们在城市的生存与教育问题将进一步突出,他们能否与城市适龄儿童一样接受良好的教育,是关系国计民生的大问题,这给城市的学校教育和农民工家庭教育提出了新的挑战,也给政府应对农民工家庭化流动提出新的挑战。

二、农民工家庭化流动的类型

农民工家庭的分类可以按经济收入、家庭规模、代际关系、妇女在家庭分工劳动中扮演的社会角色、家庭亲属关系等多种标准进行分类。

(一)根据妇女在家庭劳动分工中扮演的社会角色,农民工流动家庭分为:传统型家庭,互助型家庭,依存型家庭等类型[①]

1. 传统型

传统型家庭中,男性工作是家庭收入的主要来源,妇女的社会角色是贤妻良母,其主要工作是料理家务和照顾小孩,没有其他有收入的工作。这种家庭经济收入相对较低,居住生活条件也较差。通常这种家庭由于经济条件限制,对子女教育投入较少,家庭学习环境也不理想。但是他们家庭完整,孩子享有父母的爱和照顾,特别是享有更多的母亲的关爱和照顾,母亲对孩子的教育也会比较尽心。

2. 互助型

互助型家庭中,男性和女性从事不同的工作,或者虽然从事相同

---

① 宋国臣,顾朝林. 北京女性流动人口的家庭类型及其形成因素[J]. 人文地理,1999(2):16 – 19.

的工作但相对独立性强,两人工作上的联系不大,但在生活上相互照顾,家务劳动共同承担。这种家庭经济条件相对于传统型家庭要宽裕许多,居住条件、生活环境也相对较好。但因为父母早出晚归忙于工作,无暇照顾子女的生活学习,通常这种家庭的子女独立性较强。

3. 依存型

依存型家庭中,男女从事相同的工作,两人不仅在生活上,而且在工作上彼此依赖,既是夫妻,又是同事,两人共同承担家务。这种家庭通常比较稳定,夫妻同甘共苦,感情较好。其子女享有父母双方的呵护和教育,在对子女的学习、心理、精神及行为习惯的养成上都有较多帮助和关注,这种家庭有利于子女健康成长。

(二) 夫妻是构成家庭的基础和根据,因而以夫妻关系为核心将农民工的家庭模式分为三类:夫妻型,夫妻子女型,全家型

1. 夫妻型

夫妻型是以夫妻双方的共同流动为主要特征,其子女留在老家由父母或亲友照顾。调查显示,他们或者是在流动过程中组建家庭;或者是夫或妻一方先流动出来,稳定后另一方再流动出来;或者是夫妻双方同时流动出来。夫妻型的流动,使农民工的生活相对稳定,但同时还牵挂其子女与父母。他们中的大多数人都有将子女带出来的意愿,或者因为在流入地无法解决子女的就学问题,或者无暇照顾子女的生活,只好与子女分居。

2. 夫妻子女型

夫妻子女型是指夫妻双方带上孩子的流动,按照其携带的子女数,可分为两种情况:部分子女与夫妻共同流动;全部子女与夫妻共同流动。这种模式所占的比例逐年增多,将是农民工家庭化流动的主要趋势。夫妻携带的子女,以未成年为主,也有少数成年子女随同父母打工的。这种模式的家庭,稳定性较强,在调查中发现他们在城市的居住时间都比较长,而且大部分过春节都不回老家。

3. 全家型

全家型是指夫妻双方带上子女与父母共同流动,这种模式所占比例很小,其稳定性最强,流动性最弱,因为流动成本很高。通常是因为父母年老不能自己照料生活,而家中又没有其他兄弟姐妹。全

家型的流动家庭与老家的联系甚微,但问其未来的打算时,大部分人还是选择回老家,虽然他们很想在城市扎根,可城市的准入条件太高。

从上可以看出,只有第一种类型不属于我们研究的范围,其余两种类型的家庭分类对我们都有一定的研究意义。

(三)从家庭亲属关系来分类,当前农民工随迁子女的家庭主要有三种类型:核心家庭,单亲家庭,重组家庭。① 这三种类型的家庭其特点各不相同,生活方式也各异

1. 核心家庭

核心家庭由一对夫妇和未成年子女组成家庭,这是一种理想的家庭结构。由于享受父母完整的关爱,他们比留守儿童显得更加幸福。然而即使如此也存在隐患。很多儿童在留守期间,多由祖辈代为教育,而父母由于长期在外打工,与孩子接触不多,在一起生活后,又忙于生计,沟通不够。因此特别是在开始阶段,感情上容易疏远,生活习惯上也需要磨合。而这个过程如果没有处理好,容易引发家庭矛盾,自然也就影响到学业。再者,由于父母自身素质不高,虽然对孩子期望较高,却无法辅导孩子学习,在一些时候容易采用极端的方式。

2. 单亲家庭

所谓单亲家庭是指由于丧偶、离异、分居、甚至未婚先孕等各种因素而造成的家庭主体成员不齐全的家庭。由母亲或父亲单个抚养的孩子即为单亲家庭的子女。由于单亲家庭的成因不同,及家庭所拥有的内外资源的不同,单亲家庭孩子的心理感受也就有所不同。但总的来说他们不能享有父母完整的爱。因此,家庭教育中容易存在着各种各样的问题,尤其是家长会把孩子看成是自己唯一的希望甚至是依靠,容易产生一些不良的教育方式。第一,对孩子寄予过高的期望,过分苛求孩子,使孩子感到压抑和不自由。第二,怀着补偿心理,对孩子过分溺爱,这又会使孩子养成许多不良的习气。第三,

---

① 林宇. 家庭文化资本与农民工子女成就动机内驱力[M]. 厦门:厦门大学出版社, 2011:23-24.

离异的父母如果积怨很深,孩子就可能成为他们相互传递仇恨的桥梁,所产生的负面影响是最可怕的。这类孩子的心理负担较重,发展多为不顺。

3. 重组家庭

重组家庭一般是指男女双方带着各自的孩子重新建立起来的家庭,在重组家庭中拥有以下四种角色:个体、伴侣、亲生子女、继子女。在这类家庭中,子女不管是对后爸还是后妈,存在着天然的隔阂和戒备心理,家长与子女之间深层次的沟通很难。如果重新组合的家庭中夫妇又有自己的孩子,那么,他们被忽视或遭受冷落的可能性大为增加,这又使得他们产生受伤的感觉。而由于家庭关注重心转移,家长们对于孩子的家庭教育也往往容易被忽视。

第二节 农民工家庭化流动的特征与动因

一、农民工家庭化流动的特征

随着社会经济的不断发展和社会体制变革的进一步深入,农民工逐渐由个体化流动模式向家庭化流动模式转变,家庭化的城市流动已经成为中国现代化进程中人口流动的主要趋势和重要特征。那些曾经滞留在农村的留守儿童和妇女,正作为农民工的"家庭携带人员"不断向城市流动,农民工举家迁移的现象越来越普遍。通过具体调查以及与城市居民的对比可以看出,农民工家庭化流动主要呈现出以下一些基本特征:

(一) 以核心家庭为主要类型

农民工家庭化流动主要以核心家庭为主,大部分农民工将自己的配偶和子女带入城市,而家庭中的老人及其他亲属则留在农村。家庭携带人员的数量有限,边界清晰,其家庭结构主要以核心家庭为基础。主要原因:首先,受农民工家庭的经济能力的限制,没有能力将更多的家庭成员带入城市生活,在城市的生活成本比农村要高得多。其次,由于以户籍为基础的保障制度规定,使得部分家庭成员必须留守在农村才能享受相应的福利待遇。比如,体弱多病的老人,参加了农村合作医疗,看病的费用必须在户籍所在地才能报销。对他们来说,留守农村可能是个更为现实的选择。当然,也有些家庭成员可能因城市生活的不适应而拒绝随迁。① 最后,家庭化流动的农民工大多是青壮年,其子女大多在适龄上学阶段,农民工将自己的配偶和子女带入城市,既可以打工挣钱,也可以兼顾子女教育,让子女在城市接受优质的教育,也是农民工家庭化流动的主要原因。

(二)流动以青壮年家庭为主

改革开放以来,我国成功地进行了农村经济体制改革,极大地解放了农村生产力,使得数以亿计的农村劳动力大量涌入充满经济活力的都市,他们的到来,为城市的经济发展和社会服务提供了充足而又廉价的劳动力。农民工的年龄主要集中在30至50岁之间,他们占整个农民工总人数的绝大部分。这一阶段是人生精力最充沛的青壮年时段,他们家庭往往都有两个以上的适龄子女,随着对子女教育重视程度的提高,也为了追求更好的生存方式,他们将自己的配偶和子女带入城市,以家庭化的方式流动,希望子女在城市接受优质的教育,将来能改变他们的命运,不要像他们一样受苦受累。但流动家庭家长文化程度不高,多数为初中,其职业以私营或个体劳动者为主,为了追求更高的经济收入,家庭走向流动性,严重影响子女的家庭教育环境。

(三)家庭生活水平较低

农民工流入城市大多数从事的是城市居民不愿意干,自动放弃、认为不值得为之付出努力的职业,如清洁工、建筑工人、商业帮工、服务员等。加上农民工举家迁往城市的"家庭携带人员",他们并非都被城市中的非农岗位所吸纳,就业率较低,特定的职业和待业状态,决定了他们在资源获取上的局限性,以及家庭经济收入偏低性且无固定性,这些直接影响了农民工家庭生活整体水平。他们通常家庭居住条件非常简陋,房屋多为租赁,大多在流入地城乡结合部居住,为了节省开支,租赁用房常常比较狭小、简陋,且具有多功能性,有的家庭甚至缺乏最基本的生活条件。农民工随迁子女基本上没有自己独立的房间,只有少部分孩子拥有自己独立的学习和生活空间。还

---

① 马流辉.农民工流动家庭化的趋势及其政策应对[J].江浦纵横,2013(12):32.

有更多的农民工随迁子女,由于他们的父母是小企业主或小作坊主,因此,他们往往就在父母的店铺、作坊间,伴随着机器的轰鸣、马路车辆的吵闹、集市的喧嚣在学习。简陋的居住条件制约农民工子女家庭教育,直接影响农民工随迁子女的家庭教育质量。

(四)家长文化水平底层性

笔者调查显示,大多数农民工随迁子女的父母文化层次较低,他们中以初中学历居多,而母亲的受教育程度就更低,67.1%的母亲其受教育程度在初中及初中以下,并且她们就业率较低,有的常年在家照顾子女,由此导致的一个后果是,当随迁子女需要父母提供学业支持时,虽然有些随迁子女的家长休息在家,但由于受自身文化水平的限制,他们根本没办法为子女提供基本的学业支持,随迁子女的家庭教育十分缺乏。

(五)家庭生育超生性

农民工家庭多子女已是不争的事实。农民工家庭化流入城市以后,由于种种原因他们被城市边缘化,他们的思想还没有城市化。比如,现在城市人更愿意减少经济和精力负担,以去适应城市职业竞争和享受生活。即使没有独生子女奖励政策,他们当中的绝大多数人也不会再多生。但是,相比之下,由于农民工在城市中的地位很边缘化,他们没有自己集中的居住公寓和商业消费区。这样,城市中的政府、社区、民政、工会等管理机构也无法去管理他们和帮助他们,这就使得许多农民工在城市里非常自由化和孤独化。因此,超生且无人过问的问题,是无论如何也避免不了。据笔者调查显示,农民工家庭中有两个以上未成年子女占68.1%;最多的家庭有五个未成年子女。在经济收入低而抚养成本高的城市,如此超生的必然后果是,使家庭在教育上能付出的精力和财力受到限制,甚至有的家庭经济无力承受子女的教育支出,直接影响随迁子女的教育,成为导致农民工随迁子女辍学的重要原因。

(六)非经济动机明显

在农民工流动的初始阶段,家庭中的男性劳动力以个体化的方式向城市流动,主要是为了获取更好的工资待遇,通俗地说就是,"赚更多的钱",其经济动机非常明显。但当下农民工的家庭化流动,不再都是为了获得更多的经济资源上的考虑,非经济动机比较明显。农民工家庭化流动是浓厚的亲情与传统的家庭观念的产物。家庭的重要功能之一就是情感慰藉。如今,青壮年新生代农民工,他们更加注重个人的权利和强调生活质量,为享受完整的家庭生活,让子女获得更优质的教育资源,他们开始拖家带口地来到城市。① 一来可以做到夫妻团聚,二来可以把子女带在身边,方便照顾,从而免受挂念和分离之苦,在艰苦创业的同时享受家庭和亲情的乐趣,同时也让子女在城市读书,见见世面,开阔眼界,接受城市优质教育。

二、促进农民工家庭化流动的主要动因

农民工流动的初期,由于有许多不确定的未知因素,很少有家庭化流动,而是由家庭中的年轻力壮的男性先行流动,当先行者在流入地稳定下来以后,就会有计划地安排其他家庭成员跟进流动到城市,这时的流动就是家庭化流动。农民工家庭化流动,是宏观社会经济体制的变革与微观个体能动性的发挥相互影响的结果,因此具有深刻的制度背景和个体特征。具体来说,农村和城市的一系列制度变迁,以及农民工自身的发展变化,是成就农民工家庭化流动的重要原因。

(一) 农村土地流转制度的确立

改革开放初期,城乡之间的体制壁垒在形式上虽有所松动,但一系列的制度安排仍然束缚着农民的自由流动,这在农村体现得尤为明显。20 世纪 80 年代以来,农村土地依然附着沉重的税费负担和粮食订购任务,所以,农民工家庭中必须有人留守农村,经营农业,以完成所谓的"皇粮国税",而无法实现家庭化流动。2003 年推行的农村税费改革,以至 2006 年农业税的全面取消,国家在农村的一系列制度创新,使农村发生巨大的变化。这其中,尤为重要的是农村土地流转制度的确立,它让农民日渐摆脱土地的束缚,成为真正的自由人。在此背景下,原本农村留守人员与农民工团聚成为可能。土地流转不仅为农民松绑,由此带来的租金收入,还可以支持农民工家庭化流动的城市生活成本。② 这也是促进农民工家庭化流动的主要原因。

---

① 马流辉. 农民工流动家庭化的趋势及其政策应对[J]. 江浦纵横,2013(12):33.
② 马流辉. 农民工流动家庭化的趋势及其政策应对[J]. 江浦纵横,2013(12):33-34.

(二) 城乡收入差距吸引力

从经济原因分析,农民工家庭化流动是比较城乡收入差异后做出的理性选择。这里我们可以借助"推拉理论"来分析。"推拉理论"由巴格内首先提出,他认为人口流动的推力是流出地不利的社会经济条件;拉力是流入地具备改善生活条件的因素,人口迁移是在这两种力共同作用下发生的。中国农民工家庭化流动的拉力是指城乡收入差距、城市现代生活方式的吸引。自进入20世纪90年代以来,由于农民负担日益加重、粮食价格长期走低等原因,农业收益较低下,外出打工收入相对偏高,因此原来以家庭个体成员流动的家庭,纷纷做出家庭化流动的决定,一来可以增加家庭或职业上的帮手,二来可以增加家庭收入。当然,最为关键的原因,先行流动的个体成员经过一番打拼,建立一定的社会关系,有了一定的就业门路,更重要的是有了一定的经济基础,足以安家就业。因为中国几千年来以"家"为个人生活中心的家族观念深入人心,正如费孝通所说中国是"差序格局"的社会,当宏观的社会决策作用于单个农民工时,实际上就作用在了整个家庭乃至家族上,农民工不仅希望通过流动实现个人生活的改善,更希望通过自己的力量使各家庭成员获得向上流动的机会,城市工业部门较高的工资收入对于农民工家庭来说有强大的吸引力,从而带动了整个家庭乃至家族的流动。有学者通过实证调查,验证了农民工家庭打工人数与其家庭年收入呈现明显的正相关。[①] 而从笔者的访谈中也可看出,随着城市及城镇工业的发展,劳动力的需求量是较大的,能够解决农民工家庭成员包括女性的就业问题,因而促进了农民工流动家庭化这一趋势的发展。另外,农民工待遇的提高也是促进农民工家庭化流动的重要原因。农民工流动家庭化的实现,不仅有赖于各种制度的支持,更仰仗农民工本身工资待遇的提高,否则他们将无法支付整个家庭在城市中的生活成本,也就谈不上举家迁移。当然,农民工工资待遇的提高,并不能简单地理解为宏观经济结构作用的结果,它与农民工自身素质的发展和职业技能的提高有关。

---

① 周大鸣.渴望生存:农民工流动的人类学考察[M].广州:中山大学出版社,2005:20-46.

相较于第一代农民工,新生代农民工不仅具有较高的文化水平,而且学习能力和适应能力也很强,他们能够胜任一些技术性的工作,不再仅仅局限于体力劳动。因此,他们的收入待遇比第一代农民工高,也属天经地义。正是他们工资待遇的提高,家庭经济条件得以改善,有一定的经济基础,才进一步促进了农民工家庭化流动趋势的发展。

(三)城市管理体制的包容

作为农民工流入地的城市,在早期阶段,出台了各种限制农民工流动的政策,尤以《城市流浪乞讨人员收容遣送办法》著称。农民工的自由流动不仅面临极大的限制,甚至随时都有可能遭遇收容遣送的噩运。所以,早期的农民工流动主要以家庭中的男性为先锋,以个体化的方式进入城市,为降低在城市的风险,而将其他家庭成员留守乡村。随着城市管理体制的包容性和开放性,传统的限制农民工流动的各种制度走向终结,各种保障农民工相应权益的制度相继建立,城市管理更具有人性化。由此,农民工流动的家庭化也被城市接纳和承认。以上海为例,农民工子弟学校以民办公助的形式,获得上海市财政的支持,并纳入上海市教委的管理。[1]城市的发展为进城的农民工提供了职业选择的空间。尽管目前城市也面临较为严重的再就业压力,但大量的失业与就业岗位并存也是显而易见的,尤其是许多城市居民还放不下架子和身份,不愿从事一些脏、累、差的工作,这就为进城农民提供了结构性的职业选择空间,致使大量的农民工家庭化流入城市,而城市对其的管理方式也更为柔性化。就此而言,农民工家庭化的流动与城市管理体制的包容性有很大的关系。

(四)城市教育的拉动

农民工家庭化流动的一个重要原因就是子女教育。李伟梁认为农民工将子女带入城市,是对农村教育环境和城市教育环境进行比较后做出的理性选择,是来自于农村教育环境的推力和城市教育环境的拉力相互作用的结果。[2]

来自农村教育环境的推力。随着农村青壮年劳动力夫妻双双外

---

[1] 马流辉.农民工流动家庭化的趋势及其政策应对[J].江淮纵横,2013(12):33.
[2] 李伟梁.流动人口子女家庭教育问题研究[D].武汉:华中师范大学,2003:12-15.

出打工的人数越来越多,留守子女的教育问题成为一个严重而现实的问题。从留守子女的家庭教育环境来说,父母外出打工影响了家庭的正常生活秩序,家庭教育功能失调,给子女教育造成诸多障碍。许多留守儿童在老家,由(外)祖父母或亲友代为养教,由此带来一系列问题。第一,由于他们年龄、精力、文化素质的限制,老人在辅导孩子学习、开发孩子智力等方面力不从心,只能单纯依靠学校教育和孩子自学,孩子的学习成绩和智力水平难以提高。第二,老人对孙子女普遍存在过分宠爱现象,重物质满足轻精神关怀,重爱护轻管教,不利于孩子的健康成长。第三,家庭教育权威的下降加大了孩子教育的难度。根据家庭教育理论,父母在家庭教育中是最具有权威地位的,祖父母的权威地位则随着年龄的增长日益下降。这样一来,在父母外出后孩子便很难服从祖父母的管教。有的家庭因为没有老人照顾,只好拜托亲友代为养教或干脆任由孩子们自生自长,同样很难取得理想的教育效果。第四,孩子在缺乏父母关爱和监督的情况下极易受不良环境影响,造成了孩子在心理、性格和学习上的诸多问题。"留守儿童"由于与父母相聚时间短暂,缺乏亲情,缺少沟通,容易形成孤僻、以自我为中心的性格和心理闭锁。同时由于家长在外面难以与学校和老师联系,对孩子的学习情况很难掌握,孩子厌学、逃学现象比较严重。第五,由于父母外出打工,家庭生产缺乏劳动力,孩子因为过早地承担生产劳动而影响了学业甚至失学。第六,有些孩子因为父母在外挣钱发财,认为不用学习也可以过上幸福生活,自动放弃了学业,在社会上游荡,甚至走上犯罪的道路。从农村义务教育的大环境来看,受农村经济困难的影响,县级财政教育拨款难以全部到位,学生欠交杂费的情况严重,学校的正常资金运转难以维持,学校的硬件设施落后,不能及时更新,老师的工资不能及时兑现,许多优秀教师纷纷外流,在岗教师的积极性也受到影响,教师整体素质和教育质量不断下降,严重影响农村义务教育质量的提高。留守儿童由于平时没有父母管教,家庭作业往往不能保质保量完成,课余时间根本无人督导,学习成绩往往都不太理想。总之,无论是农村的义务教育环境还是家庭教育环境,对于留守儿童的教育都是非常不利的。正是如此,相对落后的农村教育环境成为农民工家庭化流动的巨大推力。

来自于城市教育环境的拉力。对于农民工来说,外出打工并不仅仅是为了赚钱,他们更多的是为了子女将来有个好的前程,正因如此,大多数的父母在外打工一旦有了一定的经济条件,就尽可能地把子女带在身边,为子女教育着想,这是农民工由个体流动逐渐变为家庭化流动的一个最主要原因。农民工之所以选择家庭形式流动是出于城市教育环境有利于子女教育的考虑。第一,子女在父母身边可以免于骨肉分离相思之苦,子女在情感上有了慰藉,避免子女孤独、苦闷、自闭、自卑等不健康的心理形成,有利于子女保持健康的心理和健全人格的形成。第二,子女在身边可以方便照顾和监护。许多夫妻同时外出打工,将子女放在老家无人照顾或不放心他人照顾,为了避免子女因为无人照顾或管教不好而荒废学业,甚至走上违法犯罪的道路,他们尽快将子女带在身边。第三,子女随父母流入城市后可以开阔眼界,广见世面。子女从相对落后封闭的农村流动到先进开放的城市社会中,在生活方式、语言交流、居住环境、人际交往等诸多方面都会有显著的变化。对此,在笔者的访谈中,许多家长都有切身感受,他们发现子女来到城市后一个最大的变化就是增长了知识,说话更大人气了,许多话他们都听不懂了,以前没摸过电脑的现在成了电脑高手,还主动参与家庭重大事务的决策过程,甚至积极调解父母日常的矛盾等。应该说,这些变化与父母带子女外出的初衷是相一致的。第四,子女在城里上学更方便或条件更好,父母带子女到城里上学,是一个两全其美的办法,既可以打工挣钱,还可以方便子女在身边上学,及时关注子女的学习,加强与学校和老师的联系,同时对子女的课余学习活动也可以进行督促。第五,城市学校师资力量、硬件设施、教育理念、教育环境等显然比农村学校要好得多。因此,农民工更愿意把子女带在身边,让子女在城市学校上学,接受优质的教育。

(五)家庭功能的驱动

家庭是个人社会化的最初和最主要的场所,其主要功能包括性爱功能、生育功能、情感功能、保障功能、教育功能、经济功能等。这些家庭功能对于把家庭看得很重的中国农民工来说无疑具有很强的吸引力,也是促使农民工家庭化流动的一个重要原因。就性爱功能而言,农民工夫妻共同生活的好处是可以满足双方的性爱需求,这是作为夫妻共同流动的原因。而随着社会开放程度的不断提高,以及农民工外出打工后思想观念的转变,越来越多的农民工夫妻双方共同流动,为了夫妻团圆。就生育功能和教育功能而言,中国人非常看重自己的后代,重视对子女的教育,而只有夫妻共同生活才能更好地进行生育活动,也只有将子女带在身边才能更好地进行教育。总之,生育功能和教育功能促进了农民工家庭化流动。就情感功能和保障功能而言,其对于农民工家庭化流动具有相当大的解释力。农民工进入城市面对与乡村文化极大差异的多元性、变异性的城市文化,思想上的混乱和心理上的压力是不可避免的。作为个体的农民工可能很难通过自我调整来适应城市生活,但以一个家庭为整体共同面对这一"适应危机"时,农民工"感觉自己不是单独的一个人,而是有了依靠"、"有了心灵的家",从而能够踏实地去面对城市生活,面对诸多压力,这种对"家人"的归属感,能够帮助农民工进行城市适应的心理调适。同时,家庭的情感功能和保障功能对于提高和稳定流动农民工的生活质量有着相当重要的作用。在"信任缺失"的具有"风险"的城市社会中,农民工不管遇到心理上、生理上还是经济上的困难,能够完全信赖和依托的只有最亲密的家庭成员,因为对情感的需求、对安全感的需求是人的本能需求,这种本能需求促使农民工单身流动在外不久,就想方设法把家庭其他成员都带在身边,形成家庭化流动。

三、农民工家庭化流动的社会意义

我们必须承认农民工家庭化流动现象是利弊兼有的。从弊端看,如大量耕地被抛荒,削弱了农业生产能力,影响着国民经济的发展;计划生育的管理带来难度,农民工家庭化流动造成超生现象严重;农民工居住问题、子女的教育问题等给城市管理和发展带来难度;农民工家庭化流动,引发"空巢家庭"问题等。但是这些问题的根源并不应该归咎于农民工家庭化流动本身,而是社会制度的问题。农民工家庭化流动是农民工流动发展到新阶段而出现的必然现象,是积极的社会经济现象。农民工从钟摆式到候鸟式的城乡之间流动,再到家庭式流动,是农民工流动从低级向高级形式过渡所经历的几个阶段,与我国社会经济结构变迁这一大背景和总趋势是合拍的。因此,从总体上看,农民工家庭化流动具有积极效应,对于整个社会和农民工家庭来说是利大于弊的。

第一,农民工家庭化流动,有利于农业劳动力的非农化。目前,我国农村社会经济发展要取得突破性的发展,农村劳动力的非农化程度的提高是一个必然的过程。在目前农村土地制度的管理条件下,农村劳动力人人拥有土地,一部分农民以兼业形式从事农业和非农业生产经营,部分转业从事非农业生产经营的农村劳动力,由于家庭中还有成员仍在农村,总把土地作为一种福利或一种保障手段舍不得放弃,农村土地经营规模始终难以突破,农业劳动力非农化难以取得重大进展。① 而农民工家庭化流动正好能解决这一难题,无须用行政手段强制执行,就可以很好地解决这一问题,有利于农村土地制度的改革,有利于农业劳动力的非农化转变。

第二,农民工家庭化流动,为促进人口城市化和提高城市化水平提供了可能。城镇化水平的切实提高,必须使劳动者从事生产、居住环境、生活方式等发生深刻变化,农民工家庭化流动改变原有的局面,使其成为可能。他们中多数家庭在城市长期生活,再也不是暂时性的过客,农民工家庭化流动将带动农民工在城市生活的时间更长,接受城市文明的"洗礼"的时间也更长。虽然现行的户籍制度还没有从官方意义上认定农民工已成为市民,但事实上,农民工本身已在一定程度上担任了市民的角色,他们从农村举家流动到城市,实实在在地提高了我国城镇化的水平。

第三,农民工家庭化流动,可以增强社会稳定性。对于农民工家庭来说,家庭化的流动,使他们过上了正常的家庭生活,与单个人的流动相比,可以稳定夫妻关系。有调查显示,很大一部分农民工离婚的原因是由夫妻一方流动,另一方留守而引发的诸如"婚外情"、生活不合等。而夫妻双方共同流动,在很大程度上避免了这种情况,相反,在外的共同生活让他们相互扶助,使得夫妻关系更为亲密。农民工家庭化流动也增强了社会的稳定性。因为家庭化流动后农民工流动的不确定性大为减轻,对于家庭的归属和责任使其减少了生产生活中的不规范甚至犯罪行为,也因为有家庭成员之间的互动,减轻甚

---

① 郭江平.农村人口流动家庭化现象探析[J].理论探索,2005(3):57.

至消除了流动农民工对于城市的对抗和不满情绪,增加了对其所在城市产生归属感,这些都有助于减少流动人口的犯罪。

第四,农民工家庭化流动,增强了农民工城市适应能力。农民工家庭化流动对于农民工家庭来说,他们全家生活在城市,生活上相互照应、情感上相互慰藉、工作上相互帮助、子女得到照顾,家庭生活的种种支持,使得他们安心在城市生活,正因为家庭对于农民工城市生活有如此多而重要的意义,使得农民工的流动趋向了家庭化。

第三节 农民工家庭化流动给家庭教育带来的压力和挑战

农民工随迁子女家庭教育问题是指农民工在对随迁子女实施家庭教育的过程中由于存在某些障碍因素而出现的失调现象。随着农民工家庭化流动的规模越来越大,随迁子女的教育问题将逐渐成为最突出的社会问题之一,而在随迁子女教育问题中,家庭教育问题是最容易被大家忽视而最不可忽视的问题。

一、农民工家庭化流动使家庭教育呈现以下特点

(一) 复杂性

学者李禄胜对农民工随迁子女适龄儿童的受教育问题进行研究,总结了这样的规律:凡是无法上学的孩子的家庭都十分贫困,凡十分贫困的家庭都是多生多育,凡是多生多育的家庭,其家长都是文盲或半文盲。大量文盲的残存,成为影响下一代文化贫困的根源,也是新一轮文盲的再生基地和发展的土壤。[1]农民工家庭化流动本身就处在较为复杂的环境中进行,而农民工的传统家庭教育在农民工家庭化流动的复杂环境的影响下,呈现出更为强大的复杂性。农民工举家进入城市后,面临更为复杂的社会制度、陌生的城市环境、全新的生活方式、职业地位的低下、社会保障的缺失、生活的边缘化等问题,使他们家庭呈现出弱势化状态,特别是随迁子女义务教育保障

---

[1] 李禄胜.对城市流动人口生存状态的分析和思考[J].宁夏社会科学,2002(3):57–61.

的缺乏,这给农民工传统的家庭教育提出新的挑战,承受着巨大的压力。应该说,城市的文化特质和生活方式,以及农民工的经历和体验,受到城市家庭教育的积极影响,促使农民工家庭教育向城市家庭教育接近,呈现出一种向城市家庭教育靠拢的趋势,大部分农民工家长也非常重视家庭教育,关注随迁子女的家庭教育,不少家长更新了教育观念,增强了素质教育的意识,改进了教育方法,注重亲子沟通,比流动前更加重视子女的学习,同时也注重子女多方面素质的培养。但宏观制度阻碍农民工家庭教育向城市家庭教育接近;农民工自身文化素质又制约作为教育者的农民工家长教育知识的获取和教育水平的提高,影响家庭教育的质量,这些都使得农民工的家庭教育呈现出复杂性。

(二)差距性

人的成长受家庭教育、学校教育、社会教育三大教育因素影响,家庭教育是学校教育和社会教育的背景和基础,学校教育和社会教育是在家庭教育基础上的进一步延续、深化。家庭教育对人的个体发展和社会的发展,都具有十分重要的意义。只有家庭教育实施指导正确,才能培养出优秀人才。但家庭教育不同于学校教育、社会教育。学校教育和社会教育有相应的行政管理体系,可以加以具体的管理和指导,而家庭教育不是正规的教育,没有相应的行政管理体系,也没有具体的教育大纲和模式。究竟对子女实施什么样的教育,如何进行教育,要把子女培养成什么样的人,主要取决于家长的意志,家长有很大的自主权。因此,家庭教育具有很强的独立性和自主性。而家长的教育观念、文化水平、教育方法、教育能力等各不相同,参差不齐,教育的效果差别相当大。对于农民工流动家庭来说,由于受经济、文化、环境、社会等各种家庭教育资源的制约,其随迁子女的家庭教育存在一些不容忽视的具体问题,相对于城市居民子女的家庭教育来说,还是有一定的差距的,正是这些家庭教育差距性的存在,进而影响到农民工随迁子女的学校教育和社会教育状况,对农民工随迁子女的健康发展非常不利。必须构建农民工家庭教育的社会支持体系,建立家庭教育、学校教育、社会教育三者协调机制,高度关注和重视农民工家庭教育,提高其家庭教育质量,要充分发挥农民工家庭教育在促进其随迁子女发展中的积极作用。

(三) 封闭性

家庭教育本质上属于私人教育,具有相当强的封闭性。但随着社会由传统型向现代型的转变和人口从传统封闭的农村社会向现代开发的城市社会的流动,在这种大的社会背景环境下,家庭教育也必然由封闭走向开放。农民工以家庭形式进入开放的城市社会后,其家庭教育面临着从传统的封闭模式向现代的开放模式的转型。开放的家庭教育可以帮助农民工更好地适应城市生活,充分利用社会生活教育子女,让子女在社会实践中主动接受教育。[①]农民工家庭要以社会生活为活教材,以社会为大课堂,支持随迁子女积极参加社会实践,亲身体验社会生活,在社会实践中经受磨炼,增长才干,以提高他们对社会的认识和适应社会生活的能力,从社会的大趋势来看,农民工的家庭教育从封闭走向开放是必然的。[②]尽管农民工随迁子女家庭教育正在逐步地由封闭落后的乡村教育向先进开发的城市家庭教育转变,从封闭走向开放,这种转变以自然而然的方式发生,但农民工随迁子女的家庭教育仍然无法完全摆脱农村家庭封闭的传统的教育影响,传统封闭的农村家庭教育模式仍然在农民工家庭教育的实践中存在,这是不可避免的。因为农民工随迁子女家庭教育从封闭性向开发性转变,有一个相当漫长和复杂的适应过程。

二、农民工家庭化流动给家庭教育带来压力和挑战

农民工举家从偏僻的农村来到城市,多数家庭是为子女能够接受城市优质的教育,有良好的学习环境,农民工这种选择无疑是非常正确合理的。但农民工家庭化流入城市之后,却发现在子女教育问题上存在诸多现实和棘手的问题,特别是家庭教育问题上面临着巨大的压力和挑战。

(一) 家庭教育需求加大

农民工在对下一代的教育问题上,绝大多数家长表现出传统的望子成龙的心态,城市的教学条件和教学质量是他们追求和向往的,但让子女在城市里接受教育目前还存在这样或那样的困难。根据现

---

① 陈一筠. 家庭与下一代[M]. 北京:社会科学文献出版社,1996:339.
② 李伟梁. 流动人口子女家庭教育问题研究[D]. 武汉:华中师范大学,2003:21-22.

行的户籍制度和义务教育财政管理体制,义务教育实行地方负责、分级管理的原则,农民工随迁子女被排斥在城市公立学校义务教育体系之外,要上公立学校需要比当地学生多交赞助费和借读费等两项额外费用。近年来尽管国家出台许多文件,要求流入地无条件地接纳农民工随迁子女就地入学,不得收取借读费等,但各流入地在具体的执行过程中,还会以各种理由和借口巧立名目地收取各种费用,对于大多数收入偏低的农民工家庭来说,费用太高成为其子女上学的最大障碍,有的家庭子女较多,家庭无法承担。适应农民工随迁子女上学的需求,应运而生的民工子弟学校却往往得不到合法承认,经常面临被关闭或搬迁的命运。入学困难导致农民工随迁子女不能按时接受正常的义务教育,超龄入学、失学甚至辍学的现象时有发生。另一方面,由于各种原因,农民工随迁子女在公立学校很难享受与城市孩子同等质量的教育,甚至遭受老师和同学的嘲笑和歧视。而民工子弟学校由于自身条件限制也很难给他们提供高质量的教育。这样一来,农民工随迁子女无论是在义务教育机会还是优质教育的获取上都处于劣势,这种劣势地位造成了农民工随迁子女义务教育的匮乏。义务教育的匮乏成为农民工家庭教育面临的最大的压力和挑战,义务教育的匮乏状态客观上对农民工随迁子女的家庭教育提出更高的要求。一旦随迁子女在应该接受文化教育的时候失去接受教育的机会,他们在城市极其复杂的环境,很容易受某些不健康因素的影响,误入歧途,引发许多社会问题。[①]因此,作为农民工家长必须充分认识到家庭教育对子女健康成长的重要性,采取科学的家庭教育方法,对子女实施行之有效的家庭教育,使农民工家庭为随迁子女的健康成长提供一定的保障,弥补因为义务教育的匮乏对随迁子女造成的不利影响。

(二)家庭教育的难度加大

农民工的家庭作为随迁子女的社会化的重要场所,家庭教育对随迁子女正常的社会化进程和人格发展产生重要的影响。多数农民工家庭的经济收入较低且不稳定,加上家庭往往又有多个子女,家庭

---

① 李伟梁.流动人口子女家庭教育问题研究[D].武汉:华中师范大学,2003:15-16.

经济窘迫,导致农民工整个家庭的生活质量低下,限制对子女教育的投资,家庭教育缺乏必要的文化生活与家庭教育条件。如:子女学习环境欠佳、必需的学习用品缺乏、家庭文化气息不足、父母对子女的关心和投入不够等,而这些对随迁子女的成长都会起到至关重要的作用。农民工是城市里的特殊弱势群体,大部分属于低收入家庭,出于房租低廉或就业方便的考虑,他们的家庭住房往往是因陋就简,住房面积狭小拥挤,缺乏子女学习的良好教育文化设施与氛围,没有自主学习的空间和条件。这就无法满足随迁子女安心学习的基本需求,学习和生活不得不受很多外事干扰。经济上的拮据,使农民工在对子女的教育投入上就显得力不从心,他们往往很少给子女买书,不带孩子去书店、文化宫,甚至不让孩子参加兴趣小组。同时,农民工家庭较差的住房条件决定了其所处社区环境的复杂性,复杂的社区环境同样不利于随迁子女的教育和成长。还有,由于自身文化素质的限制,农民工家长往往不懂基本的教育知识和教育方法,对子女的教育问题不知从何入手,在教育内容和方法的选择上存在着较大的随意性和盲目性。另外,农民工随迁子女进入城市后产生各种复杂变化,对家庭教育提出了更高的要求。与城市家长相比,农民工对子女的家庭教育显然不够重视,许多家长在家庭教育上投入的时间和精力很少,自身没有足够的教育子女的知识并且缺乏积极吸取知识的兴趣和信心,使得子女在学校接受的良好教育无法在家庭得到进一步延伸。这严重削弱了家庭施教人的作用,不利于随迁子女自主能力的培养和自我教育的开展。

农民工家庭教育压力和挑战概括起来就是家庭教育的供不应求,主要是农民工随迁子女学校教育的匮乏加大家庭教育需求。另外,农民工家庭存在各种困难加大家庭教育的难度。随着农民工家庭化流动规模的不断扩大,随迁子女必然将成为庞大的特殊群体,作为一个规模庞大的特殊群体,随迁子女的教育问题已不仅仅是农民工家庭自身的问题,而成为一个重大的社会问题。农民工随迁子女家庭教育的这种供不应求的局面,会造成严重的社会问题,无论是从家庭角度还是社会角度来讲,农民工随迁子女家庭教育问题都需要全社会给予高度的关注。

第四章 农民工随迁子女家庭资本状况

家庭占有资本的多少,决定着家庭在社会中的空间位置和家庭在各种场域中的争斗。家庭拥有的各种资本为家庭在各种场域中的实践提供动力,各种资本之间互相转化对家庭教育产生影响,为家庭获取更多资本并进而调整社会位置提供可能。

第一节 农民工随迁子女家庭经济资本状况

布迪厄认为在经济资本、文化资本、社会资本这三大基础资本中,经济资本是资本最有效、最直接的形式。对于家庭来说经济资本主要是指一个家庭中所拥有的物质资料和家庭收入的总和。在本研究中,将从家长的职业地位、经济收支状况以及家庭居住现状三方面来加以分析。

一、家长的职业地位

(一)家长的职业状况

在现代社会中,职业地位高低、职业类别好坏,是衡量一个人社会地位高低的重要指标。父母所从事的职业已经成为划分家庭背景优劣的重要标准。通过职业地位的改变可以实现社会地位的上升,职业地位是构建社会地位等级的主要分类标准,它与每个人的经济地位和教育背景关系密切相关,父母职业地位的高低直接影响到在家庭教育中的权威性。对于一个家庭来说,最直接的经济来源就是家长的工资,工资高低与所从事的职业有密切关系,下面来分析随迁子女家长的职业现状。

农民工自身文化素质偏低,缺乏现代工业社会工作经验和技能,加之户籍身份的限制、城市职业保护政策的存在、社会就业体制不完备等方面的原因,导致他们只能进入次属劳动力市场,也称下层劳动力市场,从事技术要求不高、收入低、又缺少福利保障的工作岗位,这决定了农民工阶层的职业地位整体上处于社会底层。这使得他们只能从事一些城里人不愿干的最苦、最累、最脏、最危险的工作,工作时间长,劳动强度大,获得报酬最低。他们大多集中在制造业、建筑业、服务业、零售业、餐饮业、交通运输业等劳动密集、技术水平低的行业。个体经营小吃、卖菜、卖水果、卖小商品、建筑装修、搬家、收废品等。雇工包括环卫清洁、拉三轮车、开车运货、来料加工、服装等。农作包括种菜、养家禽等。根据调查,如表4-1所示,从事制造业的比例最大占44.3%,其次是建筑业占16.5%,服务业占12.3%,交通运输、仓储和邮政业占10.8%,批发零售业占9.4%,住宿餐饮业占6.7%。调查还发现,父母从事的具体职业还有所区别。父亲从事的职业中个体经营占37.8%,而个体经营中卖菜、卖水果、卖小吃占21.6%,收废品占15.1%,在工地做工的占36.7%。如表4-2所示,母亲从事家政服务、洗碗工、环卫清洁、来料加工服装、在工厂做工的占28.7%,母亲在工地做工占到13.5%。调查发现,母亲在家做家务看孩子的比例较高占16.2%。在访谈中得知,一部分母亲是因为文化层次太低,无法找到工作;也有一部分是为了更好地照顾孩子,等孩子大了独立上学再找工作。

表4-1　农民工从事的主要职业状况

行业	制造业	建筑业	服务业	交通运输、仓储和邮政业	批发零售业	住宿餐饮业
百分比	44.3	16.5	12.3	10.8	9.4	6.7

表4-2　随迁子女父母职业状况

单位:%

职业	个体经营			雇工			农作	无业	其他
具体工作	卖菜、卖水果、卖小吃	收废品	其他	环卫清洁、运输、加工服装	建筑工地做工	其他			
父亲	21.6	15.1	1.1	10.9	36.7	0.8	2.8	9.8	1.2
母亲	22.5	13.7	2.1	28.7	13.5	0.6	2.5	16.2	0.2

(二) 家长的职业特点

从以上农民工职业的统计情况看,他们职业具有以下特点:

1. 工作时间长,劳动强度大

农民工普遍劳动时间较长,休息权益普遍难以保障。农民工从事的工作以体力劳动为主,如建筑工、环卫清洁工、运输司机、餐饮服务员等。对体力的要求很高,劳动时间长,大多为十几个小时,经常需要加班加点。许多农民工周末和节假日无法正常休息,几乎没有休息时间和休假,法律规定的工时和休息制度很难落实,不少工作单位一个月才休息一天。一些企业为了赚取更多的利润,任意延长农民工的工作时间,逢生产旺季每日工作时间在 10 小时以上,甚至通宵达旦加班。工作时间远远超过了《劳动法》规定的 44 小时。据笔者对 2 000 名从事不同工作的农民工调查,如表4-3 所示,在被调查者中,每天工作时间 8 小时以下的仅占 4.3%;工作 8~10 小时的占 54.5%;工作 11~12 小时的占 26.9%;工作 12 小时以上的占 14.3%。农民工每天为了生存奔波,体力透支严重,早上很早就出发务工,晚上很晚才到家,回到家已经疲惫不堪,和家庭成员交流的时间非常短暂。

表4-3 农民工劳动时间调查表

工作时间	8 小时以下	8~10 小时	11~12 小时	12 小时以上
人数	86	1 090	538	286
百分比	4.3	54.5	26.9	14.3

2. 工作条件差,无安全保障

农民工受户籍身份的限制,无法进入城市正式劳动市场,获得正规的就业机会,只能处于"非正规就业"的状态,寻找"城市剩余的工作"、城市劳动者所不屑做的工作,如废品收购、高速公路环卫工作、建筑工地施工、采掘工、纺织工等危险性高,劳动强度大,劳动安全卫生条件差,粉尘污染、噪音污染、化学品污染严重的工作。有的工作单位安全生产的培训和教育不到位,安全施工的防护有限,有的根本没有安全保障措施,甚至连个卫生口罩都没有,存在着严重的安全隐患。农民工工作无安全保障,身体严重受侵害。根据国家安全生产监督管理总局的不完全统计,全国每年因工致残人员接近 70 万,其中农民工占绝大多数。据卫生部数据显示,在全国存在有毒有害作业场所的企业约有 1 600 万家,近 2 亿的劳动者在从事劳动过程中遭受不同程度职业病危害,其中,农民工占了绝大多数。因就业的单位不愿意为农民工购买保险,使得农民工的医疗、养老等基本需求没有保障。一旦生病就只能去医疗水平差、收费较低的私人诊所就医。这些职业病的发生不仅严重危害着农民工的身体健康,对农民工家庭而言更是无法承受的负担。

3. 工作变动频繁,稳定性差

由于农民工处于城市管理体制外,就业非正规化,工作更换频繁,缺乏稳定性。大多数农民工聚集在城市中非正规部门就业,这些部门专业技术特征不明显,劳动力进出的壁垒很低,易进易出,容易被替代。这就使得农民工就业的职业和单位领域具有极大的不稳定性。笔者对农民工与非农民工工作稳定性进行调查,如表 4-4 所示,农民工中只有 28.85% 没有更换过工作,非农民工高达 47.19% 的人没有更换过工作;而非农民工中只有 27.73% 的人更换过 1 次工作,农民工有 30.52% 的人更换过 1 次;非农民工中有 24.63% 的人调换工作少于 7 次,农民工中有 39.74% 人调换工作少于 7 次;非农民工更换工作多于 7 次的占 0.45%,农民工占 0.89%。从中可以看出,农民工与非农民工相比,农民工职业更换更为频繁,工作极不稳定。虽然通过职业变动实现地位的上升流动是现代社会地位变迁的主渠道,然而,我们可以看出,这种频繁的职业变动并未给农民工带来职业地位的提升,他们在城市中的社会地位却始终没有发生变化,他们很难通过职业地位的改变来实现社会地位的上升。

表 4-4 农民工与非农民工更换工作单位情况

单位:%

工作变动	未更换过	更换 1 次	更换 7 次以下	更换 7 次以上
非农民工	47.19	27.73	24.63	0.45
农民工	28.85	30.52	39.74	0.89

(三) 农民工职业特点给子女教育带来的影响

布劳和邓肯研究表明,父母职业对子辈的教育有影响,父母职业与子女教育获得成正相关,父亲职业地位越高,其子女越有可能获得较好的教育,也越有机会获得向上流动的机会。[①]农民工从事的职业只是为了生存的谋生手段,在经济上给子女只能提供一定的物质条件,在其他方面对子女的教育影响是微乎其微的。

农民工的职业特点和职业地位对子女教育的负面影响是显而易见的。农民工过多的劳动时间和过强的劳动强度,使其花在家庭教育上的时间和精力极其有限。农民工的工作时间长且不固定,有的需要昼夜加班,根本无时间和子女接触交流。长时间辛苦工作,父母往往身心疲惫,甚至带着情绪,即便和子女有交流和沟通,沟通的意愿和沟通的质量可想而知。更不用谈对子女学习的指导、身心的关怀。农民工较低的就业层次使他们无法拥有丰富的经济资本、文化资本、政治资本和社会资本,无法为子女提供优越的学习条件和重要的学习机会,使子女在接受教育方面处于劣势。父母的底层职业地位,在家庭教育上,无法为子女树立积极良好的榜样,进而影响家庭教育中的权威性和有效性。这些对正处于身心发展的农民工随迁子女的教育来说是非常不利的。

二、家庭经济状况

(一) 家庭收入状况

一个家庭经济收入的高低对家庭的生活质量,尤其是对子女的家庭教育起到决定性作用。农民工工资长期以来处于偏低的水平。全国各地年均的 GDP 的速度在不断增长,农民工的工资水平增长幅度并不大,说明农民工未能很好分享企业效益增长和国民经济发展的成果。近年来,农民工收入出现了较快增长,中西部工资涨幅加快,与东部工资差距明显缩小。但是,目前农民工工资总体仍处于较低水平,农民工工资仅相当于城镇职工的55%。据研究,农民工和城镇职工的收入差距,有60%是人力资源差异造成的,有40%是体制差异造成的。农民工的实际工资水平大体和各地城市的最低工资标

[①] Peter M. Blau and Otis Dudley Duncan. The American osccupational structure [M]. N. Y. : The Free Press, 1967:6.

准相当,只能维持基本生活需要。①

笔者对农民工的工资收入情况展开调查,从图4-1中可以看出,在被调查的农民工对象中,月收入在1 000元以下占0.84%;月收入在1 000~1 500元之间的占19.56%;月收入在1 500~2 000元之间的占19.40%;月收入在2 000~2 500元之间占49.20%;月收入在2 500~3 000元之间占10.20%;在3000元以上的占0.80%。尽管大多农民工的月收入都在1 000元以上,跟务农收入相比有所增加,但是由于身处城市这一高消费的社会环境中,其住房、交通、饮食、衣着等生活成本都比农村要高。农民工家庭整体收入处于贫困状态,与城市居民家庭相比在最主要的经济资本家庭收入上存在明显的劣势。

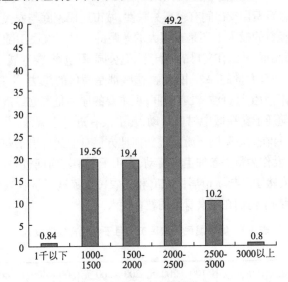

图4-1 农民工工资月收入

(二) 教育资金投入情况

农民工的低层次非正规就业,导致了农民工家庭经济收入普遍偏低,家庭经济困难,可以说是城市中的贫穷者,很多农民工家庭挣扎在温饱线上,家庭收入的有限性直接影响了父母对子女家庭教育的投入。调查显示,农民工家庭一般会有两个或两个以上的孩子,多的甚至有四五

---

① 国务院发展中心课题组.农民工市民化[M].北京:中国发展出版社,2010:12-13.

个。学习费用对农民工家庭来说已经是一笔很大开支,虽然国家已经免除学杂费,但是对于一个有多个孩子的农民工家庭来说,其他学习费用也是一笔不小的开销。农民工随迁子女家庭教育投入相对于城市职工家庭子女来说处于劣势状态。笔者对农民工家庭对子女教育投入情况展开调查,从表4-5中可以看出,除学校相关教育收费外,农民工家庭每月用于子女教育方面的经费,平均每月投入100元以下占9.56%;100~200元占38.65%;200~300元占45.73%;300~400元占3.93%;400元以上的占2.13%。而城市居民家庭每月用于子女教育方面的经费,平均每月投入100元以下占2.26%;100~200元占3.14%;200~300元占5.62%;300~400元占28.58%;400元以上的占60.40%。可见家庭收入与家庭教育费用支出间有较高关联性,城市居民家庭与农民工家庭在子女教育经费的投入上还是有很大的差距的。对于农民工随迁子女来讲,像城市儿童一样,在父母的陪同下,逛公园、看电影、参观展览、学习钢琴等乐器,拥有大量的课外书籍等,这些都是奢侈的想法。一方面是家长忙于工作,为生计奔波,没有时间;更主要的原因是家庭经济困难。有的农民工随迁子女在城中村里活动,几乎没有进过主城区,没有坐过公交车,更没有在父母陪同下游玩过任何地方。有的父母出于职业上的需要,要求子女作为帮手参加生产劳动,占用子女学习时间过多,甚至倾向于支持子女辍学。与城市居民家庭相比农民工家庭经济收入的低层次性,大大制约了他们在子女身上的教育投入。

表4-5 城市居民与农民工每月子女教育经费投入

单位:%

每月教育投入	100元以下	100~200元	200~300元	300~400元	400元以上
城市居民家庭	2.26	3.14	5.62	28.58	60.40
农民工家庭	9.56	38.65	45.73	3.93	2.13

三、居住环境

虽然有越来越多的农民工举家进入城市就业生活,但是大部分农民工的雇主或工作单位不提供住宿,因此家庭居住就成了很大的问题。除了极少数进城时间长,有能力购买商品房的农民工外,大多数农民工家庭居住状况普遍较差。他们在既无住房补贴,又不能享受城镇保障性住房,更买不起商品房这样的情况下,只能无奈选择租赁住房。但多数城市房租水平大大超出农民工的经济承受能力。因此,多数农民工只能寻求非正规租赁渠道,租住在城乡结合部的"城中村"或者城市地下室、临建房、简易房等条件较差的住房。农民工家庭居住条件有以下特点:

(一)家庭居住条件较差,难以满足基本生活需要

笔者调查显示:农民工有88.27%的家庭是租用住房,2.20%是借房,在所在城市自己购买住房的家庭仅占5.53%,住在工棚或是自己搭建的简易棚屋里面的占4.0%。有80.23%农民工家庭居住在设施不完善的各类简易住房中。家庭居住面积较拥挤,人均住房面积很低,全家住一间房占43.55%,两间占35.48%。全家住房面积少于15平方米占18.75%,16至20平方米占31.25%,21至30平方米占18.75%。77.36%的随迁子女没有自己的房间,与大人同住。调查表明,农民工家庭住房条件远远低于所在城市居民水平,居住环境恶劣,阴暗潮湿,卫生条件差,功能不完善。多数房屋缺少阳光、通风、取暖、独立卫生间、厨房等。有44.23%的家庭没有独立厕所,有35.37%的家庭没有厨房。在有厕所和厨房的家庭中,33.26%的为合用。还有33.12%的家庭完全没有厕所和厨房。房屋之间建筑密度大、安全隐患高,难以满足基本生活需求。这样的居住现状,甚至低于城市划定的居住困难户标准。只能解决农民工家庭的基本睡觉和休息的需要,而对子女健康成长的文体、休闲、娱乐等精神需求,以及一般学习需求等无法得到基本满足,非常不利于农民工随迁子女在城市学习、生活和发展。

(二)生活在城市边缘,子女成长环境恶劣

多数农民工家庭都聚居在务工场所附近、城乡结合部或近郊的工棚、集体房或租赁房、"城中村"中。一是此处房屋的租金低廉;二是居住区域产业建设、基建投资较多,就业机会多;三是城乡结合部也是打工子弟学校聚集的地方,选择在此居住,可以在一定程度上解决子女上学教育的后顾之忧;四是农民工普遍选择城乡结合部为居住地,倾向于与同乡扎堆居住,便于交往,相互影响,客观上形成自身的生活圈,有利于形成一股个人不具备的防御力量,这是弱势群体常用的策略。这种相对独立的生活居住区,生活在城市的边缘,与城市居民住宅小区相对

隔阂,联系极少,难以融入城市居民生活,对随迁子女成长极为不利。农民工随迁子女成长环境恶劣,居住外部环境脏、乱、差,缺乏必要的活动场所,缺乏必要的文化和教育设施,卫生条件差,基本生活和健康无保障。居住的社区人口居住密集度大,原来建的公共设施已经不符合与人群数量的比例关系,无法满足农民工及其随迁子女的需求。加之农民工大多脱离正常社会组织规范约束,处于游离状态,居住人员混杂,往往治安较差,增大了社会不安因素。长期生活在这里孩子也容易沾染社会不良的习气,这样的环境不利于孩子的教育和成长。

（三）家庭流动性大,生活缺乏稳定性

大多数农民工家庭难以有固定的住所,往往在哪里工作就在哪里居住,由于拆迁、工作变动或为租金更低原因,农民工家庭面临频繁搬家,家庭生活极不稳定,经常变换居住地。据笔者调查显示,从表4-6中可以看出,农民工家庭更换居住地1～5次比例依次为27.8%、20.4%、18.9%、13.5%、12.7%,更换6次以上的占6.7%,农民工搬家次数频繁,缺乏稳定的居住条件。随迁子女跟随父母自然也是行踪不定,不断转学。从表4-7中可以看出,农民工子女转学是常见的情况,他们经常要面对不同的教学环境、教材、课程进度及教学方法,短时间内往往无法适应,致使学习出现断层,学习跟不上,影响其学习兴趣,导致他们缺乏学习热情和动力,甚至对学习产生抵触情绪,纪律普遍较差,从而出现不求上进、孤独自卑等心理问题。农民工随迁子女学习生活处于一种不稳定状态。

表4-6　农民工家庭搬家次数

单位:%

搬家次数	频率	百分比	有效百分比
1次	556	27.8	27.8
2次	408	20.4	20.4
3次	378	18.9	18.9
4次	270	13.5	13.5
5次	254	12.7	12.7
6次以上	134	6.7	6.7
合计	2 000	100.0	100.0

表 4-7 农民工随迁子女转学次数频数分析

转学次数	频率	百分比	有效百分比
0 次	357	17.85	17.85
1 次	737	36.85	36.85
2 次	286	14.30	14.30
3 次	358	17.90	17.90
4 次	173	8.65	8.65
5 次	50	2.50	2.50
6 次	30	1.50	1.50
7 次	9	0.45	0.45
合计	2000	100.0	100.0

(四) 家庭居住空间狭小, 子女缺乏必要的学习空间

与城市居民相比, 农民工家庭人均住房面积较小, 居住条件差, 这是不争的事实。据笔者实地考察, 农民工为了节省开支, 大多数家庭租住郊区周边村民的便宜住房, 无厨房和卫生间, 吃饭、睡觉、生活等都在一间屋子里, 可以说是"多种功能为一体的"居室。农民工随迁子女只有少部分拥有自己独立的学习和生活空间, 大多数没有自己独立的房间和学习空间, 缺乏安静的学习环境。只能"因地制宜"自制学习空间, 据笔者调查显示, 有专门写字桌的占44.21%; 用小饭桌做作业的占33.23%; 用椅子做作业的占8.62%; 用柜子等之类做作业的占5.93%; 还有在床上做作业的占4.65%。做作业的家具各种各样, 高矮比例差异很大, 根本不适合孩子做功课, 长期下去将对他们的视力以及身体骨骼的健康发育成长造成不良的影响。还有数量更多的农民工随迁子女, 由于他们的父母是小企业主或小作坊主, 他们往往就在父母的店铺或作坊间伴随机器的轰鸣声学习。笔者访谈时看到这样的家庭, 家庭中爸爸是做铝合金窗的, 家是巷子边的总共不到十一平方米房子, 被隔成了两间, 外面一间堆放了一些做工的用具和零件, 以及厨具、家具以及生活用品; 里面是睡觉休息的地方, 房间很小, 一进门只能坐在床上, 光线也比较

昏暗。孩子平时只能在外面的饭桌上做作业,学习环境非常嘈杂。定做铝合金窗的人、邻居来借东西或串门的人、马路边行人以及各种车辆的喧嚣声混杂在一起,这样的家庭环境对子女的学习影响是可想而知的,但现实生活中大多数农民工家庭随迁子女的学习条件确实就是如此。

第二节 农民工随迁子女家庭文化资本状况

布迪厄在对马克思的资本理论进行非经济学解读之后,提出了文化资本这一社会学概念。布迪厄将资本划分为经济资本、文化资本和社会资本三大形态。文化资本是指那些非正式的人际交往技巧、习惯、态度、语言风格、教育素质、品味与生活方式。① 它是一种表现行动者文化上有利或不利因素的资本形态。在某些特定条件下,它可以转换成经济资本,而且转换过程是以教育资质的形式制度化的。布迪厄认为,在经济资本中,至少一部分的经济资本的作用是通过将其转换成文化资本来发挥。在他看来,文化资本在家庭的形成,主要通过代际传递,即父母对子女的言传身教,要实施良好的家庭教育,需要父母(尤其是母亲)有更多自由支配的时间,即需要更多的闲暇,闲暇时间的多少实际上取决于家庭的经济状况,家庭的经济状况好的,那么他们就不必花费更多的时间来谋生,自由支配的时间相对增加。文化资本的积累通常是以一种再生产的方式进行的。文化资本的再生产主要通过早期家庭教育和学校教育来实现。家庭无疑是文化资本再生产最重要也是最初的地方,在家庭中,父母的文化素养、兴趣爱好、性格特点等得到充分反映,父母的一言一行都潜移默化地影响孩子,都将成为孩子效仿的对象。孩子正是由这种无意识的模仿行为,继承了父母的文化资本并将其内化,即身体化。布迪厄用文化资本的概念来解释出身于不同社会阶级的孩子取得不同学术成就的原因。他认为:"出身于不同阶级和阶级小团体的孩子在学术市场中所能获得的特殊利润,是对应于阶级与阶级小团体的文化资

---

① [美]乔纳森·特纳.社会学理论的结构[M].北京:华夏出版社,2001:192.

本的分布状况的。"①在社会资本不足的情况下,儿童所拥有的家庭文化资本对其学业成就的影响十分突出。因此,在布迪厄看来,儿童在走进学校接受教育之前接受教育的水平并非一样,他们都或多或少地拥有各自的文化资本,主要来源于家庭,而拥有文化资本的多与少,预示着他们将来在教育成就上的大小,也可以解释出生于不同阶级的孩子取得不同学术成就的原因。农民工随迁子女所拥有家庭文化资本状况如何,本文将照布迪厄的文化资本的分类进行分析。

一、具体形态文化资本

具体形态文化资本,就是指通过各种教育活动的作用而储存于个体身上的文化知识、文化修养、文化技能等,也叫身体形态文化资本,主要与身体直接联系,在社会生活实践中被传递。它包括家庭的文化氛围,父母对子女的教育期望,家长的教养方式以及亲子之间的对话交流,父母日常生活的一套性情倾向,包括语言习惯、饮食习惯、爱好、服饰偏好、与人交往方式、对事物认知方式,等等。这些日常的生活方式受父母的惯习,即内化了的社会客观结构的限制,但同时也在日常生活实践中不断构建,这部分文化资本是家庭中最"自由"的资本,也为家庭中的教育再生产和文化再生产提供了延伸的空间。在此将从农民工子女的家庭文化、语言习惯、阅读习惯、父母对孩子的教养方式以及亲子间的对话与交流、学习习惯等方面阐述。

（一）家庭文化

家庭文化是随着家庭的产生与演进而共同成长的,它涵盖家庭生活的方方面面。它是家庭成员所拥有的一切知识、思想、价值观和所创造的一切人工制品;是一个家庭世代承续过程中形成和发展起来的较为稳定的生活方式、传统习惯、生活作风、家庭道德规范以及处世之道等。家庭文化是建立在家庭物质生活基础上的家庭精神生活和伦理生活的文化,既包括家庭的衣食住行等物质生活所体现的文化色彩,也包括文化生活、爱情生活、伦理道德等所体现的行为方式和价值规范。家庭文化的塑造者是家庭的每个成员,主要是夫妻

---

① 包亚明,译.文化资本与社会炼金术——布迪厄言谈录[M].上海:上海人民出版社,1997:193.

双方。家庭文化的最大受益者或受害者也是家庭的每个成员,有什么样的家庭文化就会有什么样的家庭未来。良好的家庭文化,对保持家庭发展的生命力与稳定的持续力起着积极的推动作用,它可以提高家庭成员的文化素养,引导他们养成良好的道德情操和高尚的思想品质,帮助他们树立正确的理想、信念与价值观。特别对未成年人来说,先进家庭文化对他们的个性发展、智力开发以及思想品德的形成具有重要的影响,能刺激他们奋发向上,早日成为有理想、有道德、有文化、有纪律、德智体全面发展的一代新人。而不良的家庭文化则会使人消极、颓废、丧失进取心,不仅危害家庭成员的身心健康,还有可能引发未成年人违法犯罪,危及社会安定。

　　农民工虽然在城市工作生活,但农村封闭的生活方式和习惯在他们身上烙下了深深的印记。农村与城市之间在经济、文化、政治及生活习惯等方面存在着很大差异,他们承载着与城市不同的文化、语言和生活方式,在乡土文化与城市文化中碰撞。他们大多数家庭仍然保留原有的家庭文化,家庭文化的城市适应的特征不明显。首先,农民工在社会交往中依赖和选择同质群体(工友)以及乡土社会关系(亲戚和同乡),并以此为基础和以"我"为中心来构建自己的交往与互动的差序格局,在城市中逐渐建立自己的社交范围,来自相同地方的农民工慢慢形成"都市里的村庄",如"浙江村"、"河南村"、"山西村"、"山东村",等等。"都市里的村庄"的"居民"大多是老乡或亲戚,他们从事基本相同的职业,其社会结构的基本特征是"亲缘"和"地缘",他们的行为方式、生活习惯、价值观念等仍然保持着乡村性特点。他们还不适应城市的交往活动和人际关系,交往的对象主要是老乡或较为熟悉的人,交往范围相对狭窄,交往的方式比较直接,真诚交往,礼尚往来,彼此之间既保持感情的联系,也提供实际的帮助。在消费与休闲行为上,由于受经济条件的限制,农民工奉行节俭原则,他们的消费行为停留在较低层次,基本上满足衣食住行。多数的休息时间停留在自我消磨时光,或农民工之间打牌、打麻将等内部娱乐,业余生活相对贫乏单调。农民工在城市社会中处于客体地位,是过客地位的边缘者,过着边缘化的生活,呈现其"孤岛化"的状况,他们并没有真正融入城市的社会生活当中,家庭文化的城市化特征很不明显。其次,文化的差异性和绵延性强化了农民工的乡村文化心理的惯性特征或者说保守意识,从而加大了农民工家庭文化适应城市文化的困难。城市文化排斥性以及乡土文化绵延性等原因都阻碍了农民工更新原有家庭文化的可能。农民工随迁子女所生活的家庭文化基本都完整地保持着家乡文化,如家乡方言、家乡的生活习惯与思维模式等依然存在。这种家庭文化无法提供给随迁子女现代城市学校教育所要求的思维方式、行为习惯,不利于他们融入城市。

(二) 亲子间的对话与交流

农民工将子女带到城市,将年迈的父母留在农村,因此,对于农民工随迁子女来说,他们的家庭大多属于核心家庭。但在农民工的家庭中,家庭成员之间关系疏松,特别是亲子之间的沟通交流很少。从表4-8可以看出,农民工和随迁子女沟通交流的时间明显不足,近一半的家庭每天亲子交流的时间几乎为零。农民工的工作性质决定了他们没有充足的时间来照顾子女,与他们进行沟通交流,即使交流沟通,由于农民工在城市生活中交际圈子比较窄,往往仅限于亲友老乡,信息不多,视野狭窄,知识贫乏,乡土意识较强。因此,在和子女的沟通交流中很难做到平等交流,也很难给子女带来丰富的信息和心智的启迪。据笔者调查显示,农民工在与亲子沟通交流中,父母与子女谈论最多的话题是子女的学习,而且大多数都是在吃饭时,饭桌上与子女唠叨几句要他们好好读书之类的话。在随迁子女访谈时,当问到"父母经常与自己沟通交流吗?"多数随迁子女回答相似,父母经常跟他们唠叨:"在学校要听老师的话,好好学习!";"作业做好了吗?学习要抓紧!";"上课要认真听老师讲课,学习一定要努力!"等等。这些唠叨的话,不能充分调动随迁子女的学习积极性,缺乏对学习方法的正确指导,长期下去,引起随迁子女的反感。父母与随迁子女之间缺乏深刻的身心交流,缺少正式沟通谈话的机会、缺少交流的时间、缺乏交流的语境。另一方面,由于农民工文化程度普遍较低,他们也不懂得与子女沟通交流的方法与技巧,语言比较贫乏,很少与孩子讲道理,也很少向孩子表示温情。因此,很难与孩子达成有效的沟通交流,往往强调服从、遵从权威,更倾向于严厉和专制,甚至会因为语言暴力,给孩子打击,不能形成沟通。而随迁子女,他们往往也不愿就学校的活动或学习上的问题与父母交流沟通,心理存畏惧,害怕讲得不好会引起父母的不满,甚至愤怒。时间的限制,知识的贫乏,沟通技巧的缺失,使农民工与亲子之间的代际沟通很不充分,父母对子女价值观的形成、成长的影响、学习方法的指导、知识的传授、爱的获得等许多方面都远远不够。

表 4-8　农民工每天和子女沟通交流时间调查表

交流时间	不交流	半小时	半小时至 1 小时	1 小时以上	总计
家庭数	780	560	370	290	2 000
百分比	39.0	28.0	18.5	14.5	100.0

(三) 家庭语言习惯和技能

语言是一种社会实践,是个体在建构与实现社会身份过程中的一个十分重要的动态因素。孩子学习语言过程是其社会化过程的一部分,孩子通过语言社会化,可以获得一定的社会能力,明白一定的社会责任感以及接受一定的文化规则。布迪厄这样来描述处在社会等级两极的人使用的语言,"资产阶级语言"和"粗俗的语言"。资产阶级通常习惯于用"抽象的、理智的、形式主义的、温和委婉"的语言,而工人阶级(公众)的语言,却有"直接从个人到个人,从现象到语言,或轻佻放荡一类的笑话"等独特的语言。

低下阶层与中上阶层子女选词、用字及句法等各方面均有显著不同。另一位关注语言问题的著名学者英国著名的教育社会学家巴兹尔·伯恩斯坦(Basil Bernstein)论述语言能力时,把语言表达方式划分为两种不同的类型:精密型语言和封闭型语言。处于社会低下阶层的人使用封闭型语言,适合于实际经验的沟通,不利于抽象的思想的表达。处于社会中上阶层的人,他们使用的是精密型语言,更容易总结和表达抽象的概念,因此能够适应正式的要求。他认为,语言与学习关系十分密切,封闭型局限性的语言,限制了低下阶层子女的思考及学习能力发展,于是进一步强化阶级差异,这样便出现了阶级再生产的循环。

农民工属于社会的低下阶层,他们的语言使用方式应属于封闭型局限性语言,这和农村社会本土需求是一致的,但不符合城市的社会活动,尤其是职业领域实际要求,即使农民工到城市后努力尝试改变,但他们的表达中仍带有明显的家乡方言的印痕。多数人在语言使用上仍然是从小在家庭自然习得家乡话。特别是家庭内部语言使用,家乡话是主要的谈话用语。从表4-9中,可以看出,用家乡话跟子女交谈占65.12%,用普通话跟子女交谈只占7.78%,用家乡话和用普通话混合交谈的占26.32%。

表4-9 农民工跟子女交谈时语言使用情况调查表

选项	农民工人数	百分比
家乡话	1 682	65.12
普通话	201	7.78
家乡话/普通话	680	26.32
家乡话/普通话/其他方言	20	0.78

笔者对当地城市居民和农民工在家庭成员交流中,使用语言习惯进行对比展开调查。从表4-10中可以看出,当地城市居民和农民工子女在家庭成员交流中,语言使用情况还是有差异的。家庭语言习惯中,笔者从与家人交流使用礼貌用语习惯、说不文明用语习惯、使用流行词汇习惯、说普通话习惯、跟家人学说新词汇这五个方面进行调查。

表4-10 城市居民与农民工家庭语言习惯统计表

单位:人

语言 频率	礼貌用语 (人数)		不文明用语 (人数)		流行词汇 (人数)		普通话人 (人数)		新词 (人数)	
	城市居民	农民工	城市居民	农民工	城市居民	农民工	城市居民	农民工	城市居民	农民工
总是	600	50	40	555	400	0	590	0	510	0
经常	480	80	90	118	490	40	490	50	290	40
有时	260	160	290	376	390	170	288	160	480	150
很少	140	610	760	156	190	280	62	400	140	250
从不	20	400	320	95	30	810	70	690	80	860
总计	1 500	1 300	1 500	1 300	1 500	1 300	1 500	1 300	1 500	1 300

通过 SPSS17.0,将当地城市居民家庭和农民工家庭,在亲子之间沟通交流使用礼貌用语、使用不文明用语、使用流行词汇、使用普通话、使用新词汇的频率和子女作为三种变量,进行描述性交叉分析,即进行卡方分析,假设两种家庭的语言使用习惯不存在显著性差异,当卡方值小于 0.05 或 0.01 时,即假设不成立,两者之间存在着显著性差异;当卡方值大于 0.05 或 0.01 时,则假设成立,两者之间无显著性差异。通过检验分析,家庭内部成员交流语言习惯的使用五个维度:礼貌用语、不文明用语、说流行词汇、说普通话和说新学词汇。当地城市居民家庭和农民工家庭,在皮尔逊卡方检验(Pearson Chi-Square)、似然比检验(Likelihood Ratio)和线性间相关检验(Linear-by-Linear)三种方法检验的相伴概率都小于通常给定值 0.05 或 0.01,所以否定不相关假设,而是在五个维度上,城市当地居民家庭与农民工家庭都表现出显著性差异。在说普通话方面,可以看出农民工跟孩子之间亲子沟通交流时常常习惯性地使用家乡话。父母与亲子之间沟通交流时使用文明用语方面,当地城市居民家庭中常使用的占 72%,从不使用的只占 1.3%;而农民工家庭中常使用的只占 10%,从不使用却占了 30.8%。父母与亲子之间沟通交流时使用流行词汇方面,当地城市居民家庭中常使用的占 59.3%,从不使用的只占 2%;而农民工家庭中常使用的只占 3%,从不使用却占了 62.3% 之多。父母与亲子之间沟通交流时使用新学词汇方面,当地城市居民家庭中常使用的有 53%,从不使用的有 5.3%;农民工家庭常使用的有 3%,从不使用的有 66.1%。综合检验结果和表格数据分析可以看出,当地城市居民家庭与农民工家庭相比,城市居民家庭父母与亲子之间沟通交流时拥有更加良好的家庭语言习惯。

(四) 阅读习惯

家庭的阅读习惯是指父母的阅读习惯,包括父母是否阅读,采取什么阅读方式,阅读哪些内容;子女课外阅读的习惯;父母陪同子女阅读的习惯三个方面。父母的文化修养、从事的职业、性格类型、兴趣爱好等都会影响到子女的阅读习惯,影响到子女阅读的方式,影响到子女阅读书籍的类型以及子女阅读的频率等。父母是否拥有阅读习惯,受家庭体制化文化资本影响较大,父母的文化水平及个人文化修养,会影响到父母是否阅读以及选择什么样的阅读内容,这就直接影响到家庭客观化文化资本。比如家庭文化耐用品的选择与购买、家中拥有图书的种类、数量等。父母的阅读习惯会形成一种重要的家庭文化氛围,当然父母阅读的内容也会影响到阅读的质量,或者说获取到信息的质量,这些对孩子产生重要的影响。父母的阅读习惯对孩子的影响,首先是潜移默化的家庭文化氛围的一种积淀,为孩子树立学习的榜样。[①]其次,父母与孩子之间共同阅读,体现亲子间学习的氛围,可以培养亲子间亲密的良好和谐亲子关系。再次,父母与孩子共同阅读也体现了家长的阅读习惯,对孩子阅读的指导作用,可以培养孩子良好的阅读习惯。最后,父母和孩子之间的共同阅读交流,可以锻炼孩子的语言表达能力和获取信息的能力等。

笔者从家长陪子女阅读、家里拥有的书籍数量和书籍种类、子女的阅读习惯、父母的阅读习惯等方面,对农民工随迁子女和当地城市居民家庭子女展开调查。

表 4-11 城市居民家庭与农民工家庭阅读习惯调查表

单位:人

项目 频率	家长陪你阅读吗?		你阅读课外书籍吗?		父母阅读习惯	
	城市居民家庭	农民工家庭	城市居民家庭	农民工家庭	城市居民家庭	农民工家庭
总是	260	0	350	60	290	10
经常	470	50	670	110	500	30
有时	590	190	430	450	610	150
很少	160	450	40	590	80	470
从不	20	610	10	90	20	640
总计	1 500	1 300	1 500	1 300	1 500	1 300

通过 SPSS17.0,将农民工随迁子女和当地城市居民子女家长陪

---

① 严警.家庭文化资本研究——基于武汉市两所初中的调查[D].武汉:华中师范大学,2012:23-40.

伴阅读、子女阅读习惯、父母阅读习惯和子女作为三种变量,进行描述性交叉分析,即进行卡方分析,检验结果显示:家庭阅读习惯的三个维度,家长陪伴阅读(子女阅读习惯、父母阅读习惯),当地城市居民子女比农民工随迁子女在皮尔逊卡方检验(Pearson Chi-Square)、似然比检验(Likelihood Ratio)和线性间相关检验(Linear-by-Linear)三种方法检验的相伴概率都小于通常给定值 0.05 或 0.01,所以否定不相关假设,而是在三个维度上,两者表现出显著性差异。从调查的情况可见,在农民工随迁子女家庭,父母阅读习惯、父母陪伴子女阅读,父母营造学习的氛围,父母给予子女学习一些指导性的意见,对子女加以引导方面,他们所拥有的家庭具体形态的文化资本相当匮乏,远远低于城市当地居民家庭。

在农民工随迁子女家庭访谈中发现,多数农民工家长文化层次不高,但还是具备一定的阅读能力,由于他们每天忙于生计,很少有时间和精力去阅读书籍,大部分人都没有良好的阅读习惯。只有极少数文化层次相对较高的农民工家长,有相对良好的阅读习惯,对于大多数农民工家长来讲,没有阅读习惯。其次,对于大多靠租房度日的农民工家庭来讲,由于生活空间相对狭小,在家庭中难以提供一个相对良好的阅读环境。最后,受经济条件的限制,家庭中可供阅读的书籍较少。总之,父母监督孩子阅读的时间缺失、家庭阅读环境和读书氛围的缺乏、家庭可供阅读的书籍的缺少等原因,在一定程度上影响到了对随迁子女阅读习惯的培养。

(五)家庭具体形态文化资本对子女成长的影响

布迪厄十分重视家庭在文化资本具体化过程中的基础作用。他认为,具体化的文化资本本质是劳动实践的结果,个体必须从少年儿童时期开始就积累,对个体来说,在早期能受到何种教育,或者说接受何种形式和何种程度的文化资本传递,与家庭的文化传统、经济实力、家长的价值观念等都有直接关系。并且当个体进入青年时代,他还能接受多少文化资本,这仍然离不开家庭的支持。也就是说,文化资本在家庭中的具体化是它演化在个体身上的直接结果,不可能离开身体而被转让和流通。具体形态文化资本的运动和传承实质就是个体身体的直接实践活动。具体形态文化资本的形式具有个体性和社会性,它在家庭中的表现同样具有两重性,个体在家庭活动与社会活动中所形成的文化资本既要通过个人来实现,也离不开社会的作用。不仅早期家庭教育中的文化资本具体化是一种社会过程,家庭传统和学校教育内容、教育方式都把大量的社会因素掺入文化资本具体化过程之中。由此,各种家庭文化传统(包括通过身体表现出来的体态、姿态、举止仪表、交往行为、操作技能等)作为一种文化氛围或文化环境潜移默化地或通过家长有意识地教育而对子女实现着文化资本具体化。这些文化传统是在子女的社会性的交往中得以传承的,并表现在子女与他人的交往行为中。布迪厄认为不同的学生从不同的家庭背景中获得的惯习不同,如知识分子家庭出身的孩子,带有知识分子的惯习;工人家庭出生的孩子带有工人阶层的惯习。往往在同一所学校中的学生惯习相近,他们的惯习得以强化,并进而影响到未来的择业。[1]从以上的调查中我们可以看出,农民工家庭的具体形态文化资本的占有量还是很少的。突出特征是家庭文化的贫困性,对随迁子女的成长是极为不利的。大多数农民工都能非常清楚认识到子女教育的重要性,想方设法供子女读书,但实际上贫困的家庭文化、沉重的教育负担,可能使农民工家庭对教育失去信心,甚至发展到不再崇尚教育的程度,出现贫困文化代际传递的特点,对农民工随迁子女的成长带来很大的负面影响。

二、客观形态文化资本

如前所述客观形态文化资本,是以文化商品的形式存在,是文化体制和文化能力的物化。如书籍、绘画、古董、道具、工具及机械等物质性文化财富。客观化的资本除了可以让子女继承(像经济资本一样)或转化为经济资本以外,更重要的是为子女掌握具体化的文化资本提供条件。[2]在布迪厄看来,所谓文化产品,正是客观化的文化资本和经济资本的统一。文化产品既可以表现出物质性的一面,也可

---

[1] 孙银莲.论家庭文化资本对学生成长的影响[J].湖南师范大学教育科学学报,2006(7):44-46.

[2] 杨卉.流动儿童家庭教育研究——以北京市海淀区为例[D].北京:中央民族大学,2007:21.

以表现出符号性的一面。在物质性方面,文化产品预先假定了经济资本,而在符号性方面,文化产品则预先假定了文化资本。

农民工家庭收入低层次性,家庭平均人口众多性(一般在4人以上),决定了他们家庭物质生活的贫困性。他们的经济消费往往集中在维持生存的物质生活消费而非文化生活消费上。

(一)书籍

家庭中拥有书籍的数量和书籍种类的多与少是衡量家庭文化资本拥有量的重要标志。家庭中拥有书籍的数量和种类越多,对孩子的成长与教育越有益。各种各样有益的书籍,可以增加孩子的课外阅读量,是对课堂教学有效补充,也使课堂教学在家庭中得到进一步延伸。通过阅读,丰富孩子的知识储备,拓展孩子的知识面,开阔孩子的视野,提高孩子的写作能力,优化孩子的认知结构。在家庭中,家庭的阅读环境是非常重要的,它对孩子产生重要的直接的影响。因为良好的家庭阅读环境可以影响、鼓励孩子更多地进行课外阅读。父母喜欢阅读,就会无形中影响孩子,孩子也喜欢阅读。当家庭中拥有丰富的书籍,就会无形中为孩子创造良好的读书环境,孩子在这样的环境中,就会逐步培养起阅读的兴趣,养成良好的阅读习惯,提高学习能力。表4-12反映了农民工随迁子女家庭拥有课外书的情况。

表4-12 农民工家庭拥有书籍调查表

书籍本数	频率	百分比	有效百分比
0本	370	18.5	18.5
1~5本	550	27.5	27.5
6~10本	450	22.5	22.5
11~15本	120	6.0	6.0
16~20本	210	10.5	10.5
21~30本	250	12.5	12.5
50本以上	50	2.5	2.5
合计	2 000	100.0	100.0

从表4-12调查中可以看出,农民工随迁子女家庭没有课外书的

占18.5%,10本以下的占68.5%,50本以上只占2.5%。农民工随迁子女家庭的图书的占有量处于比较贫乏的状况。许多家庭仅有的几本图书还是别人送的,或者是几个姐妹一起共同拥有的。农民工随迁子女正处于学习和阅读的旺盛阶段,而家庭十分有限的藏书量,无疑是对农民工随迁子女广泛阅读需求的一种制约。究其原因,一方面是农民工家庭经济收入低,而书籍价格太贵等客观因素的限制;更重要的因素在于农民工家长自身的文化素质过低,他们无法意识到课外阅读和子女的学业成绩之间的密切联系,他们认为学习之外的书都是乱七八糟的书,都是没用的杂书,再加上家长也没有读书的习惯。这些原因都导致了农民工家庭的藏书量比较少,因此不能为随迁子女提供机会进行广泛的课外阅读。

从表4-13中可以看出,农民工随迁子女家庭文化用品也是比较匮乏的。随迁子女拥有最多的文化用品是字典,占有量达到71.2%,这是孩子学习的重要工具,因为学校老师要求学生每人必须备有字典;随迁子女家庭拥有报纸的占13.1%;拥有杂志的占9.4%;拥有科普读物的占2.1%;拥有地图的仅占4.2%。可见,除了学校要求的字典以外,像开阔视野的百科全书、了解世界的重要媒介地图等占有量都很低。

表4-13 农民工家庭拥有文化用品调查表

文化用品种类	报纸	杂志	字典	百科全书	地图
频率	262	188	1 424	42	84
百分比	13.1	9.4	71.2	2.1	4.2

(二)电子产品

现代社会中,除书籍外,家庭电子文化产品的数量和种类成为衡量家庭文化用品拥有情况的另一方面。电子文化产品不仅可以启迪孩子的思维,陶冶孩子的情操,而且还可以开发他们对于科学的兴趣。从表4-14中可知,电视是农民工家庭里的主要电子产品,其次为手机、电话、电脑等。

表 4-14 农民工家庭拥有电子文化用品调查表

电子文化用品种类	电脑	电子词典	音响	电话	电视	手机	照相机摄影机
频率	158	80	120	932	1 974	1 434	178
百分比	7.9	1.2	2.3	46.6	98.7	71.7	8.9

电子产品是现代家庭工作、学习和休闲娱乐的必备品。农民工进城之后,受到城市现代生活方式的影响,在家庭中出于工作和娱乐的需要,普遍拥有电视和手机。从表 4-14 中可以看出,在农民工家庭中电视十分普及,98.7% 的家庭有电视。电视作为现代传媒工具,使用者的观念和使用方式十分重要,使用得当才能让其发挥良好的教育作用。电视成为农民工家长和子女认识世界、了解信息的一个重要渠道,在客观上起到了促进随迁子女学习的目的。如果使用不得当就会变成绊脚石。农民工多数家庭购买电子产品是出于家长自身休闲娱乐需要而购买,成为他们业余生活主要的休闲和娱乐方式,很少家庭是为了随迁子女教育而投资的。笔者走访的时候发现农民工家庭的电视机总是开着,孩子做作业的时候也开着,而且声音开得很大,选择观看的节目也是一些港台的很长的连续剧,而对于一些新闻类节目和科普类节目他们很少观看。农民工家庭拥有的电子产品对子女的学习成长并没有多少促进作用,相反还影响子女的学习。

(三)家庭客观形态文化资本对子女成长的影响

家庭中的客观形态文化资本(即商品)对于子女来说具有双重性,既拥有文化商品,又从文化商品中学习由父母所创造的文化商品的内涵。拥有高程度客体化资本的家庭对子女的影响是巨大的,可以开拓子女学习的视野;同时,又为子女提供大量的可供学习的必要工具,使其有更多的可供选择的客体化资本来促进学习,促进其学业的成功。而对于拥有客观形态文化资本较少或不充足的家庭,子女的学习工具、学习对象、学习场所相对单一或缺乏,子女虽也可以获得学业成功,但相对于拥有文化商品充足的家庭而言,面对的困难更多。①我们根据布迪厄的研究,客观形态的文化资本除了像经济资本一样可让子女继承,或者转化为经济资本以外,更为重要的是为子女掌握具体形态的文化资本提供条件和可能。如果子女想利用这种资本,他必须有一定的文化修养,而使用和消费这种文化资本的能力,是在已经具有客观化文化资本的家庭中逐渐形成的。所以,子女如何使用这些文化商品、父母能否对子女起到指导作用变得十分重要。例如:从农民工家庭中最常见的电视来看,若父母对子女教育引导、监管得当,那么,电视可以成为子女开阔视野的很好的学习工具。然而,现实情况却是许多农民工家长忙于生计,根本无时间照管子女,常常是子女放学在家,父母上班还未到家,因此,随迁子女拥有大量自己处置的时间,他们在家看电视的节目选择、时间控制很难得到父母的管控。加上儿童的自控能力较差,极容易被电视中暴力和色情等不健康的信息腐蚀。

三、制度形态文化资本

制度形态文化资本主要指通过正规教育获得的学历资本。具体说,即通过学术资格、文化能力证书等方式从体制上予以承认的、得到保障的文化能力。布迪厄指出:"学术资格和文化能力的证书起了很大作用,这种证书赋予其拥有者一种文化的、约定俗成的、久经不变的、有合法保障的价值。"②它可以通过各种形式具体化到个体身上,形成个体的文化素养与文化技能,个体则可以通过各种方式发挥自己的文化资本。制度形态的文化资本与自学者的资本最大的区别在于,前者以社会公认的证书赋予其拥有者一种文化的、约定俗成的、经久不变的、有合法保障的价值,后者则不能给予其拥有者类似的保障。文凭与职业、地位有直接相关性,个体凭借文凭被放入社会结构的不同的位置,通过学术等级转化为社会等级阶层,完成了文化再生产到社会再生产的转换。制度形态文化资本具有代际传递的倾向。上层阶级通过把自身的文化资本转化为子女的

---

① 孙银莲.论家庭文化资本对学生成长的影响[J].湖南师范大学教育科学学报,2006(7):44-47.

② 包亚明.文化资本与社会炼金术[M].上海:上海人民出版社,1997:218.

文化资本,让子女接受良好的教育,获得较高的文凭,以确保其子女在社会阶层中的优势地位。父母的学历水平以及受教育程度和子女的学业成绩有正相关的关系,但是也有少数子女通过自己努力取得好的成绩的个案。

(一)农民工制度形态文化资本状况

农民工学历层次较低是不争的事实,对子女带来一定的影响,使其子女在代际传递过程中处于弱势地位。在城乡二元分化的经济体制下,城乡教育投资体制也是二元分化的,这导致农村教育水平落后于城市。来自农村的流动人口必然受农村教育水平的制约,学历水平必然不高。据何金定研究表明,流动人口中,高文化素质的比重较流出地常住人口高,而低文化素质的比重较流出地低。而且从性别来看,男性流动人口的文化程度都比女性高。[①] 虽然如此,但是农民工相对于城市居民来讲,文化程度普遍偏低。从调查表4-15可以看出,随迁子女父亲的受教育水平明显高于母亲,父亲中具有初中以上文化的占66.5%;母亲中具有初中以上文化的占17.5%,父亲初中以上毕业的比率高于母亲。母亲不识字比率很高占到总数的29.5%,会基本读写的占26.0%,小学毕业的占27.0%;而父亲不识字率占4.0%。总体看来农民工学历水平处于劣势地位。

表4-15 随迁子女父母学历状况调查表

学历		不识字	会基本的读写	小学	初中	高中(中专)	大学及以(大专)	总计
父亲	频率	80	180	410	640	480	210	2 000
	百分比	4.0	9.0	20.5	32.0	24.0	10.5	100.0
母亲	频率	590	520	540	240	100	10	2 000
	百分比	29.5	26.0	27.0	12.0	5.0	0.5	100.0

[①] 何金定.从几个大城市看我国流动人口的特征影响及对策[J].南方人口,1998(3):33.

父母受教育程度高低直接决定了其子女在家庭中所获得的教育帮助的多少,间接地影响子女入学机会和学业成就,父母接受教育的程度越高,对子女的教育重视和关注程度越高,在子女的学习辅导、能力培养、智力开发等方面都能给予一定的辅导帮助,往往其子女学业成绩也很优秀,也就越有可能进入优质的学校学习。有关学者研究发现,父母受教育程度是影响其子女教养行为的重要因素,受教育程度低的父母,对子女的教养方式常常倾向于粗暴的专制惩罚,忽视子女教育,或过分溺爱,并且父母的教育常存在不一致性等。而受教育高的父母对子女的教育则更具有科学性和民主性。

(二)家庭制度形态文化资本对子女成长的影响

不同家庭所处的阶级地位不同,那么各自所拥有的文化资本也就千差万别。由于文化资本的多样性和特殊性,加之社会生活或实践场域的复杂性,有时个人的文化资本并不能及时或普遍地得到社会认可,社会也难以鉴别蕴含于个人体内的文化资本水平和程度,但是子女内心却已具有不同的文化资本倾向。也就是说,父母文化资本的具体化是指导子女文化资本获得的指南针,一个具有高学历的家庭与一个普通的低学历的家庭平时所表现出来的兴趣、爱好、态度是不甚相同的,那么子女在获取文化的进程中也会因指导其行为的潜意识倾向而不同,在花费多少时间以换取高的文化资本(现时社会主要表现为学历或一些学术资格证书)上也因父母的这种文化资本的不同而异。拥有高程度或效益更丰富的文化资本的家庭,在子女的学业投入上可以有更多的经济和时间上的支出,这是因为文化资本同经济资本的转移有直接性和现实性,拥有充足文化资本的家庭也就很大程度上有充足的经济资本。家庭状况好,经济资本有优势,就不必为谋生花更多的时间,从而闲暇时间相对增加,长辈(特别是母亲)就有更多的可以支配的时间(即闲暇)来实施家庭教育。布迪厄将这种转换称作"一种贷款",认为这种投资对下一代进入社会是有利的。同时子女也就有可能获得许多领域的学历证书和学术资格证书。因为他们有丰厚的家庭文化资本作为后盾,在通向学业成功的路上少了心理和经济负担,有充足的时间和精力从事学习和社会实践,并且促使子女有更高的动机和更大的热情去获取更高程度或效益更丰富的文化资本。而只有低程度文化资本的家庭则相反,首先在态度和认识上不能给予子女以必要的支持,对社会发展的方向不能很好把握,对于子女成长的方向也不能给予明确而有效的指导,使子女徘徊于家庭固有的文化背景之中,难以超越其家庭文化资本。其次,低程度文化资本的家庭不能给子女提供有效的智力支持,不具备辅导子女的能力,当子女家庭学习有障碍时,不能正确指导。最后,低程度的文化资本无法转换成高程度的经济资本,是因它不能给子女提供充足的物质保障,不能借助外力满足子女的成长需求,使其只能在有限的经济资源的支持下换取有限的文化资本,子女取得学业成功的概率也就随之减小。[①]很显然,农民工家庭是属于社会的最底层,家庭所拥有的制度形态文化资本是很匮乏的,这就影响父母教育子女的观念以及教育方式,限制了父母对子女的学习辅导、智力开发、能力培养、思想教育等方面的指导,家庭不能够为随迁子女提供良好的学习、教育的条件。农民工家庭制度形态文化资本无法满足随迁子女在城市生活中的成长需求。

第三节 农民工随迁子女家庭社会资本状况

布迪厄认为,社会资本是实际的或潜在的资源的集合体,它是一种从中可以吸取某种资源的、持续性的社会网络关系;是在特定的工作关系、群体关系和组织关系中存在的;具有潜在性和现实性;网络中的成员都可以从中受益,关系网络还创造了一种解决社会问题的途径;最重要的是社会资本是在实践策略指导下不断建构的。一个人拥有社会资本的多少是由社会关系网络的大小与相关成员所拥有的资本的总量这两个因素所决定。芝加哥大学教授科尔曼认为:"社会资本是由构成社会结构的各个要素所组成,它们为结构内部个人行动提供便利。和其他形式的资本一样,社会资本是生产性的,是否

[①] 孙银莲.论家庭文化资本对学生成长的影响[J].湖南师范大学教育科学学报,2006(7):44-46.

拥有社会资本,决定了人们是否能实现某些既定目标。"哈佛大学教授罗伯特·普特南认为,社会资本是"能够通过推动协调行动起来提高社会效率的信任、规范和网络系统"①。其中,信任、规范和网络系统成为社会资本的核心要素。

一、农民工社会资本的状况

在快速发展社会中,农民工从乡村进入陌生的城市谋求发展,缺乏一定的社会关系,他们主要依靠亲戚和老乡,也就是从前的乡村社会关系进一步延伸到城市社会关系中。无论是流动城市的选择,还是工作的介绍以及随迁子女的入学等需要帮助解决的问题,主要求助于老乡和亲戚,他们在城市社会关系结构中的基础仍然是以血缘和地缘关系为核心的初级关系。虽然他们的资源获取方式、社会角色、空间位置、从事职业、生活方式等方面在城市中发生很大的变化,但是他们在城市中的社会网络关系仍然没有太大的改变,社会网络关系相对封闭,较为单一。首先,对农民工个体而言,社会资本主要集中在其私人社会关系层面,以亲缘、地缘和血缘为依托的关系网络中,农民工进入城市后其私人关系层面的社会资本难以得到扩展,呈现出关系网络简单、缺乏异质性等特点,农民工个体难以通过其社会关系网络获得有效的资源帮助以提高自身的生活状况。其次,对农民工群体而言,社会资本内涵为其所属的社会组织或社会团体中能动用的资源。而农民工进入城市社会后,其组织程度较为初级,基本停留在自发的原始状态。例如农民工几乎全部依靠熟人寻找工作,而政府、村集体和民间职业介绍组织等中介机构尚不健全,且难以获得农民工群体的充分信任。部分农民工会参与到同乡会等组织中,但是因为其相识的人以与其相似经历的人为主,几乎不存在以强带弱的优势。最后,在整个社会层面,社会资本对于农民工而言则更多指公共资源、规范、制度。而现有的以户籍制度为代表的公共制度对农民工来讲是缺乏公平的,尤其是那些与户籍制度挂钩的公共资源,其分配规则更是缺乏公平。农民工难以依靠制度赋予的权

---

① 李惠斌,杨雪冬.社会资本与社会发展[M].北京:社会科学文献出版社,2000:31-32.

力获取本应得到的资源,其宏观层面的社会资本处于缺失状态。[①]农民工整体存在社会资本匮乏问题,他们与城市居民相比问题较为突出,他们所拥有的社会资本远远不能适应农民工在城市生存、发展、市民化的需要,很难在城市中获得经济地位和社会地位的实质性提升。

二、农民工随迁子女家庭社会资本现状

(一)家庭社会资本

社会资本是指建立在信任、规范与互惠等原则基础上的社会关系网络。家庭社会资本是社会资本的一种重要形式。根据社会资本理论,家庭社会资本实际上主要是家庭中建立在信任、规范、制度或责任等基础上的人际关系网络,家庭社会资本主要是针对父母与子女间的关系进行质与量的评价,这可能是家庭社会资本与亲子沟通或亲子关系、社会支持等变量存在的区别。

社会资本广泛存在于成人与儿童的联系中,并且由于联系的长期性和连续性,持久地对儿童的成长发生影响作用。社会资本首先存在于成人与儿童之间的直接联系中,例如,父母或祖父母的教养方式、学习经历、学术兴趣等社会资本,会直接在子女身上得到延续。而父母的工作方式也会对子女产生影响。因此,家庭中隐约的无处不在的社会资本会潜移默化地对子女产生影响,例如,有些学习方面的知识和技能会迁移到子女身上,家庭中的学术氛围也会对子女产生直接的影响作用。成人与儿童之间的联系往往表现为一种可传递性,即在成人与儿童的交往过程中传递一种社会情感,这些内在的情感对于一个人社会心理的健康发展是非常重要的。它能够为儿童提供一种生存的安全感和归属感。社会资本持续地存在于儿童与成人世界组成的社会关系的网络中,并且以儿童父母与其他成人之间的相互联系,以及他们与儿童之间的某种相互关系的形式存在着。社会资本的作用形式表现为:如果家长之间经常谈论他们的孩子,彼此交换意见,并形成了一定的教育规范,这些教育规范的作用要远远超

---

① 李壮.农民工社会资本、城市融入与城市规划管理[D].北京:中国城市规划设计研究院,2013:22.

过一个家庭的影响力。这种联系的紧密性不仅可以为儿童提供与自己的成长相关的成人世界的支持和认可,而且可以提供单个成人所不能给予的奖惩力量。社会资本还广泛存在于社区邻里间相互联系中,即社区资源可以成为重要的社会资本。① 家庭社会资本是社会资本一个很重要的方面,是和谐社会的基点。家庭社会资本也包括内部和外部社会资本,其功能对家庭内个体各方面的发展有极其重要的促进作用。

(二) 农民工随迁子女家庭社会资本现状

正如布迪厄所言,经济资本、文化资本、社会资本之间存在内在的关联性。不同的社会群体和个人拥有的经济、社会、政治、文化资源的不同,决定了他们占有和发展社会资本的能力的不同,从而成为阶层分化的重要因素之一,并决定了他们在社会结构中身份和地位的不同。农民工经济资本贫乏、文化资本的不足,都会导致其社会资本的缺失。正是由于农民工对社会资本的占有能力比城市居民特别是强势社会集团相对较弱,导致这一群体处于城市的底层与边缘。本研究从家庭内部资本、学校资源、社会关系网络来分析农民工家庭的社会资本拥有情况。

1. 家庭内社会资本

家庭内社会资本主要体现在家庭中父母与子女之间的关系强度,体现在日常亲子之间的互动。家庭社会资本是家庭中父母双方给予的,由于其联系的长期连续性,永久地对子女身心健康成长和终生发展产生重要的影响作用。因此,家中隐含的无处不在的社会资本会潜移默化地对子女产生影响。由于家庭内社会资本测量有一定的难度,不同的学者对此有不同的观点。如国内学者张妗帆把家庭社会资本具体细化为父母关系、父母投入、亲子关系、邻里关系、父母的朋友聚会;父母关系,主要表现为父母之间在家庭中的关系是否和睦;父母投入主要表现为父母参加孩子家长会、对孩子与同伴交往的关注度和认识等;亲子关系表现为父母与孩子的沟通、父母知道孩子伙伴的数量、父母允许孩子带小伙伴回家等;邻里关系主要表现为

---

① 齐学红.学校、家庭中的文化资本与社会资本[J].全球教育展望,2007(1):78-83.

父母平时与邻居互动的频率、邻里关系的和谐度等;父母朋友聚会表现为父母经常与朋友聚会是否会带着孩子去参加,聚会氛围如何等。① 我国台湾的一项有关家庭社会资本的研究中,则将家庭社会资本概括为八个层面,其中五项属于家庭内部的社会资本,分别是家庭互动、父母教育期待、父母参与教育、子女行为监督、家庭规范;三项属于家庭外部的社会资本,分别是父母与学校关系、父母与邻居关系、家庭与家庭关系。② 笔者将从父母关系、父母对子女的教育期望、情感支持以及与其子女之间的互动关系等方面来分析农民工随迁子女家庭的社会资本情况。

(1) 父母关系。

父母关系是家庭重要的社会资本,夫妻关系的状况决定了家庭中父母角色的扮演进而影响亲子关系的进行和教育效果。不良的夫妻关系导致子女内心产生严重的焦虑与冲突,这类家庭中的孩子往往多疑、无所适从、缺乏自信。由于农民工工资收入较低,家庭的经济状况相对窘迫,各方面物质生活条件较差,租住房空间面积狭小、人多拥挤,居住设施普遍缺乏,这些情况往往造成家庭成员心理失衡,特别容易引发夫妻的矛盾与冲突,导致夫妻关系紧张和恶化。如表4-16所示,父母经常吵架的家庭占到总数的50.25%;从不吵架的家庭只占10.05%。农民工家庭夫妻当子女面吵架和争执的高于当地城市居民家庭。笔者访谈中发现,一些随迁子女由于父母吵架关系紧张,整天惶恐不安,每天上课都不能集中精力,担心父母是否会离婚,晚上睡觉还经常做噩梦,有时梦到父母吵架离婚而哭着醒来,可见父母关系紧张对孩子来讲是一个不小的压力,往往使其心灵遭受创伤,影响身心健康发展。同时也容易造成父母在子女教育问题上互相推诿,不愿承担责任,也无法在子女面前树立良好的榜样。家庭中父母关系对子女的成长有重要的影响,和谐家庭中成长的孩子

---

① 张妤帆.家庭社会资本与儿童社会交往的关系研究——以某城镇为例[D].长春:吉林大学,2012:8.

② 周新富.家庭社会资本组成构面及其与学习结果之关系[J].台湾教育社会学之研究,2003(3):116.

更懂得关爱他人尊重他人。

表 4-16　农民工随迁子女父母关系调查表

夫妻关系	频率	百分比	有效百分比
从不吵架	201	10.05	10.05
偶尔吵架	112	5.6	5.6
有时吵架	682	34.1	34.1
经常吵架	1005	50.25	50.25
合计	2000	100.0	100.0

农民工在城市面临社会种种排斥,从事工作的低下,经济条件的拮据,物质生活的贫乏等使他们在城市生活面临更多的压力,可以说举步维艰。这些影响农民工家庭成员之间的亲密程度。子女也十分敏锐地意识到家中经济资源的限制和父母能力的有限。如果父母关系不好,经常吵架,对孩子的伤害更大。笔者在访谈中发现这种家庭中长大的孩子,经常显现出惊恐的神情和无奈的说辞,他们比其他孩子要承受得更多。

（2）教育期望。

调查显示,农民工对子女的教育期望成两极分化的态势。大部分农民工由于自身的学历层次不高,文化素质较低,根本没有什么专业技术,使得他们在城市生活到处充满艰辛,社会地位极低,到处受人鄙视和排斥,他们极力希望能改变这一现状,但受各方面条件和自身能力的限制,力不从心,显得很无奈。于是将全部的希望寄托在孩子身上,希望自己的孩子将来不要像自己这样艰辛,要像城市人那样过体面轻松的生活。出于对自身的文化水平、职业状况、经济收入和社会地位的极度不满,多数家长都非常重视对子女的教育。他们清晰知道,目前城乡分割的二元社会格局和户籍管理制度,只有接受良好的教育,获得更高的文凭,才是向上层社会流动的重要的路径。因此,多数农民工对子女都抱有很高的教育期望,用他们的话来说,"只要孩子能上大学,砸锅卖铁都要供孩子上学"。据调查显示,农民工中有相当部分的家长对子女的教育期望较高。有高达53.8%的家长希望子女能够获得大学及以上学历,其中希望子女读博士、硕士的占14.2%;希望子女读到小学、初中就满足的只有2.1%;希望子女读到高中、技校毕业的占5.8%;另有4.3%的家长表示,在这方面没想法。另有一部分家长,他们看到自己家庭的实际情况,自己也无能为力。孩子多次转学后成绩的差强人意,自己又忙于生计没有时间照顾孩子,自身文化水平有限,无法辅导孩子学习;加上家庭经济条件的限制,没有能力帮助孩子上各种辅导班或请家教等原因,有19.8%的家长表示,只能面对现实,顺其自然,孩子能读到什么程度就什么程度,看孩子的能力决定,上大学不一定是唯一出路,不读书照样混得很好。这一类农民工对子女的教育期望值较低,对孩子的教育怀有理性的或实用的期望。这些家长大多数是因为孩子学习成绩相当得差,对孩子上大学已经彻底地失去了信心和希望。这些家长的观念是,读书不一定有用,现在有的大学生照样找不到工作,有些商人、大老板,他们读书不多,但照样混得很好。

农民工教育期望两极分化的背后,隐含的是对教育工具性价值的判断所存在的巨大分歧:一些家长认为,教育是改变命运的唯一和最为重要的途径,他们本人就是因为受教育程度不高,才导致目前不体面的生活;另一些家长则认为,不受很高的教育也行,通过其他的途径(如做生意)也能过上美好生活。所以,我们认为,不管农民工对子女的教育期望如何,其背后隐含的思想都是非常质朴的、个人化的和功利的,他们很少将接受大学教育与提高素质联系在一起,这其实是将教育的价值或功能狭隘地工具化了。[①]

农民工对子女未来的职业期望带有浓厚的理想化色彩。希望子女不要再回到农村,能在城市里找一份体面的工作。笔者调查显示,警察排在第一位占25.9%;其次是机关干部占23.8%;第三是企业家占19.3%;而让子女将来当农民的只有0.3%。农民工对子女的

---

① 曾守锤,章兰根.流动儿童家庭教育的若干特点及其对社会工作的启示意义[J].华东理工大学学报(社会科学版),2008(4):32-33.

职业期望带有明显的代际职业向上流动的倾向,功利化现实的一面。他们为子女选择职业的原因在于,因为警察、机关干部是农民工在城市最直观接触的具有权利色彩的职位,是他们眼中权利的象征;企业家是金钱的拥有者。从他们对子女的期望中可以看到农民工缺失和向往的主要是权利和金钱。但是残酷的事实表明只有极少数的农民工子女获得向上流动的机会,大部分人还会"继承"与父母类似的职业。

(3) 亲子互动。家庭互动是家庭成员对相互交往做出的反应,家庭成员行为的改变是家庭互动的结果,家庭互动的性质、特征、结构、过程等影响家庭教育的过程与结果。因此,家庭互动是家庭教育的基本形式。亲子关系是指父母与子女静态层面的联系,旨在探明相互关系的性质。亲子互动重点说明父母与子女之间互相作用的动态过程。良好的亲子关系有助于亲子互动。亲子互动是家庭教育的逻辑起点,也是一种教育的要素。亲子互动的质量决定了家庭教育的质量。[1]父母的社会地位、夫妻关系的状况、文化传统观念等都会影响到亲子互动。

农民工将年迈的父母留在农村,带配偶和子女来到陌生的城市。因此,农民工家庭由原来的主干家庭或联合家庭变为核心家庭。在核心家庭中,父母与子女的关系应该更加紧密,亲子互动频率应该更高。但农民工随迁子女来到城市后,适应能力和接受能力比父母要强,他们更容易接受城市先进观念和新鲜事物,言谈举止、服饰穿戴、待人接物等方面更快地城市化,知识面更广,视野更开阔,思想观念不断更新,对许多事物有自己的价值判断。相比之下,父母由于文化水平较低,城市适应能力较慢,社会地位低下,在学习辅导、精神需求方面难以满足子女的需求,父母在家庭中的教育权威地位逐渐削弱。在笔者访谈中发现,随迁子女他们羞于说出父母的职业,觉得很难为情。在家乡对城市生活充满美好的憧憬和向往,认为父母在城市生活很有本事,但是来到城市以后发现父母干一些被城里人看不起的低下工作,生活拮据艰辛,使得他们产生自卑情绪,心思敏感起来。

---

[1] 缪建东.家庭教育社会学[M].南京:南京师范大学出版社,2001:26-38.

开始怀疑父母的能力,对父母的教育产生抵触情绪,有些事情不愿意跟父母沟通交流。同时,由于父母工作时间的客观限制,也没有多余的时间陪伴子女,跟他们交流减少,这就对亲子之间的互动造成一定影响。加深了两代之间的代差比,增加了沟通障碍,减少了亲子互动,家庭中良好的亲子关系难以建立,家庭教育难以进行。

① 亲子互动内容。从农民工家庭亲子互动的主要内容来看,如表 4-17 所示,农民工家庭中父母与孩子沟通的主要内容是学习问题,占到了 50.2%,看来农民工家庭对孩子的学习是非常重视的。其次是安全问题,由于农民工家庭居住的环境复杂,自己工作时间长,无法照顾孩子,所以对孩子的安全问题还是比较重视的。由于家庭的经济资本有限,家中的经济情况也是父母和孩子讨论的话题。

表 4-17　父母和孩子沟通的内容调查表

讨论内容	孩子的学习问题	自己的工作问题	安全问题	家中经济收入问题	社会上的热点问题	其他问题
频率	1 004	162	606	152	66	10
百分比	50.2	8.1	30.3	7.6	3.3	0.5

农民工随迁子女大多数都是读小学的时候从农村来到城市,城市的生活方式比起农村的生活具有更大诱惑力,他们对城市的一切都充满了新鲜好奇,迫切想尝试城市的新奇事物,他们的城市化速度超出父母的想象。他们会自觉不自觉地模仿城市人的衣着打扮和说话方式。城市高度发达的物质生活对他们充满诱惑,城市孩子所拥有的玩具、书籍,他们也很想购买。但是农民工家庭经济资本匮乏,使得家长与子女在用钱的问题上容易产生分歧。随着随迁子女年龄的增大、在城市生活时间的长久、年级的升高、知识面的不断拓展,随迁子女父母的文化资本的劣势就显现出来了,父母所拥有的文化资本、经济资本、社会资本等已经不能满足孩子的精神需求和学习需求,父母与孩子之间很容易产生意见分歧。如表 4-18 显示,学习方面有不同意见的占 48.1%;用零花钱方面占 16.2%;个人爱好方面占 14.1%;交友方面占 7.6%;说话方式方面占 6.3%。

表 4-18　农民工家庭亲子互动意见分歧调查表

内容	学习	花零钱	衣着打扮	交友观念	说话方式	个人爱好	其他
频率	962	324	130	152	126	282	24
百分比	48.1	16.2	6.5	7.6	6.3	14.1	1.2

② 亲子互动特点。按照家庭亲子互动中家长的权利的使用和态度,家庭互动方式分为控制性互动、支持性互动、引导性互动和干预性互动。控制性互动是指家长权力无限扩大,以自己的感受去替代孩子的感受,过分重视自己的感受而忽略孩子的权利,表现为运用惩罚手段,过分纵容孩子,过度保护孩子,认为孩子幼小需要保护,家长为孩子安排一切。支持性互动是指父母在平等的立场上看待孩子的行为,重奖励,尊重交谈。引导性互动通过信息交流完成对孩子的指引。干预性互动,运用强权、暴力是专职教养行为的集中表现。①

第一,家庭互动方式主要为控制性互动和干预性互动。在农民工家庭中,大多数家长采取控制性的亲子互动方式来教育子女,他们信奉"棍棒之下出孝子"的教子方法,认为孩子小不懂事,自己工作又忙,根本没有时间和他们耐心沟通交流,打骂是见效快、最好的教育方式,许多家长就采取这种控制性的打骂方式。如果棍棒不起作用就又走向另外的极端,一味顺从孩子的意思,要什么给什么,想干什么就干什么。亲子互动方式从父母主动变为被动,受制于孩子,这样的互动方式在农民工家庭中还是很常见的。控制性互动和干预性互动的最具体的表现就是用家长的权威打骂孩子,打骂孩子又使孩子更加难与自己沟通,离父亲越来越远,离危险的境地越来越近。控制性互动和干预性互动的方式对于教育十分不利,造成孩子对父母强烈的逆反心理,父母的教育很难再起作用,最终使父母的教育期望落空。

第二,家庭中支持性互动和引导性互动明显不足。因为工作原因,大多数父母忙于生计没有时间陪伴子女,更没有时间去细心观察

---

① 缪建东.家庭教育社会学[M].南京:南京师范大学出版社,2001:38.

子女的思想波动、心理变化以及情绪反应等。另外农民工家长思想上还存在家长的权威性,认为和子女过分亲近会使父母的权威地位削弱,子女以后就很难教育,就不听父母的话了。因此,农民工家庭亲子互动采用支持性互动和引导性互动并不多。支持性互动以民主平等、伙伴关系为特征给子女机会让子女倾诉,家长教育子女的时候首先做一个倾听者和观察者,而不是凭家长的主观臆断和经历经验,妄加猜测和指责子女。在子女的意愿基础上支持鼓励子女的正确做法,是建立在理解信任的基础上,站在子女的立场上去换位思考,解决子女面对的问题。笔者调查显示,随迁子女有问题、有困难最先告诉谁的问题中,最先告诉父母的只有30.1%,选择不告诉别人的占到22.3%,从中可以看出,随迁子女遇到困难和问题时,在寻求成年人帮助和支持方面显得很无助。

因此,在农民工家庭中,对随迁子女教育要想取得良好的效果,父母只有采取换位思考,站在子女的立场,设身处地多替子女想一想,采取平等的对话方式,多听听子女倾诉,多了解他们的心声,子女有问题,遇到困难,父母要采取支持性互动和引导性互动,这样才能使家庭教育达到良好的效果。这需要父母的爱心、耐心和信心。父母和子女之间不是控制与被控制的关系,只有采取支持性互动和引导性互动,双向的沟通和互动才是真正的互动,彼此理解才能有沟通的基础,而父母简单粗暴的对待和唠叨都是不可取的教育方式。

2. 学校资源

学校教育是农民工及其随迁子女借以增加社会资本的最重要的途径之一,是农民工随迁子女获得社会化的关键场所,也是联结老师与父母、儿童父母之间的纽带。农民工随迁子女在学校初步接触城市儿童,了解城市生活,认识现实世界。尤其重要的是农民工随迁子女在城市的公立学校受到优质的教育,能够打下比较宽厚的基础,认识更多的城里孩子,能够更多地接触城市生活,有利于他们早日融入城市,对农民工随迁子女的成长是大有裨益的。但是,由于受体制障碍、自身素质等因素的影响,农民工随迁子女受教育问题还存在许多困境和新的挑战。

(1) 分享教育资源不均等。

国家政策执行过程中,流入地政府并没有获得新的教育资源,却必须承担义务教育管理体制规定之外的随迁子女接受义务教育的责任。一方面是国家政策资源的缺失,即流入地政府在缺乏必要支持的情况下,必须按照政策的要求和目标执行。政策执行的有效程度,取决于流入地政府执行政策的决心和能力,也取决于流入地政府承担新增加教育成本的财力和政策资源的可调动程度,而从根本上则取决于流入地政府义务教育的承载力。另一方面,流入地政府教育资源的配置相当有限。近年来,随着城市随迁子女数量的急剧增长,流入地学位严重不足,校舍设施设备非常紧张,师资紧缺的矛盾日益突出。

农民工随迁子女入学途径主要有两种类型,一是简易农民工子弟学校,二是流入地公办学校。其中,在流入地公办学校就读的农民工随迁子女占了大部分,是目前农民工随迁子女在流入地接受义务教育的重要渠道。流入地公办学校的师资队伍整体水平、学校硬件设施、校园环境、教学质量都比农民工户籍所在地的农村学校要好,对农民工子女有很大吸引力。随着借读费的逐步取消或降低,为农民工随迁子女进入这些学校降低了入学门槛,进入公办学校就读的农民工随迁子女的比例逐年提高。目前,约70%以上的农民工随迁子女在流入地公立学校就读。其中,北京市这一比例为74.3%,广东为65%,江苏为60%。[1]但是,进入公办学校就读的农民工随迁子女却受到其他形式的歧视:有的学校将随迁子女和城市孩子分开单独编班,有学校默许老师忽视农民工子女的状况,如随迁子女的成绩不记入老师的考核范围。这样,尽管农民工随迁子女能够享有进入城市公办学校就读的机会,但是却未得到与城市当地学生平等的学习待遇。于是许多农民工把随迁子女送入简易农民工子弟学校就学,一是农民工子弟学校收费低廉,入学门槛低;二是农民工子弟学校大多是农民开办,同为天涯沦落人,农民工随迁子女与学校开办者

---

[1] 项继权.农民工子女教育:政策选择与制度保障——关于农民工子女教育问题的调查分析及政策建议[J].华中师范大学学报(人文社科版),2005(3):2-11.

之间情感沟通更方便;三是有利于随迁子女的身心健康,都是农民工随迁子女在一起读书,避免了在城市公办学校遭受的不公正待遇。但是,农民工子弟学校存在许多问题:第一,教育质量难以保障。多数农民工子弟学校都是外出打工农民工办的,办学者文化水平较低,多数未经过上级批准,没有合法办学手续,师资力量薄弱,持有教师资格证的合格教师较少,并且教师队伍也缺乏稳定性,正常教学秩序得不到保障,学校不能按照教育部的相关规定开设课程,课程设置不齐全,教学质量与公办学校比还有一定差距。第二,学校硬件设施不达标,缺少合格的校舍、操场。校舍简陋,多是租来的破旧厂房或企业废弃的仓库。这就造成农民工随迁子女与城市居民子女分享教育资源不均等,这种享受教育资源的不均等,既严重影响农民工随迁子女受教育的水平,也不利于教育公平的实现。

(2) 受教育权利不平等。

受教育权是宪法赋予公民的一项基本权利,是中国公民所享有的并由国家保障实现的接受教育的权利,它包括两个基本要素:一是公民均有上学接受教育的权利;二是国家提供教育设施,培养教师,为公民受教育创造必要机会和物质条件。诸多因素造成农民工随迁子女受教育权利不平等。第一,歧视待遇容易造成受教育权利不平等。农民工随迁子女在家庭经济条件、生活条件等各方面都处于弱势,语言习惯、日常消费以及处理问题的方式与城市学生存在一定的差别,因此受到歧视。有些学校在发放助学金、公益活动、奖励等方面不能给予农民工子女和城市儿童一样的同等对待。甚至在安排班级、排座位上学校也不得不照顾本地家长的感受,也对随迁子女"区别对待",这样容易使农民工随迁子女心理上产生"无归属感",从而造成一定的心理压力,使他们的心理更加敏感和脆弱,久而久之,会导致各种各样的心理障碍,如自卑心理、抑郁心理、焦虑心理、妒忌心理、自我封闭等,如果不能对这些心理问题及时进行疏导和干预,则会严重伤害他们的身心健康,影响他们未来发展。第二,身份地位悬殊容易造成受教育权利不平等。从古至今,农民一直是在社会的最底层,处于弱势地位,一是农民工自身文化素质偏低,二是农民工的收入较低。由于他们缺乏一定的文化知识和专业技能,他们只能从事一些简单体力劳动,多为城市人不愿意干的工作,薪酬很低。农民工与城居民的身份地位相比有一定的差距,不管是物质方面还是精神方面都造成随迁子女在接受教育的偏差,使其受教育权利难以得到公平对待。第三,利益驱动容易造成受教育权利不平等。笔者在访谈中了解到,城市一些公立学校不愿意广泛接纳农民工随迁子女就读,为了学校的发展和自身利益的考虑,专门针对农民工随迁子女的一些暗箱收费现象依然存在。另外,当地公立学校规定凭户口簿、务工证明、暂住证、居住证明、户口所在原籍无人监护证明,即"五证"就可以免交赞助费,但是,要想办齐"五证",对于信息闭塞、资源贫乏的农民工来说,也不是件容易的事。复杂的办证程序,往往使他们望而却步。即使有些家长费尽周折带办好的各种证件、借读证明及打工子弟学校的取缔告知书前往公办小学报名,却屡遭拒绝,当地公办学校借各种理由不予接纳,或许是受社会主义市场经济的影响,许多学校为追求办学效益的最大化,不愿意向农民工随迁子女敞开学校大门,为其提供与城市子女同等的教育机会,导致农民工随迁子女无法进入到当地公办学校就读,只能就读于办学条件比较简陋的农民工子女学校。第四,义务教育政策滞后造成教育过程和教育结果的不公平。"两为主"政策以及各地方相关的规定中,对农民工随迁子女教育的政策大多是保证在流入地接受义务教育,对于学龄前教育以及初中后的教育基本没有涉及。也就是说,农民工子女在接受完义务教育的情况下,由于受户籍限制,必须回到户籍所在地进行升学考试,不能在打工城市进行高层次的学习。随着第一代农民工子女的年龄接近高考要求以及新一代农民工的学龄前子女的到来,加之农民工随迁子女强烈的教育需求及中国城乡社会转型的长期性,流入地政府应在农民工随迁子女学籍管理、考试评价、高中阶段收费和学校布局等方面采取有力措施,真正将农民工随迁子女教育纳入城市发展中。[①] 所以,采取何种相应的教育政策来关注农民工随迁子女义务教育后的入学机会,使农民工随迁子女在教育过程中、教育结果

[①] 雷万鹏,杨帆. 流动儿童教育面临结构转型——武汉市流动儿童家长调查[J]. 教育与经济,2007(1):59-63.

中都能够保证教育公平是教育部门面临的一大挑战。

（3）学校缺乏个性化教学。

在国家一系列的政策干预下，从2004年起城市部分公办学校免收农民工随迁子女借读费，现在从各城市执行农民工随迁子女入学接受义务教育的程度来看，各城市都解决得不错，不管是在公办学校就读或是在打工子弟学校、民办学校就读，都基本上能够满足农民工子女的入学接受教育，因此，保证农民工随迁子女能上学的问题已经基本解决。但是，教育公平强调的不仅仅是起点公平，还有过程公平、结果公平。实施的政策保证了农民工子女在上学机会上的平等，但是真正能够像本地城市的学生一样接受优质教育资源还有一定的差距。要求各级政府不仅仅做到这些，还应该关注"能上学"之后如何"上好学"，使其从单纯的接受教育发展到能够接受优质教育资源。

当前有关农民工子女教育政策大多是为了完成上级下达的指标、任务，农民工随迁子女入学都是有计划的安排，只要能够保证入学就算完成目标，没有考虑到不同背景下流动儿童的文化、语言差异，难以针对其特点进行多元化教学，农民工随迁子女常年随父母工作的变化而不断流动，他们中很多学生可能在学年中间将离开原来就读的学校进入另一所学校，甚至是连续转学。如何保证课堂教学中充分理解和尊重随迁子女的文化特质，营造多元共生、和谐共荣的课堂文化生态，为随迁子女提供充分的自主选择、自主探索、自我思考、自我创造、自我表现和自我实现的空间。[①]即从计划的"大众化"安排到因材施教的"个性化"发展，是现行城市学校面临新的重要挑战。

3. 社区资源

农民工携带子女从乡村迁居城市生活，城市中良好的人文资源、便利的公共设施、规范的生活秩序、现代化的文明环境等，对其子女开阔眼界、增长见识、加快城市化进程方面有着积极推动的作用。农民工随迁子女开始逐渐学习城市的行为方式和生活习惯，潜移默化

---

① 查啸虎,黄育文.从冲突到融合:进城农民工子女的课堂文化适应研究[J].教育科学研究,2011(1):27-31.

接受现代文明和科技环境的熏陶。但他们生活的社区还存在着较多的弊端。

第一,社区环境不稳定。由于工作变动频繁以及城市建设拆迁等原因,农民工居住地方经常变动,城市生活不稳定,处于一种居无定所的状态,社区环境经常变动。面对微薄而不稳定的收入和不断变化的生活条件,很难保证给子女提供稳定和良好的社区环境。随迁子女家庭教育缺乏相对稳定的社区环境,其子女的社会化和城市化过程也因此经常被中断,造成随迁子女城市化和社会化过程无连续性,状态也不充分。随迁子女面临经常转学,结交新朋友,适应新环境的状态,这无形中增加了随迁子女的城市适应性难度,思想也极不稳定,学习和社会化进程都会受到影响,无疑增加了家庭教育的难度。

第二,社区资源贫乏。城市以人文景观为主的社区环境与农村的以自然景观为主的社区环境相比,对家庭教育的现代化进程更有利。但是多数农民工都居住在城乡结合部郊区地带,一来工作机会多;二来也更容易租到相对便宜的住房,但是对其随迁子女家庭教育的现代化进程非常不利。农民工聚居的城乡结合部与城市相比,社区环境仍然相对落后。在当前社区中的一个突出表现就是社区公共服务设施投入长期不足,供需矛盾相当突出,社区内缺乏必要的活动场所、文化和教育设施,卫生条件差,基本生活和健康无保障。而且即便是社区有这些公共服务设施,这些社区文化设施、场所其建设规划也基本上是以城市市民为对象"量体裁衣"的,农民工几乎不会也不可能被纳入统筹范围。另外,城市各社区文化设施和场所都普遍存在限制农民工使用的歧视性现象。因此,目前,农民工在社区中开展的文化活动主要是打牌、打麻将、听收音机、看电视等,内容相当单调。随迁子女则是更没有娱乐场所,多数孩子只能在街头巷尾、废旧的场地里逗留、玩耍或者在家里看电视等。良好的社区环境是家庭教育的重要的外部条件,是子女健康成长的重要保障。农民工随迁子女家庭在社区的文化生活非常贫乏,这在客观上阻碍了农民工随迁子女家庭教育现代化进程。

第三,社区环境混乱。农民工居住社区人口混杂、流动性强,各地人的习惯、生活方式不同,环境混乱,治安较差,随迁子女容易沾染社会不良的习气。现在好多社区都有非法网吧吸引未成年人进入,色情书籍到处都有,严重污染随迁子女思想。由于随迁子女在学校和家庭之外的活动场地就是社区,由于他们缺乏父母的监督,非法网吧这些地方很容易吸引随迁子女的进入,非常不利于他们的成长。作为农民工父母应该负起监督孩子和指导孩子的责任,然而有些父母顾不上管孩子,有些父母没有意识到网络的危害没有引起重视,因此都是等孩子上了瘾彻夜不归才发现。社区环境对随迁子女的全面发展和健康成长有着不可缺少的重要作用,社区环境的好坏直接影响家庭教育的顺利进行。

4. 社会关系网络

在城市中建立起来的社会关系网络是农民工在异地获得安全感和归属感的亚社会结构,这种结构产生的关系在他们的日常生活中依然起着一定规范和支持作用。农民工从农村来到城市从事非农的工作,但是他们的身份在城市人眼里依然是农民,受到城市社会关系层面的排斥,作为城市的外来人口,他们虽然在城市之内,但是无法融入城市的社会关系网络,在社会交往中和日常生活中,他们依然局限于"自己的圈子"。从表4-19中可以看出,农民工在城市中主要的关系是亲戚,其次是老乡、同事、朋友。

表4-19 农民工遇到困难最先找谁帮忙

	找亲戚	找同事	找老乡	找邻居	找朋友	找其他人	合计
频率	860	290	300	130	260	160	2 000
百分比	43.0	14.5	15.0	6.5	13.0	8.0	100.0

农民工的社会关系主要是以地缘、业缘和亲缘为主的同质的人际圈,这一点已在很多学者的研究中得到证实。如李汉林等认为在城里的农民工形成了一个非区域性的"虚拟社区"(指在一个城市内,农民工按照差序格局和工具理性的结构所形成和构造出来的一个社会关系网络),而农民工之间的关系强度是这种社区的一个重要

的组织方式。① 渠敬东也同意农民工群体网络的存在,并且发现农民工的社会网络是围绕着血缘、地缘、业缘等同质关系构成的,其中信任是这一网络的基础和枢纽。而且,他还发现,农民工个体在生存阶段采取的策略是紧紧"抓住强关系"(同质关系),在发展阶段则"充分利用弱关系"(异质关系)。② 据访谈看,进城的初级阶段甚至很长的一段时期,亲戚是农民工家庭主要的情感支持,也是他们主要的社会资本。在一些比较重大的事情上会起到重要作用。如孩子进入城市公办学校上学,对很多农民工子女家长来说都是大事、难事。有关中国城乡居民社会支持网的研究表明,兄弟姐妹发挥了重要的经济和精神支持作用。③ 可以想见,当这些农民工随迁子女长大成人后,他们的(表)兄弟姐妹的社会关系将是不可多得的社会资本。

同质性的交往群体对农民工随迁子女家庭融入城市也有一定影响。调查中可以看出,他们真正有城市好友的只占极少一部分。他们社会关系的同质性主要有以下原因:居住在城乡结合部远离市区,当地常住人口较少,农民工家庭又喜欢聚群而居,这便在农民工和城市人之间竖起了一道屏障,阻碍着双方进一步的交往,也影响着双方子女之间的接触和了解。同时,城市父母认为农民工家庭不断流动,向他们投入感情不会有太多回报,这种情绪也会对城市的孩子发生作用,造成他们也不愿意与农民工随迁子女有太多交往,甚至对他们产生鄙视态度。这种社会关系也影响到农民工随迁子女,他们随父母来到城市之后,虽然耳濡目染了一些城市文明,但还只是一些皮毛而已。而要真正实现自身完全的城市化,与城市同伴群体的交往是必不可少的一步,只有在与城市孩子的相处过程中,农民工随迁子女才能真正进入城市家庭,才能向城市居民孩子学习城市文化,掌握城市的社会规范,树立城市的价值观,学会城市的交往方式。但是对于农民工随迁子女来说,他们在打工子弟学校接触的多是与自己同质

---

① 柯兰君,李汉林主编.都市里的村民——中国大城市的流动人口[M].北京:中央编译出版社,2001:35.

② 渠敬东.生活世界中的关系强度——农村外来人口的生活轨迹[M].北京:中央编译出版社,2001:68.

③ 张文宏,阮丹青.城乡居民的社会支持网[J].社会学研究,1999(3):14-19.

的孩子,回到自己所生活的社区,也依然处于一种"半农村化"的状态。而如果农民工随迁子女在与城市居民子女及其家庭有限的接触中受到排斥,则很有可能产生自卑甚至仇恨心理,这便会严重阻碍限制其社会化的正常进行。[①]这些都增加农民工家庭教育的难度,也会影响随迁子女的健康成长。

---

① 杨卉.流动儿童家庭教育研究[D].北京:中央民族大学,2007:18-19.

第五章　农民工随迁子女家庭教育现状

根据布迪厄的再生产理论,家庭以经济、社会和文化资本的占有量为标准,决定其在整个社会生活网络中获得一定的位置。这种位置又决定了各家庭中家长的惯习。在家庭成员间的互动和家庭与外部的交流中,惯习指家长们的感知、思考、判断及行为的方式。惯习作为一种性情倾向系统,影响着父母的教育观念、社会判断和行为特征,而这些观念、判断和行为特征就是子女成长中来自家庭的影响因素,在其子女的身上不断内化并在家庭生活中得到强化,进而作用于子女的教育和成长。本章将通过农民工随迁子女的家庭教育环境、家庭教育观念、教育方式、亲子关系等来分析农民工随迁子女的家庭教育的现状。

第一节　农民工随迁子女家庭教育环境

随着社会经济的迅猛发展,农民工的流动呈现出的新特点是大规模化、常住化和家庭化。从调查情况看,78.2%的家长来城市时间超过5年,71.5%的随迁子女来城市时间超过3年。其中,父母和孩子组织的核心家庭占68.7%,三代同堂的家庭占21.8%,单亲特殊家庭占5.1%。家庭平均拥有子女量为2.26个,独生子女家庭占32.2%。68.9%农民工做兼职或者合同工,甚至处于无业状态。84.2%的家庭住房是租房、临时搭建房或单位提供临时住房。由此可以看出农民工家庭呈现出常住化、家庭化并且多子女化,工作就业不稳定,整体生存状况堪忧。由此引发了对随迁子女家庭教育问题的关注与深入思考。从社会学的角度来看,家庭教育在农民工随迁子女教育中无疑是最为关键的基础。这不仅仅是因为在农民工中家庭取代个体成员而成为随迁子女教育问题的责任主体,还因为家庭是随迁子女城市化的初始环境,提供了随迁子女进入城市后的社会化基础条件。

一、农民工随迁子女家庭教育环境

（一）农民工随迁子女家庭教育环境不容乐观

孩子的健康成长与家长的受教育程度、工作性质、居住环境都有很大的关系。其中,家庭环境是孩子正常学习、健康生活的首要条件。笔者通过对随迁子女与城市居民子女的比较、不同类型学校随迁子女的比较发现,不少随迁子女的家庭学习环境不容乐观。提高家庭收入是农民工进入城市的主要目的,因为生存是第一位的。与流动前的乡村收入相比,家庭可支配收入明显增长,但与城市居民相比,农民工的年收入依然偏低,很多家庭依然生活在贫困线下。低水平的物质生活,限制了对子女教育的投资,他们子女的成长环境也因此受到不同程度的影响。主要表现为:(1) 文化教育设施差,子女学习书籍、学习资料极少,缺少休闲、娱乐和学习工具。(2) 学习场所欠缺,农民工出于房租低廉或就业方便的考虑,多数住在城乡结合部或近郊的工棚、集体房或租赁房,其子女必要的学习场所欠缺。(3) 成长环境恶劣,流动家庭较差的住房条件,决定了其所处社区环境的脏乱差,人口复杂,学习气氛缺乏,不利于孩子的教育和成长。(4) 父母文化水平低,难以正确指导子女的学习和成长,子女处于放任自流的学习状态;父母劳动时间长、强度大,没有时间和精力指导孩子学习。(5) 许多农民工随迁子女还要帮助父母分担一些家务活,学习时间不充分。

（二）随迁子女与城市居民子女家庭教育环境比较

为了更好地开展研究,笔者对随迁子女与城市居民子女的家庭学习环境进行调查分析。调查数据分析显示:42.1%的随迁子女认为在家里没有安静的学习环境;32.1%的随迁子女认为家中拥有一个安静的学习环境;18.3%的随迁子女认为家庭环境不适合学习;7.5%的随迁子女认为家庭学习环境很差。80.2%的城市居民子女认为在家里拥有良好安静的学习环境;有17.2%的城市居民子女认为家中学习环境不太理想;2.6%的城市居民子女认为家庭学习环境很差。总体而言,在家庭学习环境是否安静的问题上,随迁子女和城市居民子女存在显著差异。城市居民子女比随迁子女拥有更好的学习环境。

(三)不同类型学校随迁子女的家庭教育环境比较

笔者对不同类型学校的随迁子女与城市居民子女的家庭学习环境状况进行调查,数据分析显示,不同类型学校中均有61.7%以上的随迁子女对家庭中学习环境不太满意。数据分析表明,在公办学校、民办学校和打工子弟学校中,分别有40.1%、38.4%、36.2%的随迁子女对家庭学习环境满意。虽然三类学校无显著差异,但打工子弟学校中的随迁子女对于家庭学习环境的满意度较其他两类学校低一些,如表5-1所示。

表5-1 不同类型学校随迁子女家庭学习环境满意情况调查表

单位:%

满意情况	公办学校	民办学校	打工子弟学校
满意	40.1	38.4	36.2
不满意	39.1	41.2	43.3
一般	20.8	20.4	20.5

二、农民工随迁子女的家庭生活感受

(一)两类子女家庭生活内容比较

为了更好地了解随迁子女家庭生活情况,笔者对两类子女的家庭生活情况进行调查比较。通过学生问卷调查显示,农民工随迁子女在放学后通常做的事情是学习的占34.3%;帮父母干活占18.2%;看课外书占16.5%;看电视电影等占11.8%;有8.2%随迁子女会与同学朋友聊天;6.5%参加体育活动;3.3%上网玩游戏等。随迁子女放学后的活动与城市居民子女基本一致,只是随迁子女放学后帮父母干活的时间比城市居民子女要多。通过家长问卷调查显示,农民工随迁子女和城市居民子女放学后的首要任务是学习,其次是看电视、与同学玩耍或帮父母干活等,如表5-2所示。

表 5-2　两类学生放学后的家庭生活情况比较

单位：%

放学后 家庭生活	随迁子女	随迁子女家长	城市居民子女	城市居民子女家长
学习	34.3	33.2	40.4	35.6
课外阅读	16.5	10.6	16.1	13.4
帮父母干活	18.2	13.8	11.1	8.4
体育活动	6.5	5.2	7.6	5.6
上网玩游戏	3.3	2.9	3.0	3.2
看电视	11.8	17.8	11.9	17.8
和同学玩	8.2	15.4	9.2	15.0
其他	1.2	1.1	0.7	1.0

（二）家庭生活满意度

1. 两类子女对家庭生活满意度的比较

通过调查数据分析显示，随迁子女非常满意自己的家庭生活的占31.1%；比较满意的占27.6%；认为家庭生活一般的占35.6%；认为家庭生活不好的占4.6%；还有1.1%的不知道该怎么回答。城市居民子女非常满意自己的家庭生活的占42.9%；比较满意的占26.4%；认为家庭生活一般的占28.5%；认为不好的占1.3%；有0.9%的人不知道该怎么回答。根据均值计算，农民工随迁子女与城市居民子女的家庭生活满意度均值分别是2.16和1.90（见表5-3），说明农民工随迁子女对家庭生活的满意度较低；同时，通过独立样本T检验，农民工随迁子女与城市居民子女对生活的满意度存在极其显著的差异（$P=0.000<0.001$），如表5-4所示。

表 5-3　农民工随迁子女与城市居民子女家庭生活满意度均值比较

项　目	学生类型	均值	标准差
家庭生活满意度	随迁子女	2.16	.960
	城市居民子女	1.90	.922

注：均值越大表示家庭生活满意度越低。

表 5-4 随迁子女与城市居民子女家庭生活满意度独立样本 T 检验

家校沟通	T 检验结果		
	F 值	t 值	P 值(Sig. 双侧)
联系情况	5.113	7.328	.000

注：P<0.001,表示两类子女的家庭生活满意度呈现极其显著的差异。

2. 不同类型学校的随迁子女对家庭生活的评价态度比较

通过单因素方差分析,不同类型学校农民工随迁子女对家庭生活的满意度不存在显著差异,如表 5-5 所示。通过频数分析,公办学校中农民工随迁子女对家庭生活很满意的占 32.3%;认为家庭生活一般的占 27.0%;比较满意的占 34.8%;不满意的占 4.7%;不知道怎么回答的占 1.2%。民办学校中农民工随迁子女对家庭生活很满意的占 30.9%;比较满意的占 28.7%;认为家庭生活一般的占 35.5%;不满意家庭生活的占 4.1%;不知道怎么回答的占 0.8%。打工子弟学校中学生对家庭生活很满意的占 31.1%;比较满意的占 22.3%;认为家庭生活一般的占 39.1%;不满意的占 5.5%;不知道怎么回答的占 2.0%。由此可见,三类学校农民工随迁子女对家庭生活的评价态度基本一致。

表 5-5 三类学校农民工随迁子女家庭生活满意度独立样本 T 检验

项目	(I)分组情况	(J)分组情况	两组间均值差值(I~J)	差值的标准误	P 值(Sig.)
家庭生活满意度	公办学校	民办学校 打工子弟学校	.00 -.09	.036 .055	.919 .094
	民办学校	公办学校 打工子弟学校	.00 -.10	.036 .052	.919 .066
	打工子弟学校	公办学校 民办学校	.09 .10	.055 .052	.094 .066

注：P>0.001,表示三类学校的农民工随迁子女家庭生活满意度无显著差异。

3. 两类子女生活烦恼的比较

通过调查显示,农民工随迁子女有 43.2%的认为家庭生活没有什么烦恼,而城市居民子女有 59.5%的认为生活无烦恼。农民工随迁子女有 56.8% 认为家庭生活中存在着这样那样的烦恼;而城市居民子女有 40.5% 认为家庭生活中存在着烦恼。数据分析显示,农民工随迁子女和城市居民子女认为家庭生活烦恼主要是缺少父母关心、父母教育方式粗暴、父母经常吵架、自己或家人身体不好等(见表5-6)。然而,在农民工随迁子女中,他们的烦恼比城市居民子女要多,他们还面临着其他一些问题。如 26.2% 的农民工随迁子女缺少当地朋友;15.3% 的人对未来感到迷茫;15.1% 的人不了解这个城市;还有 13.2% 的人认为被城市人看不起,存在自卑心理等等。

表5-6 农民工随迁子女与城市居民子女的家庭生活烦恼比较

单位:%

家庭生活烦恼	农民工随迁子女	城市居民子女
缺少关心	14.2	9.8
父母教育方式粗暴	12.5	10.3
家庭经济条件不好	6.6	4.1
自己或家人身体不好	9.1	6.6
父母经常吵架	9.2	6.3
被人欺负	5.2	3.4
没有烦恼	43.2	59.5

第二节 农民工随迁子女家庭教育观念

家庭教育观念是指家长对其子女教育的认识和看法以及教育实践的思想观念。只要有教育行为发生,就一定有教育观念在起作用。在家庭教育中,家长的教育观念影响着对子女教育内容和教育方法的选择,积极正确的家庭教育观念对家庭教育的有效开展具有重要的推动作用。探讨农民工随迁子女家庭的教育观念,是了解农民工随迁子女家庭教育问题的基础。

一、对家庭教育的认识

(一) 对家庭教育重要性的认识

随着社会发展,越来越多的农民工举家从农村来到城市打工,不仅仅是为了能有更多的经济收入,而且是为了寻找更好的生活,想尽可能地融入城市生活,想在城市定居的生活意向越来越明显。同时,农民工从自身的经历中领悟出教育的重要性,以及它所能带来的长远利益。因此,家庭有一定的经济保障后,他们愿意也有能力为子女教育进行一定的投资。与在农村的农民思想行为相比,他们表现出较明显的开放性和计划性。在农民工家庭的规划中,子女的培养渐渐占据了重要的地位,在条件允许的情况下,大多数的父母都希望自己的孩子能够受到良好的教育。笔者对农民工带子女进城读书的目的展开调查,从表5-7中可以看出,在"农民工将子女带到城市最主要原因"中,"希望子女能接受更好教育"的占52.6%;因为"老家无人照顾,只好将子女带到身边"占20.4%;20.7%的家长是为了"自己能更好地照顾孩子";有4.9%的家长是因为"自己思念孩子"。可见,随着社会经济的快速发展,农民工家庭经济条件不断得到改善,他们很希望自己的子女也能够到城市接受良好的教育的趋势越来越明显。

表5-7 农民工将子女带到城市原因调查表

原因	接受更好教育	农村无人照顾	自己照顾更好	自己思念孩子	其他
人数	1052	408	414	98	28
百分比	52.6	20.4	20.7	4.9	1.4

农民工认为家庭教育对孩子成长有着重要的影响,他们十分认同父母言行对子女健康成长的直接影响。笔者调查显示,有68.3%的农民工认为"家庭中父母的言行与孩子未来成就有直接关系";有78.2%的农民工认为"无论多忙多累,都要管教孩子";73.6%的农民工父母认为"小孩子不懂事,逼他们学习是家长的责任",对子女要"严厉管教",反映了家庭管教比较严格。尽管如此,青年农民工父母表现得更加重视对子女的家庭教育,也显得较为开明。79.1%的青年农民工父母赞同"父母的行为与孩子的成就有直接关系";96.2%的青年农民工父母认为"无论多忙多累,都要抽出时间管教孩子";有46.3%的青年农民工父母家长认为对子女要"严厉管教";82.6%的青年农民工父母赞同"管教孩子,要考虑到孩子当时的心情和情绪";

90.8%的青年农民工父母赞同"允许孩子给家长提意见";有86.8%的青年农民工父母认同"民主、平等、尊重"等现代亲子关系准则,认为做父母的要学会倾听;76.1%的青年农民工父母认为对子女要从正面评价。从中可以看出,农民工认识到家庭教育对子女成长的重要性,认为家庭教育对子女未来的成才有直接的影响,他们对子女严厉管教,希望他们融入城市。青年农民工父母对子女的家庭教育表现得更为重视和开放。

对家庭教育必要性的认识调查显示:农民工在对家庭教育的必要性的认识上,58.9%的随迁子女家长认为"必不可少";52.1%的随迁子女家长认为"有时间和精力的情况下应该进行家庭教育";只有4.1%的随迁子女家长认为"子女的教育是学校的事情"。可见大部分农民工都认识到教育子女是作为父母应尽的责任。访谈中了解到,农民工认识到将子女接到城市生活学习,家长应该多教育子女,关心他们的学习。他们认为现代孩子的教育,不能像自己小的时候,父母都不重视教育,基本上都是放任的,没能考上大学。但是现在这个社会竞争激烈,如果家长放任不管,长大成不了才,无法在社会上立足。农民工意识到现代社会对家庭教育的迫切需要,不能再以传统的放任的方式来管教子女,否则就将被社会淘汰,因此他们认识到家庭教育的必要性,重视子女的家庭教育。总之,农民工对子女家庭教育的重视程度比农村农民要高,体现了中国传统的"望子成龙"的思想,也反映了城市的现代文明对他们家庭教育观念的促进。

(二) 对家庭教育内容的认识

科学合理的家庭教育内容是家庭教育质量的重要保证。家长对教育内容的认识、选择,直接影响到家庭教育目的能否实现以及家庭教育任务能否完成。为了更深入地了解随迁子女家庭教育情况,笔者针对家庭教育内容对农民工随迁子女家庭进行了访谈和调查。

调查显示:当问到"你认为家庭教育应该注重对孩子哪些方面的教育?"选择的答案依次为:82.5%的随迁子女家长认为首要任务是协助学校抓好学习,对知识技能培养十分重视;思想品德教育占73.4%;身体健康教育占68.3%;行为习惯培养占54.1%;交际能力培养占36.9%;性格培养占33.4%;创新能力培养占28.6%;情感培养占26.5%;而个性培养仅占6.9%。

在知识技能教育方面,农民工由于受自身文化素质和经济条件的限制,他们不能像城市居民那样给子女提供良好的学习条件,购买许多书籍和学习用品。他们也不能给子女传授更多的文化知识,不能辅导子女的学习,而只能通过现实生活教给子女一些零碎的知识。但他们对子女的学习比较支持,对子女学历有着较高的期望和要求。他们中的许多人"望子成龙"、"望女成凤",他们多数都能督促子女好好学习,教育子女不旷课逃学,关注他们的学习。但是他们对子女的学习方法培养、智力开发等方面关心不足,有所偏颇。他们主要关心子女会不会做题目,考试得了多少分。他们对成才途径的看法比较片面和传统,依然把"上大学"作为唯一的目标。因而83.4%的农民工家长认为"只要孩子学习好了,家长再苦再累也值得";93.6%的农民工认为"子女学习好,将来有出息,比自己事业成功更高兴"。

在思想品德教育方面,农民工普遍重视子女的基本道德品质教育。他们对子女的道德教育,一方面体现农民工朴素的道德观念,如他们教育子女说得最多的话是"善有善报,恶有恶报","不要做坏事,要做好事,好人总会有好报的"。另一方面,也体现了农民工作为外地人来到陌生的城市,希望子女不要在外惹事,保证生活安全的期望。他们常会对子女说:"我们是农村人,在城里人眼里我们不值钱,不要惹他们,不要跟城里人发生冲突,万一被弄伤了,没有人会管我们。"以上这些方面体现了农民工对随迁子女道德品质教育的重视,也希望子女能够在城市安全生活。但是现实中也还是有部分随迁子女家长,他们从事一些非法职业,如拉黑车、办非法证件、小偷小摸等,这些非法行为对随迁子女道德品质产生不好影响。

农民工在对随迁子女的健康方面,往往是以子女是否经常生病来判断健康与否。他们片面地认为,孩子能吃,长得胖,不生病就是体质好,就是健康。许多随迁子女的家长认为,我们农村的孩子不爱生病、不娇气,比城市里的孩子结实。他们认为,在城市生活条件不好,但比在农村要好多了,他们能给孩子吃得比较好,不像城市里的孩子那么娇贵,比较好养,能吃能喝,不挑食,什么都吃。而且他们认为自己的孩子比城市里的孩子能跑能跳,在户外爬上爬下,身体比较结实。可见"长得结实"是他们对子女健康的标准。至于孩子心理是否健康,他们大多不关心。据访谈发现,有些随迁子女因生活条件不如城市孩子产生妒忌心理;有些因到城市不适应而产生孤独感;有的表现狂躁、怪癖、抑郁等,不健康的心理问题很多。而家长对随迁子女的这些心理健康问题并不太关注,不能及早发现,为子女进行心理疏导和干预,不能为他们提供家庭帮助。

在行为习惯方面,大部分农民工希望孩子像城市文明人,在日常生活中表现得有素质,最起码不要被城里人讨厌。访谈中了解到,农民工对子女在行为上,主要关注孩子是否表现得对他人比较尊重。多数父母也再三纠正孩子的行为,如叮嘱孩子"不要乱插嘴",走路不要拖拖拉拉。在语言上,许多家长都要求子女与人见面记得打招呼问好,分别道再见等;许多家长对女孩言行举止的要求比男孩子要严格,他们希望女孩要有女孩的样,要文静,打扮朴朴实实、干干净净就行,不要打扮得花里胡哨。坐的时候不要将腿盘在椅子上,吃饭不要吧唧嘴,走路的时候不要蹦蹦跳跳等。许多农民工都采用农村的家庭教育俗语如"站有站相,坐有坐相","大人说话小孩不要插嘴"等来教育子女,让他们掌握基本的行为规范。这也体现出了城市的现代观念和农村传统教育方式的结合。

综上所述,农民工在家庭教育上表现出"高期望低水平"的基本特点,存在重学业轻人格、强管制轻教导等教育误区。农民工的文化水平普遍不高,生存压力较大,这些导致他们特别信奉"知识改变命运"这一教育观念。他们在家庭教育上已经开始高度重视随迁子女的学习;另一方面他们无力在子女学习成长过程中给予正确有效的指导和帮助,以及创造一个较好的成长环境。而父母对学业成绩的苛求以及责罚等不当教育方式,极易导致子女内心的沉重、压抑和无奈。农民工开始注重子女的行为表现,如人际关系、行为习惯等方面,在细小的方面纠正子女的不足,对子女的教育还是非常有益的。但是,从农民工对子女关注的方面来看,他们更多关注的是自己的子女在言行、举止等方面是否像城里人,而对子女的内心世界关注不够。从父母对子女的影响看,有很多积极的方面,但也有一些消极的方面。农民工随迁子女的成长本身就面临着教育、健康、融合、贫穷、社会边缘化等诸多问题。家庭如果起不到子女精神压力缓冲器的作用,反而增加他们的心理负担,久而久之,容易引发子女自卑、退缩、攻击性强等诸多心理行为问题。所幸的是,农民工家长开展家庭教育的意识比较强烈,并对现代家庭教育观念表现出接纳的态度。

二、家庭教育期望

农民工在城市生活到处充满艰辛,社会地位较低,易受人鄙视和排斥,他们极力希望能改变这一现状,但受各方面条件和自身能力的限制,力不从心,显得很无奈。于是将全部的希望寄托在孩子身上,希望自己的孩子将来不要像自己这样艰辛,要像城市人那样过体面轻松的生活。出于对自身的文化水平、职业状况、经济收入和社会地位的不满,多数家长都非常重视对子女的教育。他们清晰知道,在目前城乡分割的二元社会格局和户籍管理制度下,只有接受良好的教育,获得更高的文凭,才是向上层社会流动的重要的路径。因此,多数农民工对子女的学业和职业寄予了深切的期望。

(一) 学历期望

1. 农民工对随迁子女的学历期望

学历的高低是当今社会衡量人成才与否的重要标准,也是当今社会对人才需求的硬性指标。目前,当评价一个人知识数量和质量的指标还没有得到确定、公认的时候,学历自然成了一个较为过硬的指标。许多用人单位在招聘人才时,明确提出要大学本科以上的学历,更有甚者明码标价,博士年收入多少,硕士年收入多少,只有高学历,才能有高收入,学历越高,效益越大。这客观上促进了农民工对子女教育重视,提高了对子女的学历层次期望,他们愿意让孩子接受更高层次的教育。调查显示(见表5-8)农民工中有相当部分的家长对子女的教育期望较高。有高达65.8%的家长希望子女能够获得大学及以上学历,其中希望子女读博士、硕士的占29.2%;希望子女读到小学、初中就满足的只有2.4%;希望子女读到高中、中专毕业的占17.2%;另有14.6%的家长表示,看孩子的能力。这也反映了农民工对子女比较高的学历期望。

表 5-8 农民工对子女的学历希望调查表

学历	博士、硕士	大学	高中、(中专)	初中、小学	看孩子能力
人数	584	732	344	48	292
百分比	29.2	36.6	17.2	2.4	14.6

调查发现农民工家庭普遍存在一种现象,家长对子女的教育期望尽管很高,但当他们看到现实情况时,又显得很无奈,降低教育期望值。子女学业基础不牢、多次转学后成绩的差强人意、自己忙于生计无力辅导、没有经济能力请家教等原因,致使农民工自我判断随迁子女实际能够达到的教育水平比期望达到的教育水平要低,及现实期望明显比理想期望要低。究其原因,主要有以下几个方面。

首先,随迁子女学习成绩不理想。农民工对早期教育认识不足,重视不够。第一,学前教育缺失。大多数随迁子女都未上过幼儿园,一般是直接上小学。第二,小学基础不扎实。一部分随迁子女是最初留守在老家,等家庭条件好后接到城市来上学。由于农村基础教育落后,加上无人管教等原因,导致学习基础差,成绩不理想。另一部分是父母直接带子女到城市上学。尽管这部分随迁子女一直在城市上学,但也因为父母早期处于工作打拼初期,对子女的关心不够,无暇关注子女的学习生活,甚至子女养成不好的学习习惯。加上家庭环境、社区环境状况不佳,使得随迁子女无心学习,导致学习基础不牢。第三,农民工工作不稳定,现实生活状况使得他们经常流动,迫使子女多次转学,很难适应新的学习环境,影响随迁子女学业成绩。农民工受自身文化水平的限制,没有能力辅导子女的学习;又受家庭经济条件的限制,没有能力请家教,或让子女上辅导班。这些都导致随迁子女错失基础教育这个关键时期,甚至在环境影响下养成一些不好的习惯。因此有的父母不得不接受现实,降低对随迁子女教育的期望。

其次,目前城乡分割的二元社会格局和户籍管理制度。政策规定农民工随迁子女只能在原户口所在地中考和高考,将孩子送回老家面临无人监管,而留在城市则面临各省使用的教材不一样的问题,随迁子女城市学习的课本知识与老家课本知识不一致,回老家参加考试很成问题。农民工清楚知道,这些因素将使子女将来的学习成绩大打折扣,自己却无能为力,显得很无奈,致使他们对子女的教育期望值降低。

再次,农民工家庭贫困文化负面影响。农民工虽然对子女的教育期望值高,但是由于受家庭经济、社会、文化资本的限制,对子女能否上大学、能够上什么样的大学,没有理性的认识,即听天由命、顺其自然的观念,很容易形成一种不被主流社会认可的惯习,刘易斯等学者称这种惯习为贫困文化。实际上它是对贫困的一种心理的适应。这种适应使家长失去信心,降低对随迁子女的教育期望,形成一种消极对待贫困的不良家庭文化氛围,极有可能导致子女对继续学业丧失信心,学业成就受到影响。①

总之,农民工对自己的子女寄予深切的教育期望,希望子女能够接受良好的教育,尽快融入城市,不要重复自己的命运。但是现实生活中政策问题、经济问题、社会文化问题等,使农民工感到十分困惑,他们对子女的未来感到十分迷茫、困惑和无奈,致使他们对子女的教育期望值降低,这也影响了家庭教育效果。

2. 农民工与城市居民对子女的学历期望比较

农民工与城市居民对子女的学历期望调查显示:两者存在显著差异。结合均值计算和独立样本 T 检验,农民工与城市居民对子女的学历期望值存在极其显著的差异($P = 0.000 < 0.001$,如表 5-9 所示)。农民工期望随迁子女的学历达到初中或高中(中专)水平比城市居民要多,农民工占 18.1%,城市居民占 8.6%;期望学历达到本科及以上水平的家长中,城市居民比农民工要多,城市居民占 88.2%,农民工占 65.8%。同时,数据分析表明,农民工与城市居民对子女的学历期望有显著差异,但有 65% 以上的两类家长对子女学历的期望均为本科及以上水平。

---

① 杨卉.流动儿童家庭教育研究[D].北京:中央民族大学,2007:16 - 20.

表 5-9 农民工与城市居民对子女的学历期望的独立样本 T 检验

	T 检验结果		
	F 值	t 值	P 值(Sig. 双侧)
学历期望	.928	-5.383	.000

注：$P<0.001$，表示农民工与城市居民对孩子的学历期望值存在极其显著的差异。

据中国进城务工农民子女教育研究及数据建设课题组的调查研究，同样显示农民工与城市居民对子女的学历期望存在显著差异，如图 5-1 所示。

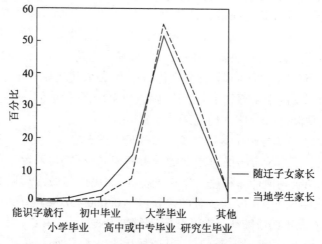

图 5-1 农民工与城市居民对子女的学历期望比较

3. 不同类型学校的随迁子女家长对子女的学历期望比较

不同类型学校的随迁子女家长对子女的学历期望还是有所不同的。据中国进城务工农民子女教育研究及数据建设课题组的研究，通过单因素方差分析，公办学校与民办学校和打工子弟学校的随迁子女家长存在显著差异，如表 5-10 所示。同时通过均值计算，公办学校随迁子女家长对子女的学历期望均值为 5.24，而民办学校以及打工子弟学校随迁子女家长对子女的学历期望均值都是 4.88。这说明,公办学校随迁子女家长对子女的学历期望较高。又如图5-2所示,在大学毕业和研究生毕业的学历期望阶段,公办学校随迁子女家长所占比重较大;而在高中及以下学历期望阶段,民办学校和打工子弟学校的随迁子女家长所占比重较大。

表5-10 不同类型学校随迁子女家长对子女的学历期望方差分析

项目	(I)分组情况	(J)分组情况	两组间均值差值(I~J)	差值的标准误	P值(Sig.)
学历期望	公办学校	民办学校 打工子弟学校	.35* .35*	.040 .057	.000 .000
	民办学校	公办学校 打工子弟学校	-.35* .00	.040 .057	.000 .977
	打工子弟学校	公办学校 民办学校	-.35* .00	.057 .057	.000 .977

*均值差值在0.05水平上呈现显著性。

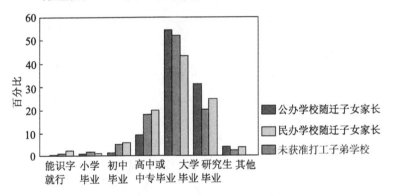

图5-2 不同类型学校农民工家长对子女的学历期望比较

4. 学历期望值的高低与家长受教育程度的高低存在相关

家长受教育程度的高低与子女学历期望值的高低存在一定的相关性。据中国进城务工农民子女教育研究及数据建设课题组的研究结果表明,学历期望值的高低与家长受教育程度的高低存在一定的相关,相关系数为0.181,如表5-11所示。根据均值计算,受教育程度不同的农民工与城市居民对子女的学历期望均值分别是5.311和5.00,大于或等于4表示大学及以上文化程度;小于4表示高中及以下文化程度。又如图5-3所示,受教育程度为大专、高中或中专及以下的家长,其学历期望较为接近,都期望子女日后能读到大学毕业,而对于受教育程度为本科及以上的家长,普遍希望孩子能读到研究生毕业。可见,无论家长受教育程度如何,对子女的学历期望普遍都是大学及以上学历,而且家长受教育程度越高,其期望值越高。

表5-11 家长受教育程度与学历期望值的相关分析

项 目	相关系数	受教育程度	学历期望
受教育程度	皮尔逊相关	1	.181**
	P值(双侧)	.	.000
学历期望	皮尔逊相关	.181**	1
	P值(双侧)	.000	.

** 表示家长受教育程度与学历期望值相关度呈正相关。

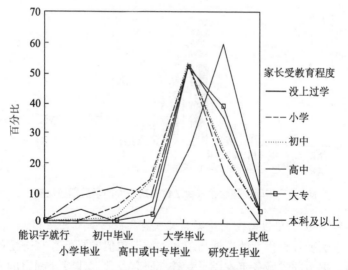

图5-3 家长受教育程度与学历期望关系

(二)职业期望

调查显示,农民工对子女未来的职业期望带有浓厚的理想化色彩。农民工虽然绝大部分从事的是繁重的体力劳动,然而他们对子女未来的职业期望则不仅仅是脱离农村,不要再回到农村,而且是在城市里找一份体面的工作,更具有理想的色彩。调查显示,如表5-12所示,农民工对子女未来职业希望,警察排在第一位占25.9%;其次是公务员(机关干部)占23.8%;第三是企业家占19.3%;第四是科学家占10.%;而让孩子将来当农民的只有0.3%。访谈中了解到农民工为子女选择职业的原因。他们所希望的职业中,认为警察、军人有较高的威望,而且具有较强的稳定性,用他们的话来讲:"我希望儿子将来做军官或警察,那样就能吃皇粮,福利又好,衣服都省,体面威风,而且可以管别人。"

表5-12 农民工对子女的职业期望调查

职业	企业家	科学家	警察军人	教师	医生	公务员	律师	农民	其他
人数	386	204	518	136	144	476	96	6	34
百分比	19.3	10.2	25.9	6.8	7.2	23.8	4.8	0.3	1.7

科学技术促进了生产力的发展,推动了社会的进步,为人类创造了极为丰富的物质世界,改善了人们的物质生活环境,科学技术在现代社会发挥着巨大的作用,必将推动社会迅猛发展。随着中国与世界接轨融合,科学技术被视为强国之本,科学家、科技人员在社会上受人尊重。农民工也深刻地认识到这一点,因此,科学家也格外受农民工的崇拜。他们认为科学家有文化知识,有聪明才智,有自己理想的工作。所以,许多农民工十分希望子女将来能够成为科学家,能搞发明创造,感觉很骄傲。

企业家是新时代的象征,他们往往拥有较高的经济收入,工作也极具有挑战性,因而企业家也开始成为农民工对子女的一种职业期望。从访谈中得知,农民工对子女将来能成为企业家的职业期望也较高,更多地体现了农民工渴望改变现状的想法,希望子女将来拥有更多的金钱,不要像自己一样受苦受累,没有尊严地生活。

农民工对子女的职业期望带有明显的代际职业向上流动的倾向和功利化现实的一面。因为警察、军人、机关干部是农民工在城市最直观接触的具有权利色彩的职位,是他们眼中权利的象征;企业家是金钱的拥有者;科学家是知识的象征。从他们对子女的职业期望中可以看到农民工缺失和向往的主要是权利、金钱和知识。从调查数据和访谈中可以看出,农民工职业低下、被人瞧不起,所以希望子女的职业体面、受人尊重;农民工职业又苦又累,他们希望子女将来职业轻松舒服;农民工职业是繁重的体力劳动,风餐露宿,所以希望子女的职业是坐办公室当白领;农民工的职业是帮别人打工、看别人脸色,所以希望子女的职业是做老板,不受别人的气。

总之,农民工对子女的职业期望的一个共同的倾向是希望子女脱离农村的生活,能够融入城市,拥有更好的生活。农民工对子女的职业期望显示出他们对自己职业和身份的一种排斥,对子女的职业期望体现出理想化特征。但是事实表明,只有极少数的农民工子女获得向上流动的机会,大部分人还会"继承"与父母类似的职业。

第三节 农民工随迁子女家庭教育方式

一、家庭教育方式

家庭教育方式主要指在一定的教育观念支配下,家庭在子女的教育过程中,家长采取的态度和具体教育方法和手段。它是家庭教育中一个重要的方面,家庭教育方式的得当与否,关系到家庭教育的成败。社会学和教育学的研究早已证明,父母文化水平的高低与家庭教育水平相关。一般来讲,文化水平高的父母往往在子女的教育上更为科学、合理和有效。农民工低层次的文化水平无疑会影响其家庭教育观念、能力和方式等。相当多的农民工家庭教育方式存在着盲目性和随意性。表现为教育能力不足、教育内容单薄片面、教育方法简单粗暴、教育行为背离规范、教育方式有失偏颇等。对随迁子女的教育要么过于严格,要么顺其自然。农民工进入城市后,在家庭教育的方式上,既受原来农村传统文化的影响,又受城市家长以及周围其他农民工家长的影响。农民工家庭教育方式主要有四种:专制型、自然型、民主型、溺爱型。

(一) 专制型

专制型的教育方式指一般家长对子女的一举一动都予以限制或斥责,一般无视孩子的某些正当要求,这也不行,那也不行;应该这样,不应那样。孩子一旦有错,就会打骂。两千多年的封建教育思想在我国影响深远,传统专制的家庭教育观念,以家长为中心的命令主义、权威主义的思想在农民工的大脑中根深蒂固,严重影响了家庭的教育行为。农民工来自农村,从小深受专制命令式这种传统的教育方式的影响,到城市以后生存的压力加大,他们意识到知识的重要性,他们对子女的教育期望值提高。他们虽有"望子成龙"的急切之心,但却缺少帮助子女"成龙"的正确教育方式。

农民工在教育子女时,大多采取专制型教育方式,他们认为"棍棒之下出孝子",对子女控制性太强,常常用训斥、语言暴力等,要求孩子服从自己的命令和意旨,体现自己的权威地位。调查发现,农民工在教育子女时常常采用打骂的方式。有42.6%的随迁子女经常挨家长打;51.8%的随迁子女偶尔挨家长打;从不挨打的随迁子女只占2.1%。他们打骂教育多,正面教育少,重言教、轻身教,常用简单粗暴的打骂代替耐心细致的教育。由于举家到城市后,面临巨大的压力,生活处处充满艰辛,在这种情况下,如果子女做错事或没有达到家长的学习要求,家长就会很急躁,对子女非打即骂。有的家长特别是父亲,对子女要么不管,要么毒打,信奉"黄金棍下出人才","不打不成才,不打不长记性"。在访谈中,常听母亲吓唬孩子:"你不听话,看你爸今天回来打死你。""我们把你接到城市,辛苦上班,花这么多钱供你上学,不学好就把你送回老家,我们不要你了。"常有家长对教师说:"老师,孩子不听话,你尽管打,他就服打,打是为他好。"而他们认为的不听话或错误,主要指学习不好,考得不好,其他的错误可以靠教育解决问题。专制型教育方式,过分强调其子女的服从,往往使子女的个性受到严重的压抑,子女这也不敢做,那也不敢做,创造力受到极大挫伤,缺乏自我和创造性,像一个受家长控制的"木偶",并对许多事情失去兴趣,长此以往,导致子女的创造性缺失。他们不愿对父母透露心里话,也不敢向父母提出特别的要求和问题。专制型的打骂教育使子女的身心健康受到严重伤害,很容易产生各种心理障碍,甚至形成了孤僻和冷漠的性格。家长眼中好孩子就是成绩优异的孩子,就是考试中获得高分的孩子。家长不顾子女的自我选择,忽视了人与环境、活动的交互作用,这种专制型家庭教育方式,对子女的个性、人生观、价值观的形成都会产生负面影响,子女的天赋、个性偏好、能力倾向被"蚕食"、埋没和严重地忽视,勇于探索和创新意念被湮没,"成不了龙"反而"成虫"。

专制型教育方式,目的在于规范约束子女的言行,矫正其错误。据 StrausMA 等调查发现,父母过分斥责、打骂子女,可导致子女行为问题发生,并明显增加儿童日后反社会行为。[①]这种教育方式实施在不同性格类型的子女身上,会产生不同的作用。当批评、责骂直至体罚实施于性格内向、胆小懦弱的子女身上时,会使这类子女变得更加懦弱顺从,自我意识弱化,遇事优柔寡断,对自己言行的正确性缺乏足够的信心,长大后独立自主意识缺乏,处事谨小慎微,依附性大。当实施于性格倔强,抵抗性和自主性强的子女身上时,由于家长教育管理方式比较简单粗暴、专制单一,缺乏解释疏导,子女不能自觉深刻地认识自己的错误症结所在,也不能较好地认识家长管教的正确性所在,因此,对家长的批评、责打容易产生一种本能的反感和抵触。子女也觉得实现理想实在太难了,于是失去了为之奋斗的动机,甚至不会去树立良好的目标和理想,最终不能达到家长教育的预期目的。

(二) 自然型

自然型教育方式指一般家长对子女教育采取顺其自然的方式。一般分两种情况:

一种情况是家长用积极的行为自然感染子女。在家庭中父母往往不是刻意教育子女,主要是通过自身正面积极的行为,为子女树立榜样示范的作用,有意无意地感染子女,让其在潜移默化中受到教育。如勤劳治家、孝敬长辈、诚实守信等家庭优良的作风,通过日常方面言行达到家庭教育良好效果。访谈中了解到,有的农民工家庭,父母辛苦工作,孝敬长辈等优良的家风对子女就是无形的教育。子

---

① StrausMA,SugarmanDB,Giles-silms J. Speaking by parents and subsequent antisocial behavior of children[J]. Arch Pediatr Adolesc Med,1997(8):761-767.

女看到父母整天在外面上班,回家还要做家务,他们很能体谅父母的苦衷,帮助父母干力所能及的事,减轻父母的负担。访谈中一位13岁的随迁子女说:"我爸爸是卖水果的,每天早晨3点多钟就去批发水果,每天很晚才回家,卖不完还得卸家里,看到父母这么辛苦,我一定要好好学习,将来为父母争气。"父母身体力行,往往为子女能够起到很好的榜样示范作用。

另一种情况,家长对子女消极地不闻不问,让其自然成长。有的农民工由于对家庭教育认识不足,加上工作忙对子女教育不够,顺由孩子自然成长。有的农民工认为,子女有出息的不用教育也会有出息,没有出息的就算花再多功夫也没用,一切顺其自然。有的认为家庭经济困难,上大学根本供不起,读完了又找不到工作,有的就算找到工作,工资也不高。他们片面地认为,读书无用,孩子能读到什么程度就读到什么程度,不是要求将来非要上大学,顺其自然,将来只要有一技之长,靠手艺,能够立足于社会生存就行了。

有的家长认为子女笨,不是读书的料,读书是家庭负担,对子女的一切不闻不问,不愿与学校教师交流,有的家长甚至搞不清自己的孩子在什么学校上学、上几年级。他们认为给子女交了学费,就把子女托付给了学校,家长则可以摆脱责任,用学校教育代替家庭教育,对子女的成长极端不负责任。有的子女表现出了行为无约束、自控力差、胆大冒险的特点。有些农民工常说:"我们小时候家长根本没怎么管,还不是一样长大了。"这类家长忽视了现在他们子女的成长环境已经不再是他们那时代的古朴农村,而是充满着各种欲望的现代都市。他们认为"树大自然直",在家中只要子女吃好、喝好、穿好就行,只关心子女的生活,忽视了家庭教育的义务和职责,不知家庭教育的意义和重要性,没有意识到家庭教育具有潜移默化的影响。父母在日常的生活中不注意言行,行动鲁莽、语言粗俗,在子女面前缺少家长的风范,这对长期生活在他们身边的子女影响甚大。受父母影响,子女慢慢也滋长了一些不良的思想并体现于言行举止上。在家庭中,家长没有起到榜样作用,没有在子女面前树立良好的形象。

(三) 民主型

民主尊重的教育方式指一般对子女的活动加以保护,又能给予必要的社会和文化的训练;在尊重和理解子女合理要求的同时,又能给予某种程度的必要限制。实际上这种方式下双方能够相互影响,彼此理解、信任、沟通,双方的主体性都能充分得到发挥。这种教育方式一般认为对子女身心发展最为有利。农民工家庭不仅仅是一个经济共同体,更是一个精神共同体,随着社会的发展,农民工家庭越来越趋向于核心化,这就有效地促进了夫妻关系的平等化、亲密化,这对家庭教育产生了重要影响。夫妻关系、亲子关系的平等化、亲密化,使得由父亲做主的传统的独裁主义的家庭教育模式被打破,民主、平等、和谐的家庭教育模式逐渐形成。因此,农民工家庭中民主尊重型教育方式也开始慢慢增多。笔者调查"关于孩子的事情,您询问征求孩子意见吗?"问题中,有4.16%的农民工家庭从来不问;有10.25%的家庭很少问;有31.28%的家庭有时问;有32.81%的家庭经常问;有18.93%的家庭每次都问。有事经常询问征求孩子意见的家庭占到50.26%。

笔者在访谈中了解这样一个家庭,夫妻带儿子、女儿在城市生活,母亲做家政,父亲在高校做临时工,接触的人多为高校教师,思想上受高校教师影响,很开放,人也健谈乐观。他平时对子女的学习十分关心,总是抽空去学校找老师了解子女的情况。子女在校有什么难题都跟他讲,子女做错事情,他每次都耐心地批评教育,对他们讲道理,奖惩有度。他知道家庭教育应该顺应孩子的天性去进行,他和子女的关系就像朋友一样,他从不将自己的意志强加给子女,不会随便替自己的子女做决策。子女对自己的事情有发言权和选择权,他会给他们参考意见,并加以指导,给子女一定的自由平等的空间,使其个性得到发展。家庭氛围平等、民主、和谐,对子女的教育也十分民主、尊重,子女学习十分优秀。像这样的家庭教育方式在农民工中也逐渐增多。从访谈和调查中可以看出,有的农民工和子女之间不再是纯粹的控制关系,家长在家庭也不再是权威,子女不必绝对服从,他们之间彼此理解关爱,相互影响,沟通交流,形成了平等民主的相容互动模式。

（四）溺爱型

溺爱型教育方式指父母一般多对子女过分宠爱，物质性要求十分满足，百依百顺，而缺乏对子女言行举止的规范化，家长对子女的控制性非常低。这种类型教育方式主要在以下家庭较多：

1. 经济条件优越的家庭

这种家庭大多是家长饱受创业的艰辛，可以说自己吃尽千辛万苦，才有今天的家庭优越经济条件，觉得不能亏待孩子，不能让他们和自己一样受苦，家长都有强烈的补偿心理，竭力想把自己没有能够实现的人生理想让孩子来实现，自己孩子时代没有得到的物质享受要在孩子身上得到补偿。他们总是认为，自己吃尽了苦，不能再让孩子受苦。因此他们对孩子有求必应，尤其是在物质上，很少亏待孩子。加上家长整天忙于生计，很少有时间陪伴孩子，孩子缺乏严格管教。孩子认为父母赚钱很容易，对钱不珍惜，花钱大手大脚，不知不觉中养成了不良的习惯和娇纵的性格。访谈中了解到，有许多这样的家庭，因为家庭经济条件较好，父母给的零钱比较多，父母没有时间，疏于管理，孩子便经常去附近非正规网吧上网打游戏，最终造成上网成瘾，严重影响学习。

2. 父亲角色缺失的家庭

父亲长期在外打工，没有时间和精力教育子女，与子女不能沟通。父亲由于长期照顾不到家庭，对子女产生愧疚之心，想用物质去进行补偿。父亲会对子女在物质方面的即刻性需求有求必应，但缺乏给子女建立相应的行为规范，加以严格约束，容易让子女任意妄为。访谈中有这样家庭，父亲长期在外跑运输，每天早出晚归，早上出车，孩子们还未起床，晚上回家，孩子们已经睡觉，每周只有一天时间能和孩子们在一起。长期的工作使他压力很大，回家想享受一下天伦之乐，对宝贝儿子是言听计从，给他零花钱，物质方面处处满足。在父亲的宠惯下，儿子要求一旦得不到满足，就会大哭大闹，逐渐养成任性、霸道的不良行为习惯。

3. "重男轻女"思想严重的家庭

这种家庭在教育方式方面，表现出对男孩过分溺爱。在访谈中了解到，农民工家庭中，一般都要生男孩。调查显示，在校生中，农民工子女男孩人数远远超过女孩人数。在家庭教育方面,家长往往对男孩与女孩要求不同,出现双重标准。有的家庭对男孩过分溺爱,呵护有加。男孩子得到父母的关心爱护比女孩子多;女孩子受到家长的批评指责、承担的家务比男孩子要多。家长认为,男孩要培养,家里经济条件再困难也要让男孩读书;女孩子将来要嫁出去,是人家的人,因此,女孩子学习的好与差,父母无所谓。有的家庭经济困难的,女孩中途辍学,只供男孩读书。久而久之女孩子容易产生自卑、妒忌、抑郁、焦虑、自我封闭等不健康的心理;男孩子容易变得霸道、懒惰、任性。家长的"重男轻女"思想已严重影响了孩子的心理发展和性格形成。

4. 子女曾长期与父母分离的家庭

父母由于在城市打工多年,忙于生计,子女留在老家农村,一直不在身边,无暇照管子女。当把子女接到城市时,父母心里总有一种愧疚感,父母会给子女过多的物质享受,在吃、穿、玩上尽量满足子女的要求,甚至慷慨地给子女许多零用钱,补偿多年来对子女关爱的缺失。父母的这种"补偿心理",多是在物质上满足子女的要求,很少在精神方面如心理疏导、学习关心、亲子沟通等方面抚慰子女,弥补子女心灵的创伤。长期一味的物质满足这种做法,结果使得子女变得任性、放纵、娇惯,染上了许多不良习惯,甚至在性格和行为上出现偏差。

从以上分析可以看出,由于溺爱型家庭教育方式容易导致子女是非不分,行为习惯自控能力差,对自身言行缺乏正确的判定和矫正,失之过宽,结果使一些不正确的言行形成习惯,为患终生。对子女过分的溺爱不是真正的爱,更不是培养教育子女成才的正确办法,而恰恰是一种文化落后、愚昧的表现,是对子女、对社会不负责任的一种做法。甚至有的子女,由于父母过分溺爱而走上歧路,家长后悔莫及。

二、家庭教育行为

随着父辈流动的随迁子女,其家长文化程度以初中最多,高中文化者占少数,具有大专以上高学历者只占极小比例。加之农民工多数处于非正规就业状态,职业变动频繁,地位低下,工作时间长,经常加班加点。农民工文化水平和从事职业的低层次性无疑会影响其家庭教育行为,相当多的农民工家庭教育行为存在盲目性和随意性,教育行为简单粗暴、背离规范等。据对农民工家庭教育调查,如表5-13显示:当问及"在家庭教育中,您认为教育子女最大的问题是什么?"时,38.5%的家长认为工作太忙,没有时间管教;23.6%的家长则认为文化水平有限,不知道怎么管教;18.6%家长认为辅导不了子女的学习;19.3%的家长认为家里条件不好。

表5-13 "农民工教育子女最大的问题是什么?"调查表

问题	工作忙,没时间	不懂怎么教	辅导不了	家庭条件不好
人次	770	472	372	386
百分比	38.5	23.6	18.6	19.3

从中可看出,农民工在家庭教育子女的具体过程中,除了家庭经济困难和工作繁忙无时间外,受自身文化水平的限制,不懂得怎么管教子女成为比较突出的问题,在教育子女的具体行为方面有以下问题:

(一)教育行为简单粗暴

由于农民工本身的生活压力大,生存环境更为艰难,自己又无法改变这一现状,就会把全部的希望寄托在下一代身上,希望子女能够有出息,取得高学历,将来有稳定的工作,对子女寄予了很高的期望值,望子成龙的想法十分强烈。当子女的学习成绩没有达到父母预期时,他们就容易走上两个极端,要么责怪、惩罚、打骂子女;要么对子女失去信心,心灰意冷,弃之不管。访谈中经常听到家长说:"我们起早贪黑、拼死拼活在外面打工挣钱,当看到孩子学习不好,考得很差时,我们很伤心,气得要命,控制不住自己只能打他。"有时家长在外打工辛苦,把对生活的巨大压力和种种怨气等一些负面情绪带回家,看到子女不好的表现,就会将这些负面情绪发泄到子女身上,子女成了"出气筒"。有的家长直接信奉"不打不成才","棍棒底下出孝子",因此常用这种简单粗暴的打骂方法教育子女,使子女的身心健康受到严重伤害,对子女的人生观、价值观的形成以及身心的健康发展都会产生不良的影响。

有的家长忙于工作与子女沟通较少,当子女发生事情时,也不能静下心来,耐心听子女讲解事情的缘由,不信任子女,不分青红皂白,凭主观判断来处理事情,简单地把子女打骂或羞辱一顿,给子女的心灵留下难以磨灭的创伤。访谈中了解到,有的随迁子女学习成绩有进步,考得很好或者得到奖励,高高兴兴地回家告诉父母,有的父母连看都不看就把孩子贬低一顿,"你的成绩能有这么好,是不是抄别人的?","你的考试的分数是假的,你的学习能有那么好?"家长这样不相信子女,凭自己简单主观判断,把子女贬低一顿,很伤子女的心。子女觉得父母不相信自己,自己的努力得不到承认。这种简单粗暴的教育方法会打击子女的自信心,贬损子女的自尊心,给子女的身心健康造成严重的伤害,家庭教育也是低效的甚至是无效的。因此,家长应该改变家庭教育行为,学会循循善诱、积极鼓励、正面引导等教育方法来教育子女,提高家庭教育的实效性。

(二) 教育行为背离示范

农民工的文化层次低,大部分是初中毕业,更有一部分家长小学未毕业,个别家长还是文盲。这是导致农民工对子女家庭教育不力,教育行为背离示范性的主要原因。此外,农民工举家来到陌生的城市打拼,目的就是为了让子女接受更好的教育,为子女的将来着想。当子女学习成绩不好时,他们便常常唠叨自己工作的艰辛、生活的不如意,对子女学习成绩的不满。殊不知这样唠叨,使子女与父母的心理距离拉大,子女觉得父母没水平,降低父母教育的权威性,不利于家庭教育开展。

对子女来说,父母是第一任启蒙老师,家庭是最初生活经验的场所,父母的道德品质、人生观、价值观、思想行为、人格特质、兴趣爱好、生活习惯,都会对成长中的子女产生重要深刻的影响。作为父母来说,应清醒地认识到自身角色的示范性,在言传的同时,更要重视身教,以身作则,以自己的实际行动为子女树立榜样。遗憾的是,有些随迁子女的父母,在家庭日常生活中,不注意自身的言行,教育子女要言行文明,自己却行动鲁莽、语言粗俗;教育子女不能赌博,自己却天天打牌、打麻将,参与赌博,使自己的教育行为背离示范。这样言传与身教的背离,会使子女陷入矛盾状态,丧失对父母的信任,降低父母的教育权威,进而对整个现实社会产生种种怀疑和猜测。

家庭教育是个别教育,采取什么样的家庭教育行为应根据具体家庭情景而定,不过大量的经验表明,言传身教,环境熏陶是家庭教育成功的基本方法。家长既要通过言论明确告诫孩子一些基本的道理,又要运用自身的榜样力量为孩子发挥示范作用,更要用良好的家庭生活环境影响孩子,这样家庭教育才能取得良好的教育效果,而我们许多随迁子女家庭教育缺少言传身教,家长教育行为背离示范。

三、家庭对子女的学习支持

调查表明,无论是随迁子女还是城市居民子女,他们都普遍认为自己的父母通常最关心自己的学习成绩。调查数据分析显示,随迁子女家长关心的问题有:学习成绩占41.3%、身体状况占30.8%、生活情况占16.9%、心里的烦恼占10.3%、其他占0.9%;同样,城市学生家长关心的问题有:学习成绩占41.5%、身体状况占31.3%、生活情况占15.3%、心里的烦恼占12.6%、其他占0.6%。因此,无论是随迁子女家长还是城市居民子女家长,他们都十分关心子女的学习,子女在学习时,父母一般都不会打扰子女,不会叫子女去做与学习无关的事情。数据表明,在子女学习时,74.6%的随迁子女家长很少或从不打扰孩子的学习;75.8%的城市学生家长很少或从不打扰孩子的学习。这一点上,两类家长不存在显著差异($P=0.234>0.05$),他们都十分关心和支持子女的学习。

(一)随迁子女家长辅导子女学习情况

1. 父母对子女学习辅导情况

在农民工看来,学习好是子女将来唯一的出路,他们多数都十分关心子女的学习。据调查,多数农民工因为自己的文化程度低无法辅导子女的功课而苦恼不已,条件稍好的家庭多半想为子女请家教,有的家庭的子女已经参加一些课外辅导班或优秀生培养班。家庭在对子女的学习辅导上,农民工由于受自身文化水平限制以及认识上的不足,他们对子女学习辅导主要集中在检查作业和学习辅导上。

如表5-14所示,在农民工家庭中,母亲经常辅导子女学习的占

23.2%,有时间就辅导的占28.5%。父亲分别占17.1%和27.9%。母亲经常辅导、有时辅导子女学习所占的比例比父亲要高。可能因为中国的传统男主外,女主内,母亲在家中的时间比父亲多一些,承担的家务相对多,母亲在家辅导子女的学习时间就相对比父亲要多。但是由于母亲文化程度相对比较低,有的母亲不能辅导子女学习,只是陪着子女做作业,督促子女多看书、多做题,至于做得对与否,方法是否正确,母亲就不得而知,所以辅导的效果并不太明显。父亲文化程度普遍比母亲高一些,但是,由于工作繁忙,并没有太多的时间来辅导子女学习,尽管如此,仍然有17.1%和27.9%的父亲不得不在繁重的工作之余经常和有时辅导子女的学习,承担起辅导子女学习的任务。

表5-14 父母辅导子女学习情况调查表

单位:%

辅导情况	从不辅导	很少辅导	有时间就辅导	经常辅导
父亲	18.8	36.2	27.9	17.1
母亲	18.4	29.9	28.5	23.2

2. 农民工对随迁子女学习辅导存在的困难

农民工知道学习对子女的重要性,他们关心支持子女的学习,但是,由于受诸多因素的限制,对子女的辅导还存在:辅导时间少、辅导难度大、辅导能力差的问题。

(1) 辅导时间少。

随迁子女家长与城市学生家长辅导子女学习情况学生问卷调查表明,17.9%的随迁子女表示父母会经常辅导自己学习;27.3%有时辅导;19.6%从不辅导;35.2%很少辅导。25.8%的城市学生表示父母经常辅导自己学习;32.9%有时辅导;16.3%从不辅导;25.0%很少辅导。

随迁子女家长与城市学生家长辅导子女学习情况家长问卷调查表明,随迁子女家长经常辅导子女功课的占16.8%;有时辅导的占40.6%;而很少辅导的占29.4%;不辅导的占13.2%。城市学生家长经常辅导子女功课的占20.1%;有时辅导的占40.8%;很少辅导的占 29.1%;从不辅导的占 10.0%,总体上农民工对子女学习辅导时间比城市居民对子女学习辅导时间要少。如表 5-15 所示。

表 5-15　家长辅导功课的频率比较

单位:%

项　目	经常辅导	有时辅导	很少辅导	从不辅导
随迁子女	17.9	27.3	19.6	35.2
随迁子女家长	16.8	40.6	29.4	13.2
城市学生	25.8	32.9	16.3	25.0
城市学生家长	20.1	40.8	29.1	10.0

(2) 辅导存在困难。

由于农民工文化水平较低,普遍存在对子女学习辅导困难。据问卷调查显示,随迁子女家长中认为辅导功课很难的占 21.4%;认为比较难的占 44.4%;认为不太难的占 26.1%;认为不难的占 8.1%。城市学生家长认为辅导功课很难的占 19.1%;认为比较难的占 41.9%;认为不太难占 30.6%;认为不难的占 8.4%。结合独立样本 T 检验分析,如表 5-16 所示,随迁子女家长与城市学生家长有极其显著的差异($P<0.001$),如图 5-4 所示,选择"很难或比较难"的随迁子女家长较多,反之,选择"不太难或不难"城市学生家长的比较多。

表 5-16　家长辅导功课难度的独立样本 T 检验

项　目	T 检验结果		
	F 值	t 值	P 值(Sig. 双侧)
辅导功课的难度	6.674	3.616	.000

注:$P<0.001$,表示两类家长在辅导功课的难度评价上呈现极其显著的差异。

从对子女学习辅导困难的原因分析看,随迁子女家长和城市学生家长认为主要原因是,文化水平低和不知如何辅导。问卷调查数据分析显示,随迁子女家长有 39.6% 的认为辅导难的原因是自己文化水平低;36.3%是工作忙;18.7%不知道该怎么辅导;2.3%是子女多辅导不过来;3.1%是子女不愿意。城市学生家长有35.4%认为辅导难的原因是文化水平低;27.3%认为工作忙;29.8%不知道该怎么辅导;1.9%是子女多辅导不过来;5.6%是子女不愿意。如表5-17所示。同样,学生问卷调查表明,36.2%的随迁子女认为父母没能力辅导;29.8%认为父母工作太忙。28.6%的城市居民子女认为父母没能力辅导;29.9%认为父母工作太忙。

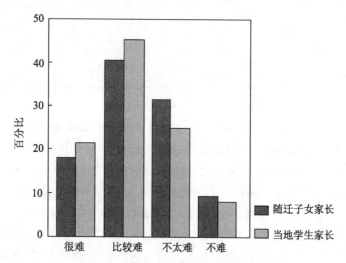

图5-4 家长辅导功课难度评价比较

表5-17 家长辅导困难的原因比较

单位:%

辅导难的原因	随迁子女家长	当地学生家长
文化水平低	39.6	35.4
工作忙	36.3	27.3
不知道怎么辅导	18.7	29.8
孩子多辅导不过来	2.3	1.9
孩子不愿意	3.1	5.6

父母没能力辅导,说明受教育程度的高低与辅导难度的大小存

在着一定的相关关系。通过两者的相关分析发现,受教育程度与辅导难度的相关系数为 0.291, P = 0.000, 有非常显著的相关性。如表 5-18 所示。

表 5-18 受教育程度与辅导功课难度的相关分析

单位:%

项目	相关系数	辅导功课	受教育程度
辅导功课	皮尔逊相关	1	-.291
	P 值(双侧)	.	.000
受教育程度	皮尔逊相关	-.291	1
	P 值(双侧)	.000	.

注:受教育程度的高低与辅导功课难度的大小在 0.01 水平上显著相关。

从以上中国进城务工农民子女教育研究及数据建设课题组的调查分析可以看出,随迁子女家长对子女的学习辅导与城市居民对子女的学习辅导比较来看,不管是家长受教育程度,还是对子女学习辅导的频次,还是辅导的难度都存在一定的差距。

3. 不同类型学校随迁子女的家庭学习辅导情况比较

(1) 学习辅导:打工子弟学校的家长辅导子女功课的时间较少。

数据分析显示,21.1% 的公办学校随迁子女家长经常辅导子女功课,42.0% 有时辅导,26.7% 很少辅导,10.9% 从不辅导;15.3% 的民办学校随迁子女家长经常辅导子女功课,40.9% 有时辅导,29.9% 很少辅导,13.6% 从来不辅导;16.9% 的打工子弟学校家长经常辅导子女功课,42.8% 有时辅导,28.9% 很少辅导,9.5% 从来不辅导。结合图 5-5 分析,选择"经常辅导"的随迁子女家长中,公办学校的人数较多;选择"很少或从不辅导"的随迁子女家长中,民办学校的人数较多。中国进城务工农民子女教育研究及数据建设课题组根据独立样本 T 检验,三类学校随迁子女家长辅导功课的频率存在极其显著的差异(P = 0.001),如表 5-19 所示。

(2) 辅导困难:公办学校的随迁子女家长感觉辅导功课难度较大。

不同类型学校随迁子女家长对辅导难度存在差异,根据中国进城务工农民子女教育研究及数据建设课题组分析表明,不同类型学校随迁子女家长对辅导难度的评价有极其显著的差异($P=0.000<0.001$),如表5-19所示。63.9%的公办学校随迁子女家长认为辅导功课很难或比较难;35.9%认为不太难或不难。57.0%的民办学校随迁子女家长认为辅导功课很难或比较难;42.8%认为不太难或不难。48.9%的打工子弟学校家长认为辅导功课很难或比较难;49.8%认为不太难或不难。结合图5-6分析,选择"很难和比较难"的公办学校随迁子女家长最多,其次是民办学校家长;而选择"不太难和不难"的打工子弟学校家长最多。因此,在辅导功课的难度评价中,公办学校的随迁子女家长感觉辅导难度较大。

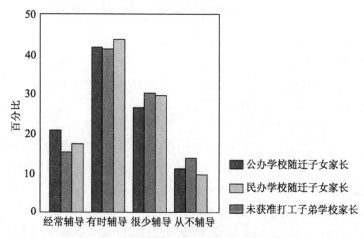

图 5-5　随迁子女家长辅导功课的频率比较

表 5-19　不同类型学校随迁子女家长辅导频率及难度独立样本 T 检验

项目	变异类型	离均差平方和	自由度	均方	F值	P值
辅导功课	组间变异	11.733	2	5.867	7.164	.001
	组内变异	2124.196	2594	.819	–	–
	总变异	2135.929	2596	–	–	–

续表

项　目	变异类型	离均差平方和	自由度	均方	F值	P值
辅导功课的难度	组间变异	16.681	2	8.341	10.935	.000
	组内变异	1973.933	2588	.763	—	—
	总变异	1990.614	2590	—	—	—

注：P<0.001，表示不同类型学校的随迁子女家长辅导频率及难度方面呈现极其显著的差异。

同时，数据分析表明，随迁子女家长辅导难的原因主要在于文化水平低、工作忙和不知道该怎么辅导。如表5-20所示。

表5-20　不同类型学校随迁子女家长辅导难的原因

单位：%

辅导难的原因	公办学校	民办学校	打工子弟学校
文化水平低	41.4	37.0	34.7
工作忙	30.7	37.9	41.0
不知道怎么辅导	22.3	18.0	17.4
子女多辅导不过来	1.7	3.0	2.1
子女不愿意	3.9	4.1	4.8

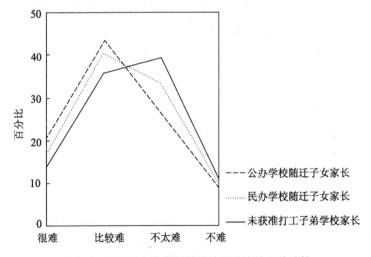

图5-6　随迁子女家长对辅导功课难度的评价比较

从以上中国进城务工农民子女教育研究及数据建设课题组调查分析来看,不同类型学校随迁子女的家庭学习辅导情况存在差异性,不同类型学校家长对子女的辅导频率、辅导难度有所不同,打工子弟学校的家长辅导子女学习的时间较少;公办学校的随迁子女家长感觉辅导功课难度较大。

(二)兴趣培养

访谈中了解到,农民工家庭对子女学习比较重视,但是对子女的兴趣培养似乎并不看重。首先兴趣培养牵涉费用,农民工家庭困难、负担重是不争的事实。他们认为子女虽然在城市学习,但是由于要回到老家参加升学考试,他们认为兴趣特长对孩子来说并不像城市的孩子那样能够得到回报。因此在理性思考权衡之后,他们并不太支持子女各种特长学习培养。调查显示,农民工家庭随迁子女参加特长班的只占9.9%。

随迁子女的课外兴趣爱好培养发展方面,父母带随迁子女去兴趣场所机会调查显示,42.5%的家长从未带子女去过书店;28.9%的家长从未带子女去过公园、游览过名胜古迹;46.2%的家长从未带子女去过博物馆、图书馆、科技馆。一方面是由于农民工家庭经济困难。农民工认为,如果家庭经济富裕,当然愿意带子女出去开开眼界,可是博物馆、科技馆、公园等光门票就好几十元,甚至上百元,还有来回的车票、吃喝等,花费很大,所以想带子女去也得考虑考虑。另一方面则是自身工作忙,大多没有双休日,即使想带子女出去逛逛,也没有充裕的时间。

调查显示,不同类型的学校,随迁子女的父母对子女的兴趣培养有所区别,从随迁子女去图书馆、书店或科技馆等兴趣场所的机会、父母给子女买课外书或学习用品等方面看。随迁子女去图书馆、书店或科技馆等兴趣场所的机会较少,父母也很少买课外书或学习用品。

通过调查频数分析看,在家长培养子女学习兴趣方面,随迁子女中13.3%的父母注意培养子女的学习兴趣,经常带子女参加兴趣班,或带子女去书店、图书馆、博物馆、科技馆等,有26.9%的家长有时会去,有32.8%的家长很少去,有27.1%的家长从未去过。城市学生中有18.7%的家长能注意培养子女的学习兴趣,经常带子女参加兴趣班,或带子女去书店、图书馆、博物馆、科技馆等,有33.1%的家长有时会去,有32.2%的家长很少去,有17.0%的家长从来没去过。在给子女买课外书或学习用品方面,随迁子女家长经常买的占23.9%,有时买的占48.9%,很少买的占22.8%,从来不买的占3.8%。城市学生家长中有34.0%经常买,有49.8%有时买,有15.3%很少买,还有1.6%从没买过。

同样中国进城务工农民子女教育研究及数据建设课题组通过均值计算及独立样本T检验结果,随迁子女家长和城市学生家长在培养子女学习兴趣所投入的时间、给子女购买学习用品、书籍方面存在差异,随迁子女家长与城市学生家长相比,随迁子女家长在培养子女学习兴趣所投入的时间较少,也很少给随迁子女买课外书、学习用品等,两者存在极其显著的差异($P=0.000<0.001$),如表5-21、表5-22所示。

表5-21　子女兴趣培养情况的均值比较

项目	城市学生	随迁子女	城市学生家长	随迁子女家长
① 去兴趣场所	2.47	2.73	—	—
② 学习用品购买	—	—	1.86	2.06

注:① 的均值越大表示去兴趣场所的时间越少;② 的均值越大表示买课外书的频率越低。

表5-22　子女兴趣培养情况的独立样本T检验

项目	T检验结果		
	F值	t值	P值(Sig.双侧)
去兴趣场所	.010	7.100	.000
学习用品购买	.024	6.755	.000

注:$P<0.001$,表示两类学生去兴趣场所、买课外书或学习用品方面呈现极其显著的差异。

从给子女买课外书籍和学习用品来看,公办学校随迁子女家长给子女买课外书或学习用品较多。数据分析显示,28.2%的公办学校随迁子女家长经常给子女买课外书或学习用品,53.1%有时买,17.9%很少买,2.3%从不买;23.1%民办学校随迁子女家长经常给子女买课外书或学习用品,46.9%有时买,25.8%很少买,3.9%从不买;22.1%的打工子弟学校家长经常给子女买课外书或学习用品,45.9%有时买,26.0%很少买,5.9%从不买。

从图5-7和表5-23中国进城务工农民子女教育研究及数据建设课题组的调查可以看出,不同类型学校随迁子女家长买课外书或学习用品的情况有所不同。从图5-7的分析中可以看出,选择"经常买"或"有时买"的随迁子女家长中,公办学校人数最多,反之,选择"很少买"的随迁子女家长中,民办学校的人数最多,选择"从不买"的随迁子女家长中,打工子弟学校的人数最多。可见,公办学校随迁子女家长给子女买课外书或学习用品较多,而打工子弟学校的家长给子女买课外书或学习用品较少。根据方差分析,公办学校与其他两类学校随迁子女家长在买课外书或学习用品的时间上存在显著差异,如表5-23所示。

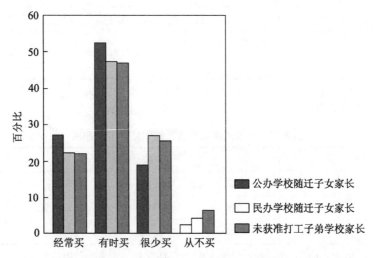

图5-7 不同类型学校随迁子女家长买课外书或学习用品的情况比较

表 5-23　不同类型学校随迁子女家长买课外书或学习用品频率的方差分析

项　目	(I)分组情况	(J)分组情况	两组间均值差值(I~J)	差值的标准误	P值(Sig.)
买课外书或学习用品	公办学校	民办学校 打工子弟学校	-.17* -.20*	.033 .047	.000 .000
	民办学校	公办学校 打工子弟学校	.17* -.03	.033 .047	.000 .535
	打工子弟学校	公办学校 民办学校	.20* .03	.047 .047	.000 .535

* 均值差值在 0.05 水平上呈现显著性。

第四节　农民工随迁子女家庭教育沟通

一、亲子沟通

在家庭中,除了夫妻关系外,就是亲子关系。亲子关系是家庭教育观念、教育行为、教育效果的直接反映。家庭的亲子关系好与否不仅影响着整个家庭的氛围,还直接影响着子女的健康成长和正常发展。研究表明,家庭结构稳定、亲子关系密切、家庭气氛愉快的家庭对子女的健全性格的形成、健康个性塑造、良好心理行为的发展都会产生积极作用。在家庭中,良好的亲子关系会使子女深深感受到来自父母的爱与被尊重感,这种爱与尊重感会影响到子女对自己、他人、周围环境的认知,持有积极乐观的认识和良好的期望。生活在紧张压抑、沉闷不良家庭氛围中的子女,容易诱发行为问题。父母与子女缺乏感情上的交流沟通,双方容易产生隔阂、情感破裂,甚至对抗,是子女不良行为的诱因,易导致子女对自己、他人和周围环境产生不良认识和消极体验,影响子女的健康成长。

农民工将子女带在身边,与自己一起生活,相比留守儿童来说,随迁子女能够得到更好的监护,亲子交流的机会增加了很多,双方关系得到好转,满足了子女对亲情的需要,有利于子女的心理健康。对随迁子女的家长调查,"您的子女带到城市前后的关系"调查显示,16.8%的家庭比以前好很多;65.1%的家庭比以前好;15.7%的家庭没有什么变化;只有2.4%的家庭比以前差。如表5-24所示。

表5-24 农民工将子女带到城市前后关系变化调查表

单位:%

关系情况	比以前好很多	比以前好	没有变化	不如以前
人次	336	1302	314	48
百分比	16.8	65.1	15.7	2.4

尽管,农民工与随迁子女的关系总体上比以前分居两地要好,但是,还有许多并不尽如人意的地方,具体表现为:

(一)与母亲沟通为主

"男主外,女主内"的传统观念一直沿袭至今,大多数的农民工家庭,父亲是一家之主,是家庭的顶梁柱,家庭的主要劳力,从事繁重的体力劳动,早出晚归,工作时间过长,在家的时间少,与子女沟通互动的时间更少。下班回到家中,已经是精疲力竭,再加上许多农民工没有和子女沟通的习惯,亲子沟通很不充分。

表5-25 随迁子女与父母沟通的情况调查表

单位:%

沟通情况	经常沟通	有时沟通	很少沟通
父亲	28.1	35.9	25.2
母亲	45.2	32.1	16.2

从表5-25可以看出,父亲与母亲跟子女的沟通还是有所不同的。相比较而言,母亲与子女的沟通频率高于父亲,母亲经常与子女沟通的占45.2%;父亲只占28.1%,比母亲低得多。究其原因,一是跟父母工作的差异性有关,就像上面分析的一样,父亲在外工作时间长,母亲在家时间长,与子女在一起的时间比父亲要多。二是跟女性的性格特点相关,女性天生心思细腻,感情丰富,善于表达交流。因此,母亲在与子女的沟通交流过程中更能发挥她们的性别优势,感情更加细腻,也更容易取得子女的信赖。

在农民工家庭中,母亲留在家里的比例比较高,而父亲日常生活中忙于供养家庭,文化程度虽然高于母亲,却因为缺乏与子女的互动,而导致父亲在亲子沟通严重不足,长期下去,影响子女良好的性格形成,不利于子女的性格发展。

(二)沟通质量不高

由于农民工社会经济地位低下,从事繁重的体力劳动,没有充足的时间与子女进行沟通交流,即使交流沟通,由于农民工在城市生活中交际圈子比较窄,往往仅限于亲友老乡,信息不多,视野狭窄,知识贫乏,乡土意识较强。因此,在和子女的沟通交流中很难做到平等交流,也很难给子女带来丰富的信息和心智的启迪。从访谈和表5-26调查显示:农民工在与亲子沟通交流中,父母与子女谈论最多的话题是子女的学习,而且大多数都是在吃饭时,饭桌上与子女唠叨几句要他们好好读书之类的话。在笔者访谈的农民工子女,当问到"父母经常与你沟通吗?"随迁子女回答十分相似,说得最多的是诸如此类的话:"在学校要听老师的话,好好学习!";"做作业了吗?学习要抓紧!";"上课要好好听讲,学习一定要努力!"。这些话既没有从根本上调动子女的学习积极性,也没有对子女的学习方法做出正确的指导,缺乏与子女深刻的身心交流。亲子之间的沟通缺少正式谈话的机会、缺少交流的时间、缺乏交流的语境。

表5-26 农民工亲子沟通内容调查表

单位:%

内容	自己工作	子女学习	子女健康	家庭经济	社会新闻	其他
比率	10.2	90.7	70.9	21.4	16.3	0.6

农民工由于文化程度普遍较低,他们也不懂得与子女沟通交流的方法与技巧,语言比较贫乏,很少与子女讲道理,往往采用"盘点式"交谈,也很少向子女表示温情。因此,很难与子女达成有效的沟通交流,往往强调服从、遵从权威,更倾向于严厉和专制,甚至会因为语言暴力,打击子女,不能形成沟通。而随迁子女来到城市后,比父母更容易接受新事物和新观念,知识面和视野也随之不断拓宽。相比之下,父母由于文化水平比较低难以跟上子女在学习、精神上的需求,他们往往也不愿就学校的活动或学习上的问题与父母交流沟通,

心里存畏惧,害怕讲得不好会引起父母的不满,甚至愤怒。时间的限制,知识的贫乏,沟通技巧的缺失,使农民工与亲子之间的代际沟通很不充分,很难实现真正意义上的亲子沟通。父母对子女价值观的形成、健康成长的影响、学习方法的指导、知识的传授、爱的给予等许多方面都远远不够,因而在农民工家庭中很难形成良好的现代亲子关系。

(三) 随迁子女与城市居民子女家庭亲子沟通情况比较

通过问卷调查,对随迁子女与城市居民子女家庭亲子沟通情况进行比较分析显示:

1. 两类子女与父母交流比较

两类子女与父母在一起的时间、与父母交流的频率上存在显著差异,随迁子女与父母交流的时间较少。从父母与子女交流的频率分析,22.5%的随迁子女经常和父母谈心,36.1%有时谈心,29.7%很少谈心,11.7%从来不和父母谈心;28.3%的城市居民子女经常和父母谈心,38.3%有时谈心,24.5%很少谈心,8.9%从来不和父母谈心。同样,中国进城务工农民子女教育研究及数据建设课题组通过独立样本T检验,随迁子女和城市居民子女在与父母交流的频率上存在显著差异($P = 0.000 < 0.001$),如表5-27所示。结合图5-8分析,在"经常"或"有时"与父母谈心的学生中,城市居民子女占多数,在"很少"或"从来不"与父母谈心的子女中,随迁子女占多数。

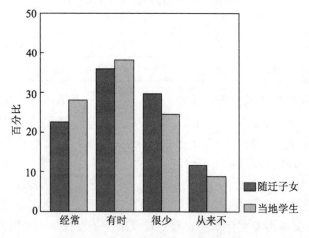

图 5-8　父母与孩子谈心的频率比较

表 5-27　两类子女与父母谈心频率的独立样本 T 检验

亲子沟通	T 检验结果		
	F 值	t 值	P 值(Sig.双侧)
每天和父母在一起的时间	.888	-.198	.843
与父母谈心	9.206	4.780	.000

注：P>0.05，表示两类子女与父母谈心的频率无显著差异；P<0.001，表示两类子女与父母谈心的频率呈现极其显著的差异。

2. 两类子女烦恼倾诉比较

调查显示，随迁子女与城市居民子女遇到烦恼事主要愿意向朋友、家人、同学倾诉；农民工随迁子女遇到烦恼事憋在心里或写日记来倾诉的占的比例较大，如表 5-28 所示。

表 5-28　两类子女选择烦恼倾诉对象的频率比较

单位：%

烦恼倾诉对象	随迁子女	城市居民子女
家长	20.8	22.7
同学	19.2	20.3
朋友	25.6	29.6
老师	7.8	7.4
亲戚	3.3	3.6
憋在心里或写日记	23.3	16.4

（四）不同类型学校随迁子女家长亲子沟通情况比较

对不同类型学校随迁子女家长亲子沟通情况进行问卷调查，通过分析比较发现，不同类型学校随迁子女家长亲子沟通情况有所不同，公办学校的随迁子女家长与子女沟通频次最高，打工子弟学校家长与子女的沟通频次最少。数据分析显示，49.5%的公办学校随迁子女家长经常与子女沟通，38.1%有时沟通，10.2%很少沟通，2.2%几乎不沟通；44.1%的民办学校随迁子女家长经常与子女沟通，35.4%有时沟通，16.8%很少沟通，3.7%几乎不沟通；45.8%的打工子弟学校家长经常与孩子沟通,36.6%有时沟通,12.9%很少沟通,4.7%几乎不沟通。结合图5-9分析,"经常或有时"与子女沟通的随迁子女家长中,公办学校的人数最多;"很少沟通"的随迁子女家长中,民办学校的人数最多;而在"几乎不沟通"的随迁子女家长中,打工子弟学校家长最多。由于父母与子女沟通较少,因此在遇到烦恼时,随迁子女主要通过向家人、朋友、同学倾诉或者憋在心里或写日记,如表5-29所示。

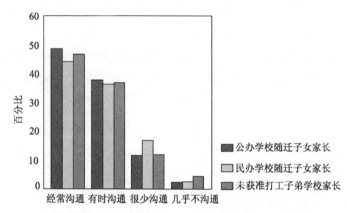

图 5-9　不同类型学校随迁子女家长与子女沟通情况比较

表 5-29　不同类型学校随迁子女选择烦恼倾诉对象的比较

单位:%

倾诉对象	公办学校	民办学校	打工子弟学校
家长	20.8	21.2	26.7
同学	19.5	19.8	17.1
朋友	25.4	26.9	20.2
老师	7.1	7.8	8.4
亲戚	3.3	3.4	4.4
憋在心里或写日记	23.9	20.9	23.2

二、家校沟通

学校与家庭是教育学生、培养人才至关重要的两个场所,互相交流、互相研讨学生的教育问题,是教师与家长的共同任务,同时也是全方位地提高学生素质不可或缺的条件。教师与家长进行有效沟通、形成教育合力是非常重要的。没有对学生家庭情况的了解,没有家长的配合,学校教育很难取得好的效果。

良好的家校沟通可以有效地促进孩子的学习。大多随迁子女的家长认为经常与老师保持联系是必要的。比如,当问到家长会是否有必要时,几乎所有的随迁子女的家长都给予了肯定和积极的评价。访谈了解到,他们一致认为开家长会很有必要,只有开家长会的时候才能和老师联系,这样能更好地第一时间了解子女的学习情况,以便更好地在老师与家长之间搭建沟通的平台。

(一)农民工家庭家校沟通存在的问题

1. 家长对家校沟通的认识不足

通过访谈和问卷调查了解,尽管随迁子女家长都十分肯定家校沟通对子女教育的重要性,可是对家校沟通本身的认识仍存在偏差和不足。首先表现在对家校沟通的认识深度不够。随迁子女家长将家校沟通认为是家长与教师的言语交流,忽视思想感情上的交流。笔者访谈中了解随迁子女家长与教师私下里有过多接触的很少,他们对家校沟通认识很肤浅。有的认为家校沟通就是家长和老师谈孩子的事情,不讲其他的,平时不会主动去学校。一些家长仅仅只知道孩子所在班班主任的姓氏、大致的年纪,与教师的深度交流甚少,沟通流于表面。有的教师也认为与家长私交过多影响不太好,出于避嫌的顾虑,也不与家长过多联系。其次表现在随迁子女家长的参与意识不足。随迁子女家长普遍抱有"在家我来管,在校你来管"的责任分离态度,缺乏参与学校教育教学活动的实际行动。农民工普遍认为自己学历水平不高,文化素质较低,不懂教育,没有足够的能力和精力与学校联系。有的认为孩子上学之后,学习和德育有学校管着,自己只管孩子的生活。学校的事,老师管着就行了,家长也管,那要老师做什么。[①]

---

① 刘柳迪.农村小学家校沟通问题研究[D].武汉:华中师范大学,2013:26-27.

2. 家长的主体地位严重缺失

随迁子女的家长与教师在家校沟通过程中,教师占有绝对权威,随迁子女的家长的主体地位严重缺失。一方面随迁子女家长的个人素质、沟通技巧、主动态度等因素,影响家长在家校沟通中的主体作用的发挥。城市学生家长与教师沟通交流时,许多家长侃侃而谈,直抒己见,积极开放地交流学生的教育问题;随迁子女家长表现犹豫退缩,不愿意与教师做过多交流,甚至有的家长都不与教师做任何接触。家长主体地位的缺失还表现在教师家访方面。有些教师在与随迁子女家长沟通过程中,缺乏沟通技巧,对家长一味地批评指责,态度粗暴,甚至推卸教育责任,将学生问题的产生归咎于家长失责、父母失察。教师与随迁子女家长没有平等对话,教师享有绝对权威地位,随迁子女家长没有话语权,家长的主体地位严重缺失。

3. 家校沟通只重视形式

家校沟通内容贫乏、单调,涉及范围比较窄。沟通的主要内容多是学生学习、思想道德状况,学生安全等。社会竞争日益激烈的今天,随迁子女家长迫切希望自己的子女通过教育彻底改变"脸朝黄土,背朝天"的命运,对子女的学习倾注更多心血,忽视其他能力的发展。家长与教师沟通的主要目的就是了解子女的学习成绩情况,如何有效快速地提高子女的学习成绩。教师问卷调查显示:教师与随迁子女家长沟通的主要内容,首先是子女的学习成绩;其次是子女的品德纪律表现,对子女的生活、心理、体育等其他方面情况关注极少。

随迁子女家长与教师沟通的联系方式基本上是常规性联系,沟通方式单一,使用频率最高的三种方式分别是家长会、家访和电话联系。家长会、家访是我国家校沟通的传统方式,具有省时省力、效率较高的特点。随着经济和人民生活水平的提高,电话联系——不受空间距离限制的沟通方式进入教师和家长们的视野,并渐渐成为家校沟通的重要手段之一。

4. 家长在家校沟通中消极被动

访谈了解,大多数随迁子女家长在家校沟通中处于消极被动状态。如果是学校召开家长会,绝大多数随迁子女的家长也能够参加家长会,但是,随迁子女的家长在家校沟通上的表现总体上可以用"消极"和"被动"来概括。对教师访谈了解到,随迁子女的家长很少主动与班主任、任课教师联系了解子女的情况,但如果是班主任和任课教师主动与随迁子女家长联系,他们还是很希望从班主任和任课教师那里了解子女的情况,希望听到如何教育子女的有关方法和建议。随迁子女的家长不愿主动与班主任和任课老师联系,有诸多的因素,与工作忙、文化水平低、观念陈旧都有内在的联系。有些随迁子女的家长认为,主动联系老师就是麻烦老师,没什么事就不麻烦老师了,孩子读书不好是自己的事,找老师也没有用,也没有必要麻烦老师。

(二)两类学生家长与学校的沟通现状比较

对两类学生家长与学校的沟通现状进行问卷调查,通过比较分析显示,两类学生家长与学校的沟通情况有所不同。

1. 从联系频率看

问卷调查数据分析显示,随迁子女家长与学校经常联系的占10.6%;有时联系的占42.3%;很少联系的占41.9%;从不联系的占5.2%。城市学生家长与学校经常联系的占11.4%;有时联系的占54.6%;很少联系的占31.1%;从不联系的占2.9%。结合图5-10分析,选择"经常或有时联系"的家长中,城市学生家长较多,而选择"很少或从不联系"的家长中,随迁子女家长较多。由此可见,随迁子女家长与学校的联系比城市学生家长要少。

2. 从主动程度看

问卷调查显示,随迁子女家长很主动地与学校联系的占7.8%;比较主动的占30.2%;不太主动的占51.9%;从不主动的占10.1%。城市学生家长很主动地与学校联系的占13.0%;比较主动的占43.8%的;不太主动的占35.9%;从不主动的占7.3%。如表5-30所示,随迁子女家长和城市学生家长与学校联系的主动程度存在一定差异,城市学生家长与学校联系的主动性比随迁子女家长要强。

表 5-30　家长与学校联系的主动性比较

单位：%

家长与学校联系情况	随迁子女家长	城市子女家长
很主动	7.8	13.0
比较主动	30.2	43.8
不太主动	51.9	35.9
从不主动	10.1	7.3

（三）不同类型学校的随迁子女家长与学校的沟通现状比较

通过对不同类型学校的随迁子女家长与学校的沟通现状进行问卷调查，分析比较显示：不同类型学校的随迁子女家长与学校的沟通情况有所不同。公办学校的随迁子女家长与学校的联系较为主动，打工子弟学校家长与学校联系较少。中国进城务工农民子女教育研究及数据建设课题组调查显示同样结果，以下是课题组的调查分析。

1. 从联系频率看

通过数据分析显示，11.2% 的公办学校随迁子女家长经常与学校联系，53.0% 有时联系，33.4% 很少联系，2.4% 从不联系；11.9% 的民办学校随迁子女家长经常与学校联系，37.9% 有时联系，44.7% 很少联系，5.5% 从不联系；6.1% 的打工子弟学校家长经常与学校联系，31.7% 有时联系，51.0% 很少联系，11.3% 从不联系。结合图 5-10 分析，在选择"经常或有时联系"的随迁子女家长中，公办学校和民办学校的家长占多数，在选择"很少或从不联系"的随迁子女家长中，打工子弟学校的家长占多数，打工子弟学校家长与学校联系较少。

2. 从主动程度看

通过单因素方差分析，不同类型学校的随迁子女家长与学校主动联系程度有极其显著的差异（$P = 0.000 < 0.001$），见表 5-31。数据分析显示，8.3% 的公办学校随迁子女家长很主动与学校联系，36.2% 比较主动，49.8% 不太主动，5.7% 从不主动；6.9% 的民办学校随迁子女家长很主动与学校联系，32.1% 比较主动，49.1% 不太主动，11.9% 从不主动；9.9% 的打工子弟学校家长很主动与学校联系，21.4% 比较主动，52.1% 不太主动，16.6% 从不主动。

结合图 5-10 和图 5-11 分析,公办学校的随迁子女家长与学校的联系较为主动,打工子弟学校家长与学校联系很不主动。

表 5-31　不同类型学校的随迁子女家长与学校联系情况方差分析

家校联系	变异类型	离均差平方和	自由度	均方	F 值	P 值
联系频率	组间变异	47.426	2	23.713	43.998	.000
	组内变异	1 402.797	2602	.539	—	—
	总变异	1 449.797	2604	—	—	—
联系的主动程度	组间变异	17.274	2	8.637	14.722	.000
	组内变异	1 511.287	2576	.587	—	—
	总变异	1 528.561	2578	—	—	—

注:$P<0.001$,表示不同类型学校随迁子女家长与学校的联系情况呈现极其显著的差异。

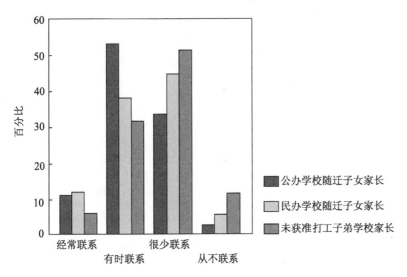

图 5-10　不同类型学校随迁子女家长与学校联系的频率比较

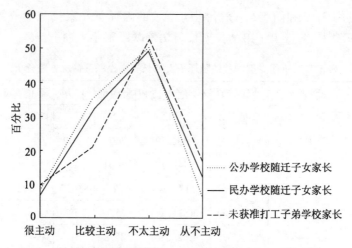

图 5-11 不同类型学校随迁子女家长与学校联系的主动性比较

第六章 农民工随迁子女家庭教育存在的问题及成因分析

第一节 农民工随迁子女家庭教育存在的问题

家庭教育是一个人所受全部教育的基础,对于个人的成长和发展具有举足轻重的作用,良好的家庭教育使人终身受益,而不良的家庭教育贻误终生。1984年,科尔曼和布彻·卡森在报告中提出过贫困的家庭、动荡不安的家庭、反社会的家庭、虐待性家庭和解体家庭的父母不能给孩子以适当的榜样。而农民工家庭应该属于动荡不安的家庭,家庭教育中肯定会有许多问题。虽然农民工家庭流入城市并受到城市家庭教育的影响,呈现出一种向城市家庭教育靠拢的趋势,他们认识到知识的重要性,比在农村更加重视对子女的教育,关心子女综合素质的提高,但是,农民工对随迁子女实施家庭教育过程中,由于存在某些障碍因素而出现失调现象,出现相当多的问题。

一、家庭教育总量不足

家庭教育总量的衡量指标包括家长的关心程度、教育方法的有效度、教育时间和教育经费是否充足等几方面。农民工随迁子女家庭,无论是从家长的关爱程度、教育方法的有效度、家庭教育时间保证,还是教育费用投入等方面看,农民工家庭的教育总量明显低于城市居民家庭。

首先是家长对子女的关爱度不够。农民工来到城市,迫于生存的压力,整天忙于生计,为挣钱忙碌奔波,没有时间和精力照顾子女,用于家庭教育的时间不足,与子女沟通互动减少,对子女的关爱度明显不够,忽视子女的成长,往往会导致子女妒忌、情绪不安等扭曲的心理状态和个性特征,也容易使子女形成回避行为,偏离正常的社会轨迹。其次,教育经费投入不足。农民工来到城市后由于文化层次不高,通常从事繁重的体力劳动、廉价劳动来获得较低的收入。通常家庭都有两个以上的子女,负担沉重,生活各项开支较大,在生活上必须精打细算。没有更多的经费用于子女的教育投入,没有能力为子女创设良好的家庭教育环境,虽然他们对子女的教育的重视度有所提高,但家庭的经济状况致使他们不得不将更多的精力和时间用于忙生计中。这在一定程度上使他们没有更多的精力关爱子女,和子女在一起沟通时间短,实施教育和亲子互动的机会少,家庭教育时间得不到保证,影响家庭教育的有效开展,导致家庭教育的总量不足。

二、家庭教育的环境和学习条件差

提高家庭收入是农民工流入城市的主要目的,因为生存是第一位的。与流动前的乡村收入相比,家庭可支配收入明显增长。但与城市居民相比,许多农民工的家庭收入依然偏低,很多家庭依然生活在贫困线下。低水平的物质生活,限制了对子女教育的投资,他们子女的成长环境也因此受到不同程度的影响。主要表现为:(1) 文化教育设施差,子女学习书籍、学习资料极少,缺少休闲、娱乐和学习工具。(2) 学习场所欠缺,农民工出于房租低廉或就业方便的考虑,多数住在城乡结合部或近郊的工棚、集体房或租赁房,其子女必要的学习场所欠缺。(3) 成长环境恶劣,农民工家庭较差的住房条件,决定了其所处社区环境的脏乱,人口复杂,学习气氛缺乏,不利于孩子的教育和成长。(4) 父母文化水平低,难以正确指导子女的学习和成长,子女处于放任自流的学习状态。父母劳动时间长、强度大,没有时间和精力指导子女学习。(5) 随迁子女还需要帮助父母分担一些家务活或者帮家长做一些生意,这也占去了随迁子女许多业余时间,学习时间不充分。[①]

三、家庭教育观念滞后

父母的教育观念是影响家庭教育的深层因素,调查显示,随迁子女的父母在家庭教育的观念上具有以下特征。大多数随迁子女的家长知道在家庭教育子女的过程中要讲科学,自己要不断地学习进步。

---

① 沈茹. 城市农民工子女家庭教育问题及对策[J]. 中国农业大学学报(社会科学版),2006(3):96-97.

但他们的家庭教育观念总体上是不明确和滞后,他们在家庭教育中存在许多困惑。家庭教育怎样有效开展?家庭教育与学校教育的关系如何?例如子女的学习与其他发展的关系;家庭教育方向和家庭教育花费;家庭教育与自身工作的关系以及教育心态等,他们都不知道应该如何去把握和选择。他们大多很明确教育孩子不仅是自己的责任,也是自己的义务,但他们教育观念落后,缺少现代家庭教育理念和家庭教育观。两千多年的封建教育思想在我国影响深远,传统家庭教育观念,比如命令主义、权威主义在随迁子女家长的大脑中根深蒂固,严重影响了家长的教育思想,很多家庭存在不良教育倾向。第一,片面的家庭教育观。"可怜天下父母心"。祖祖辈辈生活在农村的家庭更加期待他们的子女能够跳出"农门",融入当代社会的工业化进程中,彻底摆脱农民身份。他们虽有"望子成龙"的急切之心,但却缺少帮助子女"成龙"的正确方法。部分家长存在重智轻德的倾向,只顾在孩子的学习上下功夫,却忽视了对孩子的品德和性格培养,在家长眼中好孩子就是成绩优异的孩子,就是考试中获得高分的孩子。家长不顾孩子的自我选择,忽视了人与环境、活动的交互作用,这样的家庭教育,孩子的天赋、个性偏好、能力倾向被"蚕食"、埋没和严重地忽视,勇于探索和创新的意念被湮没。第二,重物质攀比的家庭教育观。有的随迁子女家长为了教育孩子,认为花多少钱都值得,认为别人孩子有的,我的孩子也要有,由于大多数农民工家庭经济并不富裕,但为了尽力满足孩子的一切教育要求,宁可自己节衣缩食,只要别人孩子拥有的东西,自己的孩子一定也要拥有。这种做法可能产生的负面影响是加重了本来就并不富有的农民工家庭的经济负担,有可能使孩子从小不懂得勤俭节约,不知道珍惜父母的辛勤劳动成果,还容易养成自私自利、唯我独尊的不良习惯。第三,对学校教育的依赖思想。有的随迁子女家长认为教育孩子是学校的事,将自己置身于孩子的教育责任之外,把孩子的教育完全交给了学校。孩子能不能成才就属于学校和老师的应尽的责任。将孩子送进学校后不闻不问,全权交给学校,也不和学校教师相互沟通交流。

四、家庭教育方法不当

农民工低层次的文化水平无疑会影响其家庭教育观念、能力和方法等。很多家长没有掌握科学的家庭教育规律,不懂得科学的家庭教育方法,家庭教育存在着盲目性和随意性,缺乏科学性,教育内容单薄片面,教育方法简单粗暴,教育行为背离示范。多数农民工家庭中的教育行为是以家长式的权威和命令主义为主,以家长为中心,过分强调其子女的服从,子女的个性受到严重的压抑,创造力受到极大挫伤,甚至形成了孤僻和冷漠的性格。大多随迁子女家长不理解、不尊重子女,在实施家庭教育时存在着明显的强制性,忽视子女作为一个独立个体的平等性,常常对子女实行高压政策,打骂体罚,或以简单的说教为主。教育方法简单化,孩子表现令家长满意则表扬、夸奖,一旦孩子犯了错误则非打即骂。常用"智力教育"代替"家庭教育",用催促子女学习代替对子女学习的辅导,用唠唠叨叨的说教代替对子女的引导,用简单粗暴的打骂代替耐心细致的教育。当被问及家庭教育方法是否科学,有的干脆说,我们都是按老规矩来,或者说看别人怎么做就怎么做,甚至还有的说学校老师该怎么样就怎么样,用学校教育代替家庭教育。在处理子女的问题时,家长通常极少站在子女的角度去考虑问题,也没有充分顾及子女的自尊心和内心感受,采取利用自己的家长权威,强制子女服从,绝对的权威造成了许多随迁子女产生严重的心理问题。这样的教育无法激发子女的认同感,很难收到好效果。他们的教育行为与其对子女的爱和期望却是南辕北辙,与时代和社会格格不入。虽然绝大多数随迁子女能够体谅父母的艰辛,自身的生活能力、自我管理能力较强,但他们自我封闭、孤独、自卑等心理问题没能得到家长足够的重视。

一个人童年所接受的家庭教育与他的成就动机高低有密切的联系。成就动机是指一个人对今后所能达到的成就的自我推动力,推动力越高,成就越大。父母对子女教育方式和要求、父母的价值观、成就动机与子女未来取得的成就存在密切相关性。农民工由于文化水平的限制,他们不可能科学地教育辅导子女,但他们却可以去鼓励、引导子女,让子女感受家庭的温暖。理解子女的心理,让子女懂得自身价值,给子女一定压力的同时,又不要伤害和压抑他们,这是随迁子女家长通过努力可以做到的。

五、家长与子女缺乏有效沟通

在传统的农村生活中,子女们能够与父母亲在共同劳作中自然体会到合家协作的亲情。但来到城市后,由于生活环境与父母职业的改变,亲子情感的培养也面临着困境。在调查中发现,农民工整日忙于挣钱养家糊口,劳动时间上普遍较长,工作强度大,在劳动时间安排上也没有什么规律,他们几乎把自己的全部精力和时间都投入到高强度的工作中去了,工作后回到家中已是疲惫不堪,很少能够顾及子女,更不用说同子女进行沟通,及时了解子女当前的心理变化,关心子女的学习与成长,也谈不上在精神和情感方面关照子女和教育子女,这在客观上限制了与子女的沟通交流,造成了父母对子女在感情上关心和爱护不够,对子女的教育又处于一种放任自流的状态。随迁子女来到城市,在语言、生活习惯、文化风俗、心理承受力等方面都有一个较长的适应过程,但是如果父母忙于生计,与子女的互动频率减少,缺少沟通,忽视子女的成长,则可能导致其子女心理上出现危机,产生不良情绪,创造力差、心理状态和个性特征扭曲,极易使子女产生问题行为。从主观方面来说,农民工来到城市后,为了挣钱保证基本生活条件而感到心力交瘁,没有时间与精力来好好教育和陪伴子女。另一方面,一些随迁子女认为与父母缺乏共同语言。随迁子女往往比他们的父母更容易接受新事物和新观念,在言谈、举止、穿戴、爱好等方面更快地城市化,知识面和视野不断拓宽,父母却跟不上子女在学习、精神上的需求,两代人之间的代差比、文化的冲突比以前表现得更明显。[①]这导致子女对父母的教育方式不满,良性的沟通很难进行。

六、家庭与学校缺乏沟通配合

家长与学校沟通是子女教育成长中非常重要的环节。但调查发现,随迁子女家长与学校的沟通过于消极被动,不太配合学校工作,学校找随迁子女的家长也比较困难。客观原因:一是农民工一般从事又苦又累的工作,有的为了多赚钱,还同时兼几份工作,工作时间

[①] 糜薇.农民工流动子女的家庭教育问题与社会工作的介入——对成都市郊农民工家庭调查的思考[J].法制与社会,2008(9):282-283.

长,劳动强度大,没有精力顾及子女的学习。二是农民工一般工作变动性比较大,流动性较强,往往居无定所,所以住所和联系方式经常在变,以致学校联系家长会很困难。三是农民工一般文化素质层次比较低,他们即使想协助学校共同教育子女也缺乏相应的能力,尤其在辅导子女的功课方面更是显得力不从心。主观原因:一是农民工一般处在社会最底层,他们在心里把自己看作是与城里人不一样的"二等公民",有一种自卑感,有时不愿意与教师多接触。二是农民工过分依赖学校教育,认为把子女送进了学校就等于送进了"保险箱",家长极少与学校积极沟通,忽视与学校教师的交流联系。他们认为培养和教育孩子属于学校和教师应尽之责,与己无关,把教育子女的责任全部推给了学校,家长与教师之间缺乏沟通,将子女交到学校之后不闻不问,很少花时间到学校了解子女的学习和表现,也较少关心子女的校外教育需要,更谈不上为了子女的教育主动找学校和老师交流意见。

学校也缺乏对农民工随迁子女更多关心和关注,学校对农民工的家庭教育支持不够。学校并没有根据随迁子女的特点积极主动和家长交流,采取双向的沟通方式,而是单方面地传达命令,不顾家长的感受和反馈。由于教师平时与家长很少交流,缺少心理沟通,把与家长联系作为处理偶发事件的手段,只要老师家访或叫家长去学校,就给随迁子女和家长一种印象,肯定是告状,造成家长在心理上与学校、教师产生隔阂障碍。

在相互制约、相互联系的教育系统中,家庭教育与学校教育缺乏配合和协调,家长、教师不能搭建起相互沟通、交流的桥梁,形成了家庭教育的孤立、封闭状态。这一孤立、封闭的状态决定了随迁子女家庭教育效率低、质量差,致使学校教育工作很难取得成效。

七、家庭教育信息来源有限

尽管家长都认为家庭教育非常重要,在教育子女方面有较高的积极性,但家庭教育知识的来源渠道非常有限。调查显示:随迁子女家长家庭教育最主要信息来源,通过广播电视获得占 11.4%;看报纸杂志获得占 10.6%;父母的经验传授占 40.1%;从小受家庭教育的经验的影响占 26.8%;亲朋好友等相互探讨占 6.5%;其他占 4.6%。

多数农民工家庭教育孩子的知识主要来源于父母的经验传授以及自己从小接受家庭教育的体验。值得高兴的是有一部分随迁子女的家长对了解、学习家庭教育知识有较高的积极性,统计结果表明,如果社区附近举办家庭教育方面的讲座、报告,随迁子女的家长中有38.2%表示一定会参加;有41.2%表示会视情况而定,有空就去,如果忙就不去;有16.9%的家长表示不愿意参加。相信如果能组织适当培训,使随迁子女的家长能够掌握科学系统的家庭教育知识、方法,会对随迁子女的家庭教育起到很大的促进作用。

八、社会对农民工子女家庭教育关注太少

当前,社会各界对农民工子女家庭教育关注较少,各级政府,包括教育主管部门、媒体对农民工子女家庭教育的支持不够。表现在以下几方面:政府方面,对农民工子女家庭教育的支持力度不高,提供给其家庭教育的资源比较缺乏,专项帮扶项目尚未建立,对农民工家长学校的建设基本是空白状态。在新闻出版、新闻媒体方面,很少关注农民工子女家庭教育问题。在众多的电视台丰富精彩的节目中,却很少有关注农民工家庭教育的节目;在繁多的出版社、出版行业中,出版的各种学习书籍浩如烟海,但几乎看不到有关农民工子女家庭教育的书籍,使得一些想要学习的农民工缺乏提高自身素质的渠道和方法。在社会教育方面,社区教育明显缺失。城乡分割的户籍政策,使农民工家庭来到城市后很难与城市社区融为一体,更难与社区的城市居民相互融合。农民工随迁子女在城市居民眼中是"乡下人"、"农村人",多数随迁子女觉得与城市人很难相处,难交朋友,他们常常感到孤独自卑。在城市艰难生存状态让随迁子女从小就深刻地感受到社会的排斥。在调查中,当问及是否参加过任何形式的社区活动时,所有的随迁子女都表示从未听说或参加过。

九、家长忽视子女的心理问题

调查显示,农民工随迁子女的幸福感、情绪控制能力、自尊水平、对社会支持的利用度方面明显低于城市居民子女。随迁子女在情绪、行为、人际交往等方面出现的问题往往也比城市居民子女多。一、缺乏归属感与认同感。调查显示,随迁子女在生活中存在与城市居民子女不一样的生活困惑,26.6%的随迁子女缺少城市朋友,

15.6%的随迁子女感觉不了解这座城市,15.8%的随迁子女对未来感到迷茫。他们不敢接近城市的同学,因为身份、教育、家庭以及潜藏在身份后的社会因素等,阻滞了他们与城市学生的交往与沟通。在这种情况下,家长和教师如果不注意对随迁子女进行心理疏导,他们就很容易走向自卑与封闭。同时,有许多的随迁子女存在复杂的"边缘人"的心态,既不认为自己是乡村人,也不认同自己是城市人。这反映了随迁子女既有与乡村传统文化"脱根"的期盼,又有难以扎根于城市文化的失落和困惑。二、缺乏情感宣泄的渠道。调查显示,无论是在家里还是在学校,随迁子女与教师和家长的沟通都很少。父母整天忙于打工赚钱,没有时间与子女沟通交流;而教师在课堂中很少给予他们更多的关注。因此随迁子女在城市中生活很难找到自己情感宣泄的渠道,只能选择沉默,时间久了,如果家长和教师不加以疏导,就会引发一定的心理问题。三、缺乏家庭环境的优越感。调查显示,48.6%的随迁子女不太满意自己的家庭生活。有的由于父母的工作不体面而感到自卑;有的由于自己的穿着、饮食、居住条件等不好而感到自卑;有的由于自己缺钱买不起书籍、学习用品、玩具等感到自卑。他们内心渴望过上城市儿童的生活,享受与他们同样的教育,但现实情况却难以达到。这种由于家庭环境、家庭出生而引起的心理自卑,将影响随迁子女的学习、人际交往等。有23.6%的随迁子女在与城市同学交朋友时,认为城市同学太娇气;11.2%的随迁子女认为城市同学不好;5.9%随迁子女不喜欢城市同学。访谈了解到,有部分随迁子女为了改变家庭的经济状况,利用课余时间主动帮助家长做生意,有些随迁子女则承担起了做家务、做饭的任务,面对父母生意做得不好,情绪低落,部分随迁子女也背负着沉重的心理负担。随迁子女诸多的心理问题,却没有引起随迁子女家长足够的重视,家长关心的是子女学习成绩的优劣,而对子女的心理问题则很少关心或不关心。子女分数低了,家长内心着急,而子女不健康心理问题出现却认为"树大自然直",不闻不问,家长忽视心理健康教育在子女全面发展中的作用,致使随迁子女的不良心理不能及时得到纠正,影响子女健康成长。

第二节 农民工随迁子女家庭教育问题成因分析

目前,农民工对随迁子女实施家庭教育过程中,由于存在某些障碍因素而出现失调现象,产生许多问题。这些问题的产生有诸多因素,即受体制机制、政策实施等因素,如户籍制度、义务教育制度、政策文本本身、政府经费投入、统筹管理等诸多因素的制约;又受到学校因素,如学校办学、师资水平、学校发展不均衡等因素限制;更受到家庭因素,如家长教育观念、家长文化水平、家长教育能力等影响。

一、制度因素成为家庭教育问题的深层原因

(一)户籍制度是随迁子女家庭教育问题产生的根源

1958年1月《中华人民共和国户口登记条例》建立了严格的户籍管理制度,自此"农业户口"与"非农业户口"便产生,形成了"市民"和"农民"两种身份,以此为基础,建立了两套完全不同的就业、住房、医疗、教育等方面的制度,城乡二元对立和二元分割的社会结构形成。农民被死死地束缚在农村土地上,不能随意移动,更不能自由前往城市。长期以来,由于户口的差异,两类人口在读书、就业等方面的条件表现出极大的不公平,户口成了他们在城市中公平发展的瓶颈。户籍制度对随迁子女的最大影响就是教育歧视,由于户口的限制使随迁子女的受教育的合法权利受到相对剥夺。随着社会主义市场经济的发展需求,农村剩余劳动力向城市转移,大量的适龄儿童随父母来到城市读书。但由于市场经济体制下劳动力的市场调节机制与义务教育资源的政府分配机制之间的矛盾,导致了随迁子女不能平等享受流入地的义务教育,随迁子女在城市的入学难问题日益突出。[①] 现在,经多年的努力,随迁子女的入学问题基本得以解决,但多年来二元户籍制度造成的农村和城市之间的"沟壑"难以消除,随迁子女在城市中能否公平享受教育资源等一些深层问题还有待进一步解决,这也是影响随迁子女家庭教育的直接原因。

---

① 赵芬.山西省农民工随迁子女义务教育公平问题研究[D].太原:山西财经大学,20111:19-32.

城乡社会二元对立和两极分化,以及为维护和巩固这种城乡分割体系而设立的户籍制度,造成随迁子女的家庭教育上出现各种失调现象。户籍制度对农民工最大的影响是户籍歧视,他们被视为二等公民,许多职业禁止农民工就业,他们只能从事城市人不愿意干,并且待遇极低的脏乱差的工作。现有的户籍制度从根本上决定了农民工家庭边缘化的生存状态。这种边缘化的生存状态给家庭教育带来了巨大的挑战。有些随迁子女因为自己农村户口而受到城市同学的歧视,心理受伤害,一时又无法理解其中深刻的社会体制原因,往往迁怒于父母,甚至看不起自己的父母,不理会父母,拒绝父母的教育,影响父母在家庭教育中的权威地位,加剧了随迁子女家庭教育的难度。

(二)义务教育办学体制导致随迁子女家庭教育的严重性

我国义务教育实施的是分级办学、分级管理的办学体制。基础教育经费,除国家拨款外,地方财力应有适当的比例投入,乡财政收入应主要用于教育。同时地方可通过征集教育附加费等办法,用于改善教学设施。这样,地方政府成为筹集基础教育经费的直接负责人,各地教育部门主要是对本地户籍人口中适龄儿童提供服务。教育规模的规划,校点的布设和经费的分配也是以户籍人口中的适龄儿童的数量为主要标准。①但随着农民工进城人数不断增加,随迁子女适龄人数也不断增长,对流入地教育需求量日益加大。而在目前的办学体制下,这一矛盾很难调和。因为过度的随迁子女进入公办学校,不仅占用了城市的教育资源,增加了教学任务,同时也影响教育质量和教学秩序,造成了随迁子女既脱离了户籍所在地教育系统,又因种种原因不被居住地的教育系统所吸收的状况。经多方努力,现在随迁子女在流入地基本上"有学上",但离"上得好",还有一段很长的路要走。这就反过来加剧了其家庭教育问题的严重性。在社会分工高度发达的今天,教育功能社会化已是不争的事实,由于随迁子女教育缺乏连贯性,无法接受良好的义务教育,其家庭教育显得更

---

① 李福华.农民工随迁子女义务教育政府执行问题研究[D].郑州:郑州大学,2013:22-30.

为基础和重要,这势必增加其家庭教育的需求,对随迁子女家庭教育提出更高的要求。

二、政策因素成为家庭教育问题的根本原因

(一)随迁子女教育相关政策存在问题

政策法规相互冲突。现有的有关随迁子女义务教育的部分政策规定之间存在着矛盾,有的强调"分级办学、分级管理";有的规定"两为主"政策。显然,这些政策规定在某种程度上存在相互不一致的地方,从而直接造成有些地方的认识不清、职责不明,导致随迁子女应有的教育权利得不到保障。

政策执行不力。政策制定中无论对流入地政府的责任,还是对随迁子女入学待遇、收费等规定都有很大差异,造成政策执行中的混乱,导致政策执行不力,不能有效解决随迁子女教育中最突出、最迫切的问题,以至引发政策执行无效或负效应。[①]有的地方政府并没有建立与中央政府相呼应的、行之有效的政策;有的地方政策的"再制定"缺少论证和评论的过程,缺少相关部门、政策执行人员的参加;有的地方政策与当地的农民工随迁子女的情况不符,或歪曲了国家政策的本意。所以,虽然在国家政策上规定是"一视同仁"的政策,但到地方仍然难以实施,最后还是"差别对待"。

政策缺乏整体性。随迁子女相关政策体系不完善,达成政策目标所必需的经费保障、人口管理等配套政策并未及时出台。相关政策不仅数量有限,而且都是非专门政策性文件,缺乏有效协调性。政策目标和内容互相重复,其系统性、层次性都没有达到政策整体性的要求。政策制定后没有相应的配套措施,缺少对政策执行情况的监督评价体系的构建。

政策缺乏前瞻性。"两地为主"政策以及各地方相关的规定中,大多是保证在流入地接受义务教育,对于学龄前教育以及初中后的教育基本没有涉及。随迁子女在接受完义务教育的情况下,由于受户籍限制,必须回到户籍所在地进行升学考试,不能在打工城市进行

---

① 李福华.农民工随迁子女义务教育政府执行问题研究[D].郑州:郑州大学,2013:30-37.

高层次的学习,使随迁子女义务教育后的入学机会、教育过程、教育结果都得不到公平保证。

(二)随迁子女教育经费投入不足、教育资源配置不均衡

城乡之间义务教育经费投入存在明显差距,导致义务教育资源配置不均衡。据有关部门统计,在义务教育阶段,国家在农村的投入仅占城市投入的六成左右,且差距还在不断扩大。农村义务教育的费用基本上都是由农民直接承担的。在国家财政收入大幅度增长的今天,义务教育经费的投入也仅占GDP的很小一部分。因此,政府要在义务教育以及提高全民素质方面,投入更多的人力物力和财力。特别是政府对接收随迁子女的打工子弟学校,没有任何经费和其他物质上的资助。由于缺乏政府的扶持与资助,打工子弟学校的办学条件相当差,甚至还不能完全满足基础教育最起码的要求,随迁子女不能像城市学生一样享受到高质量的教育。同时,对公办学校招收的随迁子女,大多数地区的政府也没有任何经费资助,在过去允许一部分公办学校收取借读费,而收取借读费本身就是对随迁子女的不公平。一方面,借读费大大加重了在公办学校就读的随迁子女家庭的负担;另一方面,也将许多家庭贫困希望接受优质教育的优秀随迁子女挡在了公办学校的大门之外,只能到教学质量很差的打工子弟学校读书。

(三)对民办学校和未获准打工子弟学校疏于管理和监督

目前,政府和教育行政部门缺乏对民办学校和未获准打工子弟学校的日常管理和监督。不少学校处于无人问津、无序管理的状态。流入地政府对此类学校日常教学管理、行政管理、安全管理等方面缺乏指导和监督。政府和教育行政部门虽然采取了一些措施,但是这些措施大多流于形式,实际上收效甚微。和公办学校相比,民办学校和未获准打工子弟学校存在着办学条件差、教师素质偏低、教学质量差等问题,如果管理和监督不力,再受自身条件限制,必然教学质量得不到保证,很难给随迁子女提供高质量的义务教育。

(四)流出地政府与流入地政府、相关部门之间缺乏统筹管理

首先,流出地政府与流入地政府之间缺乏合作管理。我国政府管理体制中存在着"条块分割"的问题,缺少对各个部门之间的协调。

中央与地方责任不清,流入地与流出地责任不清,财政部门与教育部门责任不清。由于政府责任不清,所以常常造成互相推诿,义务教育制度无法得到贯彻与落实。国家政策规定:流入地政府和流出地政府是共同承担流动人口子女教育的责任主体。然而,流入地政府认为随迁子女在本地接受教育侵占了城市教育资源,增加了流入地政府的财政负担,为了维护自身的利益,对随迁子女教育问题只是处于一种被动的、消极的处理状态。而流出地政府认为随迁子女进入流入地后,就不是自己的事情。因此,流入地政府与流出地政府为了各自的利益,缺少合作管理,在某种程度上加重了解决随迁子女教育问题的难度,使随迁子女教育处于"真空"地带。① 真正发生问题时,无人问津,谁也不管。

其次,相关部门之间联动性不足,缺乏统筹管理。随迁子女教育是一项复杂的社会化系统工程,仅仅依靠单个职能部门无法解决。我国相关随迁子女教育的法律法规没有明晰中央与地方政府之间、上级和下级政府之间以及各职能部门之间的权力责任关系,所以在政策执行过程中,很容易出现相互推诿现象。教育行政部门没有把随迁子女教育纳入当地普及九年义务教育工作范畴;公安部门不能提供随迁子女有关的情况;发展改革部门把随迁子女教育排斥在城市社会事业发展计划之外;机构编制部门在核定接收随迁子女的学校的教职工编制时,设置种种障碍;等等。因此,由于责任不明确,无法追究相关部门的责任,直接导致随迁子女教育问题成为"教育皮球",被踢来踢去,却始终得不到很好的解决。②

再次,社会各界参与管理缺位。随迁子女教育问题已经引起社会各界的广泛关注,目前社会各界在解决随迁子女教育问题过程中发挥重要的作用。但是社会各界给予随迁子女的教育援助仅仅局限于经济方面,而没有全方位地参与到随迁子女教育管理的各方面。因此,政府制定的随迁子女教育管理政策,不能充分反映随迁子女的根本利益,政策执行的过程中缺乏强有力的监管体系,缺乏社会各界

---

① 廖水根.农民工随迁子女义务教育管理机制研究[D].南昌:南昌大学,2007:24.
② 廖水根.农民工随迁子女义务教育管理机制研究[D].南昌:南昌大学,2007:24-25.

参与管理和监督,难以保证政策公正有效地执行。

(五)随迁子女义务教育的监督与保障机制缺失

虽然我国出台了许多解决随迁子女教育问题的政策文件及相关的法律法规,但各地执行力度不够,根本原因是缺乏有力的监督机制。当前政策从宏观上指明了解决随迁子女教育问题的方向,但具体的责权、义务却没有落实到具体的部门。流入地政府由谁监督、各职能部门由谁监督,都没有明确的规定,所以导致政府及其相关职能部门执行政策力度不够,效果不佳。尽管学校有教育主管部门等相关职能部门对学校实施监督,但以往的重心多集中于对城乡公办学校的监督检查。对于随迁子女在入学、升学、教学条件、教育资源等受教育环节上被歧视的现象,缺乏系统的监控和处理机制,缺乏进行直接有效的干预。对打工子弟学校而言,政府更是缺乏常规性监督检查,各种类型的打工子弟学校,大多缺乏规范科学化管理。同时,随迁子女义务教育保障机制缺失。国家和地方政府出台了许多关于保护随迁子女权益的政策文件,但是政策文件并非法律条款,不具有法律普遍的约束力和强制性。一些地方政府认为,由流入地政府负责随迁子女义务教育缺乏法律依据,即便相互推诿责任,也不需要承担法律责任,致使随迁子女作为城市社会性弱势群体,权益更容易受到侵害。[1]

正是以上这些政策问题,使得随迁子女在义务教育上都处于劣势。这种劣势地位造成了随迁子女义务教育的匮乏,而义务教育的匮乏则加大了家庭教育需求,客观上对随迁子女的家庭教育提出更高的要求,使其家庭教育面临巨大的压力和挑战。

三、学校因素成为家庭教育问题的重要原因

(一)学校入学"门槛"犹存,影响随迁子女接受教育的公平性

据国家统计局调查数据显示,城市居民家庭恩格尔系数为38.6%,农民工家庭恩格尔系数高达80%至100%,两者相比存在天壤之别,这就决定了农民工对随迁子女的教育投入大打折扣,而不像

---

[1] 李福华.农民工随迁子女义务教育政府执行问题研究[D].郑州:郑州大学,2013:30-37.

城市居民将教育消费作为家庭的重要开支。另外,城市居民家庭独生子女较多,而随迁子女家庭多是两个及以上子女,这无形之中使其家庭教育负担雪上加霜,即使随迁子女与城市居民子女的教育收费完全相同,也意味着他们要承担双份或多份的教育负担。虽然国家政策从2008年以来全面免除学杂费、借读费,各地区也积极响应,全力保证农民工随迁子女入学接受义务教育。但一些学校隐性费用仍然较高,一些多子女的农民工家庭还是会望而却步,其中部分家庭要么让子女选择打工子弟学校,要么就让子女辍学。有的学校还设置种种"门槛",需要考试看成绩和表现;需要各种证件,手续烦琐;有的安排在条件相对较差学校就读;有的还规定在接受完本地学生后如有空额的情况下才接受农民工子女等,影响随迁子女接受教育的公平性,这无疑成为农民工随迁子女融入城市的障碍。

(二)各类学校发展不均衡性,影响随迁子女教育的整体质量

义务教育是国民教育,所以政府有责任提供、保证适龄儿童入学的各种条件及机会。在目前国家没有承担起全部随迁子女义务教育责任的情况下,实际上主要是由公办学校、民办学校和打工子弟学校共同承担着国家的义务教育重任。但是,目前公办学校的硬件条件和师资等优势是民办学校和打工子弟学校所不具备的。公办学校在课程计划、教材使用、师资培训、图书、设备、仪器等方面具有优势,而民办学校和打工子弟学校在上述几方面相对较差,并且三类学校之间缺乏优质资源的交流与借鉴、互助与协作,学校各自独立发展,直接影响随迁子女义务教育的整体质量。

(三)学校缺乏个性化教育教学,影响随迁子女的学习效果

当前学校基本上是为了完成上级下达的指标任务,保证农民工随迁子女有学上,农民工随迁子女入学每学期有计划的安排,只要能够保证入学就算完成目标。学校并没有充分考虑到随迁子女的文化背景、语言行为、生活习惯、思维方式、风土人情等方面的差异性;以及有些随迁子女常年随父母工作的变化而不断流动,甚至是连续转学状态,他们特殊的心理需求。学校并未针对这些特点、状态、需求采取措施,缺乏随迁子女适应性教学,在课堂教学中,也未能充分理解和尊重农民工随迁子女的文化特质,未能探索出平等且符合随迁

子女需求的教育模式,缺乏多元共生、和谐共荣的课堂文化生态,不能为农民工随迁子女提供充分的自主探索选择、自我表现思考、主动创造实现的空间。[①]未能在保证基本教学的情况下,根据他们原有的生活经历、自身条件、爱好特长等,量身定做"特殊课程",进行多元化、分层教学,以保证随迁子女教育教学个性化需求,即从"大众化"教学到"个性化"的因材施教。这些原因造成随迁子女难以适应城市学校的教育教学,直接影响教育教学的效果,无形中给随迁子女的家庭教育带来一定的压力和难度。

(四)学校忽视"农村文化"融合,影响随迁子女城市文化适应性

农民工随迁子女一般学习基础较差,家庭经济贫困、社会地位低下,又缺乏相应的教育条件,他们进入城市学校后,会有一段时间不适。针对这一情况,国家政策导向强调适应城市文化,虽然有的学校针对随迁子女的实际,采取了一定措施,完善教育教学管理工作,但最终的目的是让农民工随迁子女适应城市的教育教学,并不是强调城市文化与农村文化融合,存在一种城市一元文化的培养导向,即片面地以城市学校教育的目标,来要求来自不同地方、学习基础参差不齐的农民工随迁子女。具体表现在三方面:一是以升学为主的教学目标导向。目前城市学校"应试教育"的弊病并未完全根除,考什么就教什么,与考试无关的学科、知识技能一般不太重视,所以与农村文化有关的学科与知识自然放在次要之列。二是强调城市主流文化的要求,忽视农民工随迁子女的文化背景及其特殊的心理需求。在许多人看来,城市主流文化是"先进的"、"优秀的";农村传统文化是"愚昧的"、"落后的",所以要弘扬城市文化,贬抑农村文化,致使学校对学生的行为规范绝大部分是根据城市生活要求提出的。三是课程评价以城市学生的标准进行,忽视随迁子女差异比较大的实际。农民工随迁子女在学校享受与城市学生"一视同仁"的待遇,在培养目标、学习课程、行为规范、学习评价等方面统一标准、统一要求,对更熟悉农村文化的随迁子女是不公平的。由于文化背景、生活学习

---

① 查啸虎,黄育文.从冲突到融合:进城农民工子女的课堂文化适应研究[J].教育科学研究,2011(1):27-39.

经历、家庭环境不同,随迁子女学习基础与城市学生有一定的差距,尤其在英语和计算机等学科上比较薄弱。如果用他们相对陌生的城市文化来要求他们,自然对他们不利,但对城市学生有利,这样不公平就产生了。既容易使农民工随迁子女产生挫败感和自卑心理,也容易使他们误以为只有城市文化才是值得学习和传承的,把农村文化视作"愚昧"、"落后"的代名词,从而产生鄙视和厌弃心理。这种"一刀切"的做法,不但会打击随迁子女的信心,也会挫伤任教随迁子女教师的积极性。四是课程设置、教材选择、校本教材开发等农村文化"缺位"。根据教育部规定,我国课程管理实行国家、地方、学校三级管理制度。国家教育部和省市教育行政部门负责国家课程、地方课程的审定,学校有权选择经审定的教材,也有权根据自身特点与需要开发一定量的校本课程。由于国家教育部和省市教育厅行政部门本身就是城市化导向政策的制定者,他们在审定课程时可能会有城市化倾向,导致农村文化在国家课程和地方课程里处于弱势地位。而城市公办学校一方面相对缺乏开发体现农村文化校本课程的经验和资源;另一方面如今校本课程大多成为国家课程或考试的补充与附庸,也难以给农村文化留出足够的地位。这些因素造成"农村文化"在一定程度上被边缘化,给随迁子女融入城市带来难度,也给农民工家庭教育设置了障碍。

四、家庭因素成为家庭教育问题的直接原因

(一)家长求生存与履行家庭教育职责之间的矛盾,削弱家庭教育功能

农民工举家进城后,其家庭经济功能放在首要位置,导致家庭教育功能的削弱。越来越多农民工携妻带子进城打工,其随迁子女的教育因受户籍制度、父母工作性质、家庭资本状况、城乡二元体制分割等因素的影响而出现诸多问题。虽然多数农民工非常关心子女学习,但是他们为了求生存,每天起早贪黑工作,根本无暇管教子女,没有时间和精力去辅导子女的功课,对于收入不佳或只能勉强维持生计的家庭来讲,生存是第一位,对子女的教育则放在其后,赚钱求生存才是他们进城的主要目的。虽然让子女接受城市优质教育也是农民工进城的主要目的之一,但是在现实生活的压力下,他们不得不将

子女的教育完全托付给学校,从而基本上不履行家庭教育的责任。因此,农民工追求生存和履行家庭教育职责之间产生冲突,这客观上影响了家庭教育的顺利进行,削弱家庭教育功能。

(二)家长文化水平低,教育能力有限,制约家庭教育的效果

调研显示,许多农民工在辅导子女功课时的主要困难是文化水平低,加上忙于生计,生活压力大等原因,导致疏忽对子女的教育。教育方法和监督都缺乏科学而有效的手段,产生事倍功半的效果。体罚、责骂等是他们常用的教育方法,由此,子女个性的发展和家庭教育方式的欠妥发生了冲突。有少数农民工认为读书无用,有些则采取随意的态度,子女能读的话就继续读下去,如果不愿意读的话,到时候跟自己一样也可以通过打工谋生,这样还可以减轻家庭负担。有的家庭在教育的方法、态度、观念的选择问题上,既受原来农村传统文化的影响,也受城市家长的影响以及周围其他流动家长的影响,势必陷入迷茫状态。有的家长索性放弃教育方法和手段的选择,或随波逐流,或听之任之,干脆放弃对子女的家庭教育。[①] 他们对子女的教育停留在养育上,而很少关注子女的内心感受,造成子女心灵负担沉重,影响子女的发展。由于教育能力有限、教育时间不足、教育意识淡漠,教育观念落后等原因,使很多随迁子女的家庭教育处于严重缺失的状态,出现焦虑感和无助感等问题。

(三)家庭流动性,致使家庭教育失调

随迁子女随父母一起流入城市,其正常社会化进程被迫中断,这是社会化的初次中断。流入城市后,由于农民工职业处于不稳定性状态,多数家庭呈现出流动性较大的特点,随迁子女也只能随着父母工作的流动而常辗转各个城市,不停转学校,往往刚刚熟悉城市生活、刚建立朋友同学的社会关系,又不得不随家庭的搬迁被迫中断,这是随迁子女社会化过程的再次中断。在这个中断变更期,随迁子女由于对新环境的不适应、人际关系的陌生感、乡土身份的不认同等,导致学习成绩下降,内心常常很苦恼郁闷,会出现许多心理问题,如焦虑心理、自卑心理、恐惧心理、防范心理等。但是,这时期随迁子

[①] 李伟梁.流动人口子女家庭教育问题研究[D].武汉:华中师范大学,2003:18-22.

女的家长整日忙于寻找新工作、安置住房、忙于生活等,他们每天起早贪黑,对子女教育心有余而力不足,没有时间与精力过问子女的学习,根本无暇顾及对子女进行心理疏导和安慰,家庭教育基本处于空白的状态。随迁子女的心理问题无法得到解决,时间长了会产生不良行为,影响随迁子女的健康发展。有时会造成父母和子女之间的隔阂加深,影响家庭教育正常进行。有的家长在这个时期,往往有种补偿心理,为了寻求亲子关系的一种平衡,给随迁子女比平时更多一些的零花钱,选择以物质满足来替代对子女的爱,来消除自己内心的愧疚感,但这并不是解决问题的关键。总之,农民工家庭的不稳定性,造成随迁子女社会化过程的经常中断,给家庭教育带来一定的障碍,从而出现家庭教育失调现象。

(四)家庭客观物质条件变化,影响家庭教育顺利进行

农民工以家庭形式进入城市后,家庭的客观物质条件发生重大变化。较低的经济收入、拥挤的租房条件、繁重的工作强度、较长的工作时间等,严重影响家庭教育的顺利进行。从农民工总体情况来看,其家庭的生活质量及教育环境相对较差。笔者调查显示,多数随迁子女家庭,流动性较大,有的家庭可以说居无定所;有的家庭尽管有相对稳定的住所,但住房面积狭小,拥挤不堪,明显不适应随迁子女学习环境的需要;有的家庭租赁临街门面房,白天是做生意的经营场所,晚上就成了睡觉休息的地方,甚至子女学习用的书桌都没有。绝大多数的农民工家庭除了电视机外,再也没有其他家用电器,更不用说电脑、学习机等可供子女学习用的电子产品了。较多的随迁女在家庭中根本没有属于自己的学习和活动空间,家庭缺乏文化氛围,随迁子女家庭相对较差的教育环境直接影响其家庭教育的开展。

对于进城后家庭收入可观的农民工家庭,客观物质条件比较优越,他们重视子女的教育,通过高额费用,送子女到较好的公立学校或私立学校就读,送子女参加各种兴趣班、培优班等,但由于家长整日忙于赚钱,根本无暇关心教育子女。在这种情况下,家庭教育重物质化倾向明显,家长往往选择用物质满足来替代对子女的关爱,家长对子女物质上绝对满足,子女要什么就给什么,家长希望通过对子女物质上的满足,补偿对子女的愧疚,增强子女自豪感,缩小与城市儿

童之间的差距,提高家庭社会地位,家长往往忽视子女精神方面的关怀。总之,农民工进城后家庭客观物质条件变化,影响家庭教育顺利进行。

(五) 城市生活给随迁子女带来各种变化,增加家庭教育难度

随迁子女随父母进入城市后,开阔了眼界、增长了见识、人际交往增多、社会关系发生变化、获得信息丰富,受城市文化生活的影响,对周围的人和事物的认识逐渐有了自己独到的见解。特别是受城市家庭亲子关系平等化深刻影响,父母在家庭中权威地位的认同感逐渐减弱,随之父母在家庭教育权威性也慢慢削弱,随迁子女对父母的教育缺乏认同感,越来越难以管理,这无疑增加了农民工家庭教育的难度。另一方面,农民工随迁子女生活环境艰苦,很小就帮助父母做家务,参加生产劳动,分担家庭的生活重任。他们与城市居民子女相比,更能吃苦耐劳、更懂得人情世故,情感也更为细腻脆弱。父母在城市从事低下的工作、较低的经济收入、家庭艰难的生存状态、受城里人鄙视排斥、家庭缺乏安全感等,长期生活在这种状态,随迁子女幼小的心灵就深刻地感受到社会的不公平,产生负面影响,心理受到严重伤害,使他们产生自卑、敏感、抑郁、多疑、反抗情绪等,甚至影响随迁子女正确的人生观和价值观的形成,这些都对家庭教育提出更高要求和挑战。

第七章 改善农民工随迁子女家庭教育的措施

第一节 政府介入:完善家庭教育运行机制

一、完善教育立法,将家庭教育纳入法制轨道

教育是一项系统工程,学校教育、社会教育、家庭教育三者密不可分,缺一不可。影响农民工随迁子女家庭教育的因素是多方面的,其中立法不完善是主要的原因。由于农民工整体素质较低,对家庭教育的重要性缺乏正确认识,大部分家长认为教育就是学校的事情,家庭主要任务是培养子女长身体,学校的任务是培养子女长知识,将家庭教育和学校教育割裂开来。因此要使农民工家庭教育与学校教育协同教育,必须将家庭教育纳入法制轨道。迄今为止,我国尚无专门解决随迁子女家庭教育问题的法律,随着经济社会发展形势的变化,随迁子女家庭教育问题日益突出,迫切需要有相关法律法规来保障随迁子女接受良好的家庭教育。政府应针对随迁子女家庭教育实际问题,制定一部延续性、适应性和可操作性的"家庭教育法",对家庭教育的内涵、原则、方式、范围、程序、法律责任做出科学界定,通过相关法律,使农民工随迁子女家庭教育得到有效保障,有法可依。

在家庭教育的立法中,要明确规定三层的权利和义务。第一,必须进一步明确对承担家庭教育的主体即未成年人的监护者的权利和义务。对非正常原因导致其被监护人在义务教育阶段失学、辍学,要追究相应的法律责任。同时,规定政府对那些无力承担家庭教育能力的监护人,有责任组织他们参加免费家庭教育培训。第二,必须明确规定受教育者的权利、义务。既要对未成年人的权利有严格的规定,使他们受教育的权利得到保障,也要对他们的义务做必要的规定,从小培养他们独立生活能力,培养他们艰苦奋斗的精神,与人友好相处的协作精神。可借鉴西方国家对培养孩子的成功经验。如德国专门制定了一项要求孩子做家务的法规:6-10岁的孩子要参加诸如修整草坪之类的劳动。第三,进一步明确规定对于承担法律责任的主体,各级政府、社会、学校、教育行政部门、妇联等组织的法律责任、权利和义务,以保证法律的约束力,切实保证家庭教育正常开展所需要的经费来源、教育设施、师资队伍、评估机构等,保障随迁子女接受良好家庭教育的权利。[1]

农民工文化素质差,工作不稳定,工作时间长,对随迁子女的教育责任就几乎全部落到了学校肩上。但是随迁子女在学校的时间只有不到全部时间的三分之一,而其他时间大部分都是在家庭中。通过家庭教育的立法形式,将农民工随迁子女的家庭教育纳入法制轨道,使全社会更加重视家庭教育,"家庭教育法"与《义务教育法》《未成年保护法》等一道规范我国的基础教育,保障农民工随迁子女接受良好的教育,促进我国教育的可持续发展。

在制定"家庭教育法"的同时,制定颁布家庭教育大纲,将农民工家庭教育纳入规范有序运行体系。教育大纲主要包括家庭教育的规范、家庭教育的义务、家庭教育的内容、家庭教育的方法,具体监督和落实大纲的部门以及对虐待孩子、放纵孩子作恶、失职的家长予以处罚和约束等内容。如果每个家庭都按照教育大纲来搞好家庭教育,调节好家庭生活、家庭关系,特别是心理关系,形成良好的家庭氛围,那么青少年的生理和心理将会得到均衡发展,将会切实有效地预防犯罪心理的形成。[2]这样可以保证随迁子女家庭教育的法制化和规范化,就可以不断消除随迁子女和城市学生的家庭教育差别,有力地保障了随迁子女接受良好的家庭教育。

在农民工家庭中要大力宣传《义务教育法》《未成年保护法》《城镇流动人口中适龄儿童少年就学暂行办法(试行)》和《预防未成年人犯罪法》等相关法律法规,这些法律法规是保护青少年健康成长的

---

[1] 颜楚华.当前农村贫困地区家庭教育问题初探[D].长沙:湖南师范大学,2004:23.
[2] 李伟梁.流动人口家庭教育研究[D].武汉:华中师范大学,2003:42.

基本法律。青少年从法律角度上看属于限制行为能力人和无行为能力人,但是他们与成年人一样享有完全的权利能力,其人身权、人格权、荣誉权、名誉权、财产权、受教育权、休息权、通信自由权和言论自由权等均受法律保护,任何人,包括未成人的父母和其他监护人未经法律许可,不得侵犯其合法权益。① 要增强农民工及其随迁子女的法律意识。农民工文化水平较低,法律意识淡薄,在具体实施家庭教育的工作中有意无意地会侵犯隐私权,自己还未意识到。有的家长强迫子女按照自己的意愿行事;有的家长任意殴打辱骂子女,甚至禁闭关押子女;有的偷看、私截子女的信件等,所有这些都严重地侵犯了子女的合法权益,应加大对农民工及其随迁子女的法律法规的宣传力度,加强相关法律知识的培训,增强他们的法律意识,以保证家庭教育法律法规的贯彻实施。

我国目前处于构建依法治国的关键时期,社会法治先行已经成为大家的共识。为农民工随迁子女家庭教育立法,既体现了政府对于农民工及随迁子女在城市的一种认同,也体现了整个社会对农民工及其随迁子女家庭教育的重要性的进一步认识。因此,在《义务教育法》《未成年人保护法》《城镇流动人口中适龄儿童少年就学暂行办法(试行)》及其他相关的国家规范性文件的基础上,出台"家庭教育法",明确家庭教育的具体法律条款,这些法律规范为农民工随迁子女家庭教育的实施,提供了法律依据,以保障农民工随迁子女接受良好的家庭教育。

作为长期目标,我们还应该抓紧宪法的修改工作,保障公民的迁徙自由。只有进行户籍制度改革和修改宪法赋予公民迁徙自由的权利,才能从根本上为保护农民工平等权利提供法律保障,才能真正保障农民工随迁子女的受教育权利和保护权利。②

二、保证学校教育质量,缓解家庭教育压力

(一)改革城乡户籍制度,保障随迁子女受教育权利

长期以来不合理的城乡分离的户籍制度是造成随迁子女教育中

---

① 刘立志.新时期我国青少年犯罪问题的思考[D].大连:辽宁师范大学,2004:23-42.
② 李伟梁.流动人口家庭教育研究[D].武汉:华中师范大学,2003:43.

诸多问题产生的根源。义务教育实行的是属地管理原则,即城市政府以在校户籍儿童人数或在编教师人数下拨教育经费。如果接收了随迁子女,就会导致政府资金投入不足,教育经费短缺,致使城市公办学校资源紧张,出现高额的借读费和赞助费现象,从而无法有力保障随迁子女入学机会的公平。因此,随迁子女义务教育问题必须通过改革户籍制度和现行教育制度,采取居住地管理取代户籍管理的教育体制。①在全国范围推进户籍制度改革,特别是大城市的户籍制度改革。建立以居住地登记户口为基本形式的新型户籍管理制度,逐步取消农业、非农业户口的性质,将户口类型统称为"居民户口"。逐步弱化乃至取消与二元户籍制度相关联的城乡分割的各项相关制度,从源头上保证进城的农民工平等地位,给予农民工随迁子女应有的国民待遇,以保障随迁子女受教育权利。

(二)完善政策配套体系,保证随迁子女教育政策有效执行

首先,完善公共教育政策体系。农民工随迁子女教育问题必须通过相关教育政策体系完善与政策有效执行的过程才能解决。目前有关农民工随迁子女教育的政策法规不完善。有些是在未考虑城市化过程中人口大量流动的情况下制定的,还存在着明显的滞后性和不适应性。有些政策在执行过程中仍然面临不少的阻碍,政策实施的实际效果和公共目标间还存在一定的差距。因此,要从根本上解决随迁子女的义务教育问题,必须根据时代发展、人口变化不断完善与随迁子女相关的国家公共教育政策体系。对已经出台的相关政策文本中模糊化的地方进行完善,对责任分担、协调管理等内容明确规定,要对这些条款进行修正或出台补充性政策作详细说明。形成实用性、可行性、具有操作性的政策方案,或出台补充性政策。同时要加强地方教育政策对国家教育政策的呼应,要完善地方教育政策体系及实施细则的制定,以保证随迁子女教育政策执行的延续性。其次,建立政策实施监督评价机制。要保证政策执行力的高效性与实效性,须不断完善政策配套体系,必须建立一系列配套的政策实施监督机制和政策实施效果评价机制,监督政策的有效执行,评价政策的

---

① 李伟梁.流动人口家庭教育研究[D].武汉:华中师范大学,2003:42.

执行效果,使得在政策执行过程中不偏离政策目标,不丧失政策本身的正确引导作用,保证政策的执行效果。第一,政策制定时实施全程监督。在政策制定过程的各个阶段都应建立必要的监督机制。如政策问题的征集制度,政策方案设定的听证会制度,政策执行效果的评价、修改、调整制度,对于前后出台的相关政策要统筹安排,密切配合,形成一整套完善的政策体系。在政策实施中所涉及的主体,主要指各地政府部门,要根据中央政策文件精神,针对各地实际情况制定相关具体可操作的措施,并以法律文本形式落实。同时,进一步完善政府管理体制,明确责任与义务,统筹安排协调各相关部门共同致力于解决进城农民工随迁子女教育问题。对于实施主体的职责是否到位,要实施主要领导"问责制",以强有力的手段保证督促政策的执行力。第二,建立政策执行过程督导评估制度,实行教育系统内外结合方式。教育政策的执行主体涉及多层级、多部门,既需要教育系统内部的督促激励,也需要教育系统外部的监督。因此,在教育系统内部,要建立自上而下分级督导评估制度,从教育部国家教育督导团、省级人民政府教育督导室到省级以下教育督导部门对政策落实、经费投入和乱收费等重点督导;建立各级各类随迁子女接收学校评估制度和激励机制,建立评估指标体系,开展综合评估,纠正不规范办学行为,改善办学条件,提高教育质量。在教育系统外部,建立社会监督机制,定期发布农民工随迁子女教育状况,接受社会监督。[①]总之,通过完善政策配套体系,才能保证随迁子女教育政策有效执行,才能保证随迁子女在城市能接受良好的教育。

(三)加强民办学校和打工子弟学校建设管理,保证教育质量

目前,民办学校和打工子弟学校存在教育教学质量不高、师资队伍不稳定、硬件设施不达标、结构不合理等诸多的问题。针对这些问题,政府需要采取有效措施来解决,以保证其教育质量。

在民办学校较多的省市,加快公办教育与民办教育均衡化发展的步伐,是解决随迁子女教育问题的内在需要。在公办资源容量不

[①] 李慧玲.农民工随迁子女教育问题的对策建议[J].青少年研究(山东省团校学报),2011(5):8-11.

足以满足大规模随迁子女教育需要的时期,将公民办教育实施一体化管理不仅有助于缓解公办教育资源的紧张形势,而且有利于保证随迁子女的教育质量。因此,将民办学校纳入省、市教育局各职能部门统一管理,建立教育局机关领导干部挂点民办学校制度;公办学校派驻管理干部到民办学校挂职制度,实现公民办学校之间优质教育教学资源的充分共享,引导和促进民办学校提高办学水平。落实民办学校与公办学校同等的法律地位以及民办学校教师与受教育者的法律地位。使民办学校教职工在资格认定、专业技术资格评审、岗位培训等方面依法享有与公办学校教职工同等的权利。加强民办学校的师资配备,对学校教师工资待遇标准做出相应规定,把民办学校教师管理,如评职评优等纳入教育行政部门统一管理,增加教师队伍的稳定性,有针对性和有实效性对教师进行在职教育培训,要积极探索各种行之有效的培训模式。

对于打工子弟学校较多的城市,它们的存在目前仍然是必要的。但是,对于未获准打工子弟学校而言,其存在的问题比民办学校更为严重,如教师整体素质低、流动性大、硬件设施缺乏等。因此,教育行政部门需要对这类学校统一标准规范管理,设立一个基本的办学标准。应对学校的师资力量严格审核,应建立教师的基本资格认定及教师业绩管理制度,严格审批加强督导。对办学条件好、生源丰富的学校,应予以扶持和指导,鼓励它们的发展,并合理引导将公办学校与民办学校或打工子弟学校实行捆绑式管理。公办学校可以利用闲置的教育资源,为民办学校提供帮助。当生源数减少时,可将其实验设备、运动场地、图书室等硬件设施支援给民办学校。在进一步规范未获准打工子弟学校的前提下,将其纳入民办学校管理,与民办学校教师实现一体化管理。只有这样才能为在民办学校和未获准打工子弟学校就读的随迁子女提供更好的学习条件,使他们能够接受良好的教育,缓解其家庭教育的压力。

三、保障农民工的劳动权益,改善家庭教育环境

政府建立合理合法的农民工劳动报酬制度,加强对农民工权益的保障力度。政府要制定和完善保障农民工合法的经济利益法律法规,要规范劳动力市场,对雇主的不良行为进行规避,创造条件使农

民工也能享受到法定的劳动时间和合理的劳动报酬,保证农民工有稳定的经济收入,以保障他们应有的劳动权益,提高他们的物质生活水平,才能使随迁子女的学习生活条件得以改善,生活质量得以提升。合理的工作时间、休息时间,可以改善农民工家庭教育环境,使得农民工有更多的时间陪伴子女,能够更多地参与居住地的各类社会活动,能够融入正常的社会生活中。这不仅仅满足农民工作为人的最基本的生存需要,也使得他们有更多的精力时间关心其子女的学习和生活,确保其子女成长有良好的家庭环境。同时要对农民工进行免费的技能培训,提升就业能力。很多农民工由于没有学历、没有技能,缺乏自主创业的资金,只能做一些简单的体力劳动,劳动环境恶劣,劳动时间长。进行培训后农民工有可能从事一些技能性的工作,提高家庭收入从而改善随迁子女家庭境遇。建立一套完善的社会福利机制,把农民工及其随迁子女纳入其中,使他们有一定的安全感,无论整个家庭陷入何种境地都能使他们的各种权利得到保障。作为农民工现居住地的政府和市民,更是要真正地接纳并帮助他们,使他们真正融入并热爱第二故乡。这既是对外来人口的尊重,也是创造良好的区域社会环境、劳动环境的前提条件,对农民工随迁子女来说,更是创造良好的家庭教育环境的必要条件。没有良好的家庭教育条件,农民工随迁子女的教育是不完整的,要实现人的全面发展,家庭教育必须引起重视。只有彻底改善农民工,尤其是普通外来民工的生存环境,提高农民工的生存质量,提高农民工的整体素质,农民工随迁子女才会有一个良好的家庭教育环境,才能获得强健的身体和健康心智的全面发展,才能真正成才。[①]

四、制定相关制度,有效促进家庭教育

建立相关部门的共同管理制度。对随迁子女家庭教育问题,除了制定相关政策法规外,还要制定一系列的制度,不断强调随迁子女的家庭教育的重要性,明确随迁子女家庭教育以所在家庭父母为主,学校社区予以配合,并对教育、妇联、共青团、公安、人事、民政和劳动

---

① 沈茹.农民工子女家庭教育问题及对策[J].中国农业大学学报(社会科学版),2006(3):96-100.

保障等部门职责予以明确规定。建立齐心协力、密切配合、有机衔接、双向互动、共同负责的管理制度。如随迁子女家庭教育信息定期通报制度、学校社区部门定期联席会议制度、社区监督制度等。

对随迁子女的家庭教育实行补偿制度。联合国教科文组织和主要发达国家都强调弱势补偿，即对教育弱势群体进行某种补偿教育，以消除现实教育上的不平等。美国为确保补偿教育计划实施而不断更新法案的做法足以给我们经验与启示。因此，设立随迁子女家庭教育专项资金，确立政府的主体地位。建立随迁子女这类弱势群体的家庭教育补偿制度，加强对随迁子女家庭教育的补偿力度。随迁子女家庭教育问题是由许多原因造成的，某种程度不合理的政策是造成问题的主要原因，政府通过政策调节可以改善这类弱势群体在教育中的不利处境，确立教育补偿的一个重要原则，对随迁子女在分配教育资源时进行弱势倾斜，实行对随迁子女的"优先扶持"。具体实施可以借鉴发源于西方国家的"教育券"制度，其主要特点是"钱随人走"，而流入地政府和流出地政府之间，再按实际发生的"教育券"数量，经中央政府进行财政转移支付。让生源流入地政府、流出地政府以及中央政府三方共同承担随迁子女的家庭教育成本，缓解家庭教育的压力。

制定随迁子女家庭教育宣传制度。通过宣传将会对农民工的家庭教育产生一定的正确引导，由于家庭教育的宣传力度不足，有些农民工无法知晓家庭教育的重要性和正确施教方法，导致随迁子女家庭教育存在许多问题。建立随迁子女家庭教育的定期宣传制度。宣传主体由流入地政府相关部门包括教育行政部门、学校、社区、宣传部门、妇联、共青团等多部门联合，结合本地特点，按照一月一次或两月一次或更长的周期，通过电视、广播、报纸、网络、板报、宣传栏、宣传册等多种渠道加强家庭教育的宣传。宣传形式包括组织农民工培训，加强对家庭教育相关知识的了解；发放宣传材料，将家庭教育相关知识印成小册子发到农民工手中；利用农民工集中的地方，开设咨询点，定期组织部门人员与农民工面对面交流，提供家庭教育咨询服务；开展政策宣讲，利用当地的报纸、电台、电视台等新闻媒体，进一步加大对家庭教育的宣传力度，有效促进随迁子女的家庭教育。

五、建立教育信息系统,加强家庭教育跟踪服务

我国的随迁子女普遍存在流动性强、处境不利等特点,加上政府部门与教育主管部门重视程度不够,有关信息渠道不通畅,信息服务比较落后等原因,造成了随迁子女数量、教育情况、家庭状况等信息资源缺乏有效传递的局面。掌握随迁子女的迁移流动信息和相关的家庭教育、健康状况,有利于保证随迁子女的教育连续性,降低随迁子女的辍学率,提高随迁子女的家庭教育质量,促进随迁子女的身心健康发展。为此,必须采取有效措施,建立随迁子女教育信息系统,加强跟踪服务。

地方各级人民政府要将农民工随迁子女义务教育纳入公共教育体系,必须根据随迁子女流入的数量、分布和变化趋势等情况,合理规划学校布局和发展。首先,建立统一的流动信息实时统计制度,公安部门和计划生育管理部门对随迁子女的流动信息需要定期通过网络手段实时掌握,可以以校级为单位,以学期为周期,以实际居住地为统计依据,将父母、子女信息由公安局或计划生育部门联合统计,及时掌握流向。建立"随迁子女的记录传递系统",及时传递随迁子女的信息,积极疏通学校与随迁子女家庭的联系渠道,加强与社会服务机构的联系和沟通,共享随迁子女信息等。这些措施旨在加强信息服务,实现政府、社会、学校与随迁子女家庭的信息共享与信息对称。其次,建立随迁子女电子学籍管理系统。由公安户籍管理部门和教育部门共同实现电子网络化管理,学籍管理可以依托个人身份证号码作为学生唯一的学号进行管理。学生的个人信息通过输入放置在教育部门的服务器上,使用时把学号输到计算机里作为调出档案的索引,就可以方便查询学生的学籍资料。根据权限的不同,还可以写入数据,记载学生的流动情况。如农民工只需出示随迁子女的身份证明,流入地学校和教育部门可以通过网络查阅到其子女的所有记录,并可临时调动该生的档案或往学生的档案中添加新的信息,实现远程管理。同时,流出地部门也能清楚地了解到随迁子女的流向。这样就避免了随迁子女管理规定中转学的繁杂条款,不需要家

长为学生档案调动而专程往返办理调动关系。[1]学校要按照学籍管理的有关规定,通过中小学管理信息系统为每一位在校就读的随迁子女建立电子学籍,并在规定时间内为学生发放全国统一的电子身份证件,即"学生卡"。保证流动到哪里都可以使用。[2]通过实行随迁子女学籍电子管理,实施随迁子女登记制度,公开发布随迁子女教育政策信息,开展随迁子女教育信息调查等多种途径和方式,建立随迁子女教育信息系统。同时,充分运用这一信息系统,为政府、社会有关方面提供相应的信息服务,方便做好随迁子女家庭教育的信息服务,为随迁子女的家庭教育过程提供良好的跟踪服务。

第二节　家庭重视:营造良好的家庭教育环境

一、改善家庭教育环境

(一)营造良好的家庭内部环境

家庭环境对家庭教育起到至关重要的作用。家长应从家庭内部环境做起,营造良好的家庭环境。首先作为家长,要做到互敬互爱,互谅互让,保持恩爱的夫妻关系。无论是传统型家庭,还是互助型家庭或依存型家庭,夫妻之间在生活和工作上都应该是亲密的战友,在营造家庭经济共同体的同时,绝不能忽视家庭精神共同体的建设。理论上讲,这是应当如此的"康德道德命令"。但现实中,这些处于社会底层的随迁子女的父母,他们必须面对生活中种种不如意之事,他们所处之环境、生活压力和文化程度,使得他们不可能像城里人和社会上层家庭那样,夫妻之间温情脉脉。他们的家庭情感生活多数是粗糙的、含蓄的,有时甚至是以口角争吵的方式来表现夫妇之爱、家庭天伦之乐。不管怎么样,只要他们的子女能够感受到其父母之爱、家庭天伦之乐,就足够了。对于这一点,子女往往是用心在感受,而

---

[1] 王平华.农民工子女义务教育的缺位及保障对策研究[D].南京:河海大学,2007:42-61.

[2] 中国进城务工农民随迁子女教育研究及数据库建设课题组.中国进城务工农民随迁子女教育问题研究[M].北京:教育科学出版社,2010:220.

不是用言辞在诉说。挚爱无声、深情无语就是子女内心世界的真实写照。其次，父母对子女要平等相待，多一分体贴，少一些训斥，多一分爱护，少一些冷淡，多一分理解，少一些专横，既不能动辄严厉惩罚，也不能过分溺爱和保护。但是，受中国传统文化对父母子女关系之影响，这是奢侈，能够得到父母一个好的脸色已经是不错的奖赏。在农民工家庭中，大部分子女一般要帮助父母承担一定的家务劳动甚至生产劳动，比如做饭、守摊点、值班等。对此，绝大多数子女是理解父母的处境与艰难的，但若以此教导他们学会生存、学会思考、学会选择，像洪战辉那样，树立自强、自立、坚忍不拔的毅力、艰苦奋斗的精神，这不是每个父母都能有的思想境界。

（二）建立良好的家庭邻里关系

父母与邻里之间和平共处，互帮互助，建立良好的邻里关系，引导和鼓励子女多参与同龄伙伴的交往，不要限制他们的交往自由。但是，频繁的迁移使得随迁子女永远面对的是陌生的面孔、陌生的社区、陌生的环境，熟悉需要时间、需要过程。信任他人、他人信任、没有歧视就成为随迁子女内心世界永远渴望的奢侈品。但冷峻严酷的现实，歧视、冷漠、怀疑成为他们渴求交往的严重障碍。

（三）创设良好的社区环境

良好的社区环境也是家庭教育环境的重要方面。创设良好的社区环境，给随迁子女提供一个健康的成长环境。政府要在农民工聚居的地方建立社区图书室和活动场所，杜绝非法网吧、书店等，大力开展社区服务，优化社区环境。诚如许多学者都已经谈到，并且都一再地说，社区应当如何地关心、关爱他们，善待他们。另一方面，其实，大家不懂他们的心，他们不需要同情与怜悯，他们真正需要的是平等和非歧视的人生态度，贫穷、艰辛之生活并不可怕。善意的帮助永远都是需要的，他们也不至于非理智地拒绝这样的帮助。但是，关键的还是要建立起相互信任的平台。为此，单纯要求社区市民要具有一颗善心是不够的，也需要市民们自身努力，以最大善意获得信任、理解和帮助。不过对于随迁子女，社区市民永远都有责任和义务善待、关心和爱护他们。

二、建立稳定的家庭生活秩序

家庭良好稳定的生活秩序,对随迁子女的健康成长起到一定稳固作用。它通过父母遵守生活规律,培养良好生活习惯,合理安排家务劳动,提高劳动效率,并保证充分的时间和子女在一起活动,来对子女产生种种的影响和暗示。以培养子女坚强意志、乐观心态、富于同情心、心胸开阔、尊重别人等优秀品质,对保持子女良好的情绪与性格,有稳定和促进作用。随迁子女的父母要尽量避免在子女面前露出忙忙碌碌、疲惫不堪的样子,避免因工作不顺心、家务繁重或其他原因而发牢骚,犯脾气,相反应显得从容不迫、井井有条、干净利索、轻松愉快,这样不但能够减少随迁子女的心理上的压力,起到精神安抚作用,而且在心理上影响子女,使子女热爱这个家,提高家庭教育效率。

三、形成科学合理的教育关系

家庭教育中的教育者与受教育者之间的关系,也是家长和子女之间的关系,即亲子关系,是最亲密最自然的一种关系,正是这种关系使家庭教育具有天然的优势。家庭教育是一种生活教育,寓教育于家庭日常生活之中,通过家长言传身教,潜移默化,耳濡目染,自然而然,不知不觉地便接受了教育。这种教育是自然持久的、反复实践的、熏陶渍染的,对子女影响深刻,将伴随一生,很难消失。因此,父母在实施家庭教育时,形成科学合理的教育关系,使家庭教育具有默契和民主的特点。注意自身言行,在教育子女时要体现出对子女意志和精神需要的尊重,尽量减少压力,在教育方法上对子女循循善诱,采用能打动人心的语言,寓说理于爱抚之中,切勿过严管教,动辄叱责,或老生常谈,千篇一律的教育。家长应尽量抽空多和子女沟通交流,多鼓励子女参加各种社会活动,尤其是公益活动,培养能力,增长见识。在处理家庭矛盾时,应把子女当作独立的个体看待,学会尊重子女,让子女学会表达他们的观点,并努力站在子女的角度思考和处理问题,要多进行正面的引导和鼓励。父母对子女的教育要有默契的配合而不可各吹各的调,不要把对问题处置的分歧暴露在子女面前,否则会使子女不知所措,心绪不安,以致产生消极对抗心理。父母尤其要注意及时奖励子女所做的好事,批评也要灵活,不能使用体罚、侮辱等手段。

四、父母以身作则,做好表率作用

家长是孩子第一任教师,也是终身教师。苏联的大教育家马卡连柯说过:"不要以为只有在你们同儿童谈话,教训他,命令他的时候,才是进行教育。你们是在生活的每时每刻,甚至你们不在场的时候,也在教育儿童。你们怎样穿戴,怎样同别人讲话,怎样谈论别人,怎样欢乐或发愁,怎样对待朋友或敌人,怎样笑,怎样读报,这一切对儿童都有着重要的意义。父母对自己的要求,父母对自己家庭的尊敬,父母对自己一举一动的检点,这是首要的和最基本的教育方法。"[①]父母在家庭生活中扮演的角色对子女产生最直接影响。作为子女最初最主要的模仿和崇拜对象,往往在家庭生活各个方面表现出来的思想、行为、习惯、意图等起到榜样的作用。在对待子女身上的不良行为方面,不能动不动就打骂子女,要站在他们的立场上去想问题和处理问题。先反思是不是家长自身的原因,子女有样学样的。要加强自我约束,要以身作则,改正自身上的不足。如不讲粗话、脏话,注意礼貌用语,处处讲文明,穿着要整洁,讲究卫生。不抽烟、不酗酒、不赌博等,为子女做好表率。注意自己的日常言行,努力提高自身的素质,应时刻注意到身旁有一双眼睛在瞅着自己,意识到为子女提供哪些健康的东西。身教重于言教,努力通过身教的方式加强对子女潜移默化的影响。如果家长自己都不能逐渐规范自己的行为,从讲文明、讲礼貌这些小事做起,又怎能为子女做出榜样呢?又怎能教育引导子女使之正常健康成长呢?所以,家长要养成好习惯和子女一起成长,家长在注意教育净化子女的时候,必须注意做到对自己的教育净化,从而以自己良好品格去塑造子女良好的品格。

五、树立正确的家庭教育观念

家庭教育质量的高低,在很大程度上取决于家长的教育观念。目前,农民工家庭教育观念片面,只注重子女的学习,忽视子女道德品质、健康心理、健全人格、创造能力、创新能力等方面的教育培养。

---

① 刘爱香.小学农民工子女家庭教育问题及对策研究——以潍坊滨海区实验小学为例[D].济南:山东师范大学,2009:22.

意大利作家但丁说过:"道德常常能填补智慧的缺陷,而智慧却永远填补不了道德的缺陷。"可见,重智轻德的教育观念是片面的。农民工家长要改变传统只重视智育的片面的家庭教育观念,要正确地对待子女的学习成绩。家庭教育的本质就在于让子女成为社会需要的学会生活、学会求知、学会劳动、学会健体、学会审美的全面发展的人。所以农民工家长要从思想上真正地改变自己的错误观念,树立正确的教育观念,学习不是子女唯一的出路,"三百六十行,行行出状元",摒弃"专制"作风,重视子女的兴趣爱好,个性特长的培养。①家长要全面客观评价子女,期望值要适当。子女能动性的发挥受期望和可行性两方面因素的影响。父母要分析子女实现目标的客观环境和客观条件,再确定期望。不具备可行性条件的过高期望,会影响子女健康快乐成长。期望值过高,目的性太强,而导致子女的思想压力过大,反而越不容易成功。很多农民工家长在教育子女问题上容易出现偏差,就是对子女的期望值过高,目的性太强造成的。由于不切实际过高的期望值,容易让子女紧张过度,恐慌退缩,产生挫败感。叶克斯—道森定律告诉我们:即随着紧张度的逐渐增强效果也增强,达到最佳水平后,又随着紧张度的增强而降低。所以紧张适度的情况下,效果最好。因此,农民工家长要全面、客观地认识和评价自己的子女,客观承认子女之间在智力和能力方面存在差异性,掌握子女身心发展特殊规律,学习教育科学知识,确立符合子女接受水平的目标,把握好期望值的"度",让子女跳起来能摘到桃子,激发他们的进取心,挖掘他们的潜力。另外相关教育部门和组织要针对农民工家庭的特殊性质,采用多种教育形式,广泛宣传倡导具有鲜明时代特点的、科学的家庭教育观念,帮助农民工家长转变传统只注重子女智育的教育观念,更科学地对其子女进行家庭教育,从而实现家庭教育的科学化。

六、建立民主尊重的沟通渠道

农民工从乡村来到陌生的城市,迫于生计,到处打工挣钱,养家

---

① 刘爱香.小学农民工子女家庭教育问题及对策研究——以潍坊滨海区实验小学为例[D].济南:山东师范大学,2009:21.

糊口,基本上无空闲时间与子女进行沟通,长此以往,农民工与随迁子女之间就会产生隔阂和代沟,造成随迁子女的家庭教育问题越来越突出。所以,作为家长,即便工作再繁忙,也要挤出时间,争取机会,与子女加强沟通。在沟通时,家长应根据子女的特点,主动与子女进行民主双向沟通,要尊重子女各种合理需求,积极听取子女的良好建议,与子女成为真正的朋友,而不是威严家长。只有把子女当作朋友一样平等地对待,民主交流和沟通,才能真正地走进孩子们的心里,了解他们内心所想,内心所需,这样才能达到与子女之间的相互平等,相互尊重。家长与子女沟通教育时,应根据子女的不同年龄阶段心理和生理特点规律,因材施教,因事施教。教育子女学会关心他人、尊重他人,与人为善,与人相处时要懂得感恩、宽容、谦让。子女发生事情时,要给子女表达意见的机会,让子女说出自己的感受,认真倾听子女的意见,不要不分青红皂白指责子女,要注意观察子女的反应,寻找合适的解决之道。要把握适当时机,与子女一同讨论,这种和谐民主的家庭气氛有利于子女自主意识和责任心的养成,可以提高子女独立思考和解决问题的能力。

七、创设良好的家庭文化氛围

家庭文化氛围对成长中的孩子来说会产生最直接的影响。一个相亲相爱、文明进取的家庭氛围,能使家庭教育产生良好的效果。不良的家庭氛围,会使家庭教育产生负面的不良的效果。如果家长具有努力进取精神,刻苦学习文化科学知识,对事业有着执着的追求,子女耳濡目染就会仿效。相反,如果家长整天热衷于酗酒、抽烟、打麻将,当子女在认真做作业时,父母却在看电视、打麻将,这样的家庭氛围,怎么能教育出好学上进的子女呢?

第一,农民工家长要提高自身的文化能力,给子女树立榜样。家庭中父母文化能力,是最直接对子女产生影响的因素,父母要认识到自己继续接受教育的重要性和必要性,要以身作则,加强自身学习,多读书读报,注重提高自身的文化修养,培养家庭爱学习的习惯。多和子女的老师取得联系,主动向老师、优秀家长请教,树立终身教育的理念,勇于接受新的价值观和新技术、新知识。一个家庭良好的文化氛围,是家长言传身教带出来的,尽量创设父母与子女共同学习的氛围,培养子女良好的学习习惯。

第二,家长应该多给子女情感和心理的支持,以自己的精神激发子女的成就动机。家长可从自己的职业特点、性格特点、思想水平、家庭条件等实际情况出发,有意识地建立自己家庭良好的、具有特色的家庭文化。农民工家长首先自己要正确面对生活的困难,不能让孩子养成埋怨和坐享其成的心理。如让子女亲身体验家庭的任何困难,让子女亲身感受父母工作的艰辛。平时要保持积极乐观的平常心态,给子女以勤劳、节俭等良好的榜样,要用自立、自强、自信来影响子女,教育子女"劳动光荣",我们不比城里人低一等,家长通过自己的努力给子女以积极的影响,以自己的精神激发子女成就动机。

第三,家长要积极创设家庭文化氛围,尽可能地为子女创造一个良好的学习环境,可以促进子女修身养性,养成良好的品质和行为习惯。条件允许的话,有意识给子女购买一些书籍、报刊,增加家庭的藏书量和书籍种类,鼓励子女进行课外阅读。要为子女创造安静的学习环境,让子女拥有自己的学习房间,安置写字台、台灯、书架和学习用品。有条件的家庭可以添置字画图片、盆景花草等物品。这对子女拓宽知识面,培养高尚情趣,愉悦心情都是非常有益的。家长在工作之余,陪子女逛逛书店、打打羽毛球、聊聊天、做做游戏,努力创造一种与现代社会融合、与城市生活合拍的家庭文化氛围。

第三节 学校指导:提高家庭教育整体水平

由于受社会制度、经济文化、家庭教育资本等各种因素的制约,农民工随迁子女在家庭教育中存在着许多不容忽视的问题。这些问题进而影响到农民工随迁子女的学校教育和社会教育状况,不利于随迁子女的健康发展,迫切需要社会各方对其进行支持帮助。学校作为专门的教育机构,应该对农民工随迁子女这一城市弱势群体给予更多的关心帮助,对其家庭教育给予更多的支持指导,有效提高他们家庭教育整体水平,促进他们尽快适应城市、融入城市。

一、以学校为主导,加强家长教育培训

家庭教育是基础,学校教育是主导,只有两者相互配合,和谐发

展,才能取得较好的教育效果。针对目前随迁子女家庭教育存在的诸多问题,学校要积极采取措施,帮助农民工家庭,改善家庭教育现状,促进随迁子女健康成长。

(一)办好农民工家长学校

家长学校,顾名思义,就是对在家庭里承担抚养教育子女任务的父母和其他长者进行教育和训练的学校,指导家庭教育的新方式。家长学校的任务是,系统地向家长传授抚养教育子女的科学知识,交流推广成功的教育子女的经验,提高家长的教育能力和教育素质。开办家长学校的目的不仅仅是为解决家庭教育过程中遇到的个别问题,而是从根本上提高家长的素质。[①]家长学校一般由学校举办,学校具有丰富的办学经验和能力、具有教育理论与教学实践相结合的雄厚的师资队伍,他们了解学生情况,对家长进行指导、培训,既能做到有强烈的针对性,又可以保证指导、训练工作系统化,从而避免指导、培训工作一般化和与随迁子女实际脱节的现象,能收到良好的效果。学校要充分发挥家长学校的作用,以家长学校的形式,向家长宣传科学的教育观、人才观、质量观,提高随迁子女家长的素质,促进家庭教育的实效性。

1. 定期开展家长教育培训

学校要定期请专家学者、教师开办专题讲座,辅导农民工家长,帮助他们树立正确的教养观念,履行家庭教育的职责,营造良好的家庭文化氛围,介绍科学的家教方法,指导家长改进与子女的沟通,提高家庭教育的功能。向家长介绍不同年龄阶段的孩子的心理和年龄特征,指导家长对子女教育要遵循教育原则,把握好时机。家长要善于发现子女身上的闪光点,善于赏识子女的微小进步,发展子女个性特长,让他们体验成功的快乐,培养子女热爱生活,赏识生命的健康人格。让家长认识到家庭教育中存在的一些误区和问题,不要以过高的标准要求子女,而忽视对子女的全面正确引导,让子女总是生活在失败的阴影之中。学校还可通过函授的方式,为农民工家长印发有关家庭教育的学习资料;推荐有关家庭教育的典型案例资料;帮助

[①] 赵忠心.家庭教育学[M].北京:人民教育出版社,2001:410.

农民工家长解决家庭教育中遇到的实际问题；解答农民工家长在家庭教育中遇到的具体困惑；通过问卷调查，充分了解农民工家庭教育的基本情况，反馈家庭教育的信息，为农民工的家庭教育提供有效帮助和辅导。

2. 培训内容要具有针对性

从农民工家长的实际出发，选择讲课内容既要有针对性、实践性又要有时代感，随时吸取新的科学理论成果，适应农民工家长的家庭教育需求，把那些崭新的学术理论思想教给家长。讲课既要讲理论规律原则，又要讲具体科学方法，做到理论和实践相结合。讲课内容要有系统性，较为系统地向家长传授教育子女的科学知识，以便从根本上提高家长作为教育者的素质。讲课内容要突出家庭教育的特点，家庭教育除了具有一般的教育规律外，还有着特殊的规律，要引导家长认识家庭这个特殊的社会组织形式。使家长明白：家庭教育是终身教育，家长教育观念偏差、教育方法手段的不当、教育规律的无知等，都可能导致子女终生问题，家长必须高度重视子女的家庭教育。

3. 培训方法要多样性

家长学校除了由专家、教授、教师等教授理论知识以外，还要请有丰富经验的农民工家长现身说法，介绍他们教育子女的做法和体会，听家长们自己介绍教育子女的经验和体会，更有真实感和亲切感，更有利于真正提高农民工家长的家庭教育能力。还可以根据不同类型的家长分类辅导，面向全体农民工家长的辅导，是为了解决全体农民工家庭教育带有的共性问题；把同质性较高的农民工家庭进行分类，如多子女家庭、单亲家庭、家长素质较差的家庭等，分类辅导则是为了解决一些农民工家庭教育特殊性的问题，使其更具有针对性、实效性。分类辅导有利于随迁子女家长在辅导学习、讨论交流中会产生同感，增强彼此之间的互动，交流教育心得，营造良好的教育气氛，有利于提高家庭教育的目的性、实效性。学校分别对不同类型的家庭子女容易出现的突出问题进行讲解，及早发现问题，并对症下药进行教育辅导。针对文化素质不高的家长，学校重点辅导：父母的言行与子女成长的密切关系；子女良好个性形成与父母家庭教育的职责;父母思想道德修养与子女优良品德形成的关系等。可结合随迁子女的品行进行具体分析指导,使农民工家长明白自己的子女,哪些做法正确,值得表扬;哪些做法错误,应该纠正;应该怎样形成良好的亲子关系;怎样为子女提供健康成长环境;子女的早期教育和人格塑造应该怎么去做等。还可以通过对在家庭教育中遇到的一些典型案例进行剖析,使家长明白存在问题的症结所在,对症下药。针对家长对子女的心理需求存在差异的特点,学校可采取按年级授课的形式。如:专为毕业班的家长讲"小学生与初中生心理差异";给刚入学一年级学生家长讲"入学常规教育",列举因没有良好的行为习惯,造成学习跟不上的案例,对随迁子女的学习习惯、道德品质等方面都起到推动作用。

农民工作为一个特殊弱势群体,其随迁子女的家庭教育具有不同于其他家庭的特点,在对他们进行指导时,要将面向全体家长的辅导、分类辅导与个别辅导有效结合,既要介绍家庭教育的一般规律,又要针对农民工随迁子女家庭教育的特点进行分类指导,以突出针对性,提供实效性。

(二)建构家校合作的长效机制

学校要成立随迁子女家庭教育指导小组,建立农民工家长委员会、定期召开农民工家长会、开办农民工家长学校、确定农民工家长访校日、开通农民工家庭教育咨询热线、举办农民工亲子系列活动、开展家庭教育宣传周主题活动等。将教师的家访、家长的校访有机结合,建构家校合作的长效机制。通过家校良性互动,促进随迁子女家庭教育的实效性。

(1)家访作为密切学校教育和家庭教育关系的一种常用的教育工作方法和有效的教育手段,在农民工随迁子女的教育活动中起着不可忽视的重要作用。随迁子女教育问题复杂,有些问题单靠电话、网络、联系本是很难讲清楚的,学校教师一定要有计划、有目的地进行家访,与随迁子女的家长充分沟通。家访的目的主要是了解随迁子女的家庭情况,指导家庭教育,争取家长积极配合教育。教师在进行家访之前,对走访时间、谈话内容等方面要认真准备,最好能够与家长事先预约,选择恰当的时间,使家长有心理准备,突兀的家访,会使家长感到惊慌失措,手忙脚乱,这也是对家长的不尊重。对农民工家庭教育进行的调查结果显示,家校之间的联系多是"问题型"或"告状式"的,教师对学生和其家长施加心理压力,引起了部分家长和学生的反感。这会使教师与学生、教师与家长之间产生对立的情绪,而且会影响家庭教育和学校教育合力。学校教师应该努力避免这些现象,使教师的家访成为正常教育的一部分,真正实现教师家访的教育功能。家访时,教师要注意技巧和方法,态度要热情诚恳,向家长介绍学生的在校情况,要一分为二,实事求是,孩子优点要表扬,存在的缺点,在校所犯的错误要向家长委婉、善意地指出,并叮嘱家长不要打骂和过于指责自己的孩子。教师要耐心虚心地听取家长对学校教师工作的意见和建议,增进信任,促进沟通,同家长共同商量教育学生的方法。教师要帮助家长树立正确的教育观点,提高家长对家庭教育的认识,指导家长的家庭教育方法,增强家长的教育责任感,为家庭教育提供咨询,充当家长的参谋,给家长以具体的指导与帮助。

（2）农民工家长不应该坐而待访,应该积极主动对学校和教师进行出访。因为子女在家庭里同父母朝夕相处,在父母面前,无拘无束,优点和缺点得到充分暴露,子女的兴趣爱好、道德品德、个性特征、行为习惯,父母了如指掌。家长掌握的子女情况,不仅作为自己在家里教育子女的依据,还应主动提供给教师,让老师掌握学生情况,配合家长教育好学生。通过校访和师访家长可以了解子女在学校表现,避免子女在学校表现和在家表现不一致。家长根据子女的情况积极主动地与学校教师联系,共同研究行之有效的教育对策,这样才能使教育更具有针对性。家长校访和师访的积极性与学校教师的态度,以及学校教师对家长意见建议的处理方式有很大关系。相当一部分农民工家长由于自身文化水平较低,对教师比较畏惧,学校教师在与他们交流沟通时态度要谦和,要充分尊重作为社会最底层的农民工家长的人格尊严,尊重他们教育子女的方法,积极鼓励家长主动与学校教师联系。

（3）学校要为农民工家长建立家庭教育咨询机构,使家长遇到问题和困惑可有师可求、有处可问。家教咨询机构随时为农民工家长提供电话咨询和书信咨询服务。通过咨询家长可以获得子女在校的各种情况和评价信息,及时了解子女的心理变化,能更好地配合老师对子女开展有针对性的沟通教育。家长还可以通过咨询了解家庭教育存在的问题,改变教育观念,懂得根据个体差异和年龄特征来教育子女,懂得运用科学辩证的方法来教育子女。通过咨询家长还可以获得大量有价值的家庭教育信息,丰富家庭教育信息渠道,拓宽农民工家庭社会关系,帮助家长提高家庭教育水平。总之,通过咨询帮助家长解决家庭教育过程中遇到的实际困难,为家庭教育提供有实效性的指导,实实在在提高随迁子女的家庭教育质量。

(4)学校为随迁子女建立灵活的管理机制。农民工的工作生活具有流动性强的特点,工作变动快、经济状况不稳定、家庭住所不固定,这些导致随迁子女经常处于流动状态,转学、插班的现象比较频繁。针对这一情况,学校应树立为随迁子女服务的理念,实行灵活的管理方式,在学籍管理方面可采取灵活多样的方法,以保证随迁子女学习的连贯性、保障性和公平性,绝不能因为管理制度的条条框框使随迁子女错失教育机会。从学校内部来看,针对学生流动性强和学习不连贯的特点,学校教师要全面了解随迁子女的信息,有针对性地实施教育。学校要对家庭经济困难的随迁子女,给予更多的关心与帮助,在学校有可能的情况下,对他们的费用给予减免或在其他方面实施不同程度的补助。此外,由于农民工大部分工作繁忙且工作时间长,加班加点是常有的事;加上本身文化素质不高,所以,根本没有时间和能力辅导子女的功课。家庭住房拥挤、子女学习环境很不理想。根据随迁子女的特殊情况,学校考虑为随迁子女提供各种特殊服务,如教师可以为他们提供学习辅导;还可以适当延长随迁子女在校时间,对他们集中进行补习等。总之,学校教师要对随迁子女学习生活给予更多的关心和帮助,以减轻他们家庭教育的负担。

二、优化课程教学,为随迁子女创造优质课堂

由于随迁子女的学习基础差、来源地差异性大、流动性强等特点,这对城市接纳学校在实际的教育教学中带来诸多的问题。因此,城市接纳学校必须充分考虑随迁子女的这些特点和问题,在课程体系的重新建立、教学内容的合理安排、教学进度的有效调整、教育评价的科学取向等方面,积极采取措施来解决随迁子女的教育教学城市适应问题,以缓解农民工家庭教育的压力。

(一)建立多元开放的教学体系

随迁子女来自全国各地,地域差异性大,教材使用不同,学习基础也不一样,到城市学校后在课程学习衔接上存在不适应的问题,这对城市接纳学校提出挑战。城市接纳学校基本上采用城市的地方课程教材,专门为随迁子女开设他们所在地区的课程和教材,或开设全国统一的课程和教材都不现实,也不太可能。这就要求城市接纳学校在课程设置上、教材使用上要兼顾随迁子女也要考虑城市本地学生,采取灵活多样的方法,实施融合教育教学。一方面,坚持以城市现有课程教学为主,必须保证城市学校正常教学计划和教学内容的相对稳定性;另一方面,要认真调查摸底来自不同地域的随迁子女的学习基础情况,具体分析随迁子女以前所学教材以及课程的特点。在此基础上,寻求地方教材与目前教材的相容性和差异性,并根据不同年级和来自不同地方的随迁子女进行分类集中辅导或个别辅导,也可以通过兴趣小组、选修课等多种方式,尽快帮助随迁子女适应现在城市接纳学校的课程设置、教学进度以及学习内容。

(二)开发适应随迁子女需求的校本课程

科学设置课程,整合课程内容。在课程设置方面,科学合理地安排多种课程类型:如学科课程、活动课程和潜在课程等,通过不同课程的设置,充分调动随迁子女学习积极性和主动性。在课程内容上,应根据随迁子女的学习基础普遍较差的实际情况,安排有梯度的教学内容。课程设置以及教学目标制定,可以先适当地降低要求,开设针对性的培优补差课程,以培养他们学习的信心与兴趣,通过一段时间的适应性学习,使他们逐步达到城市学生的教学要求。在课堂教学中,要更多地兼顾随迁子女的当地课程内容、文化生活,将他们家乡生活文化有机地引用于课堂活动中。如:随迁子女当地的文化风俗、秀丽山川、杰出人物等,让学生加以讨论和分享,有效实现城乡文化的有机融合。

加强合作学习,提高随迁子女融合度。随迁子女与城市当地学生有很大差异性。他们生活背景不一样,随迁子女从小生活在乡村,城市学生生活在都市。他们的家庭背景也不一样,随迁子女一般都有两三个兄弟姐妹,父母从事工作又脏又苦,收入较低,受教育程度也有限,相对于城市学生缺少充足的家庭教育资源。很多随迁子女由于经常转学,不断换住所,加上父母工作忙,无法悉心照顾他们,从而产生诸多心理问题。因此,在随迁子女就读学校应特别倡导合作学习。通过合作学习,随迁子女逐步确立起自己的个人身份、团队身份、本地的市民身份,促进随迁子女与城市学生合作交流,改善随迁子女的人际关系沟通技巧,增进随迁子女与城市学生的相互协作,提高随迁子女学校生活的融合度,增强他们的自尊心和自信心。

分类指导,促进随迁子女教育可持续发展。学校要根据随迁子女的实际情况,以及学习基础的不同,进行分类教学。对于学习基础扎实、求知欲强、兴趣广泛的随迁子女,教师要加强自主学习、自我探索的引导,鼓励他们多参加课外活动,培养兴趣、拓宽知识。对于学习成绩不稳定、学习不能持之以恒的随迁子女,要严格要求,积极引导,培养学习兴趣和勤奋学习的精神。而对于那些智力因素相对较差、学习较差的随迁子女则要帮助扶持,耐心教导,特别是在学习方法上要注意多加指导,帮助他们夯实基础,树立学习信心。也可采用城市优秀学生与随迁子女结对子的方式,或利用双休日、节假日将随迁子女集中起来,开展知识技能的补缺辅导等。

(三) 实现对随迁子女公平的教育评价

随迁子女接纳学校要对传统的教学评价进行改革,不能仅以一元化的城市取向的评价标准去评价随迁子女,不要以学生的学业成绩作为评价学生的唯一标准,更不要以学生的考试成绩作为考核教师教育教学水平高低的依据。这种评价方式对于随迁子女来说是极不公平,因为大多数随迁子女从小生活在农村,学习基础差、学业成绩低。与城市当地学生比在文明礼貌、日常行为、校纪班规的遵守等方面有较大差别,缺乏符合城市标准的日常行为习惯,增加了教师的教育教学与管理的负担,教师往往会对随迁子女产生偏见,从而影响了教师对学生的正确评价。因此,不能仅以一元化的城市取向的评价标准去评价随迁子女,而应该实行多元化评价。随迁子女身上有许多城市学生所不具有的闪光点,他们自立自强、吃苦耐劳、善良纯朴、学习刻苦等,教师要加以积极诱导。在评奖评优等方面要保证随迁子女与城市学生享有平等的机会,实现对随迁子女平等的教育评价,树立随迁子女的自信心。

三、为随迁子女营造和谐校园文化

学校要为随迁子女营造和谐多元的校园文化,尊重和吸纳随迁子女家乡的异质文化,帮助其与城市流入地文化形成良性融合。随迁子女到城市学校后,既能感受到对家乡原有文化特质的尊重与保留,又能对流入地城市文化适应和继承。

(一) 给随迁子女以特殊的人文关怀

学校教师要对来自全国各地的随迁子女给予特殊的关心,他们在文化背景、学习基础、语言习惯、生活经历、家庭环境等方面都存在着多样性和差异性。教师应该对这一特殊群体更多地尊重关注,既要积极引导他们尽快融入当地城市生活,又要保留他们自身原有独特文化特质的多样性,使两者有机融合,使随迁子女感受到"文化亲和力"。学校要构建平等的教育环境。教师要树立平等意识,在教育教学活动、评奖评优、入团入队等方面,要做到平等对待随迁子女与城市学生,不得歧视随迁子女,从而实现教育教学过程的平等。教师须关心爱护每一位随迁子女,给予他们足够的特殊的人文关怀,充分发挥他们的潜能和闪光点,帮助他们树立自信心,改变他们的弱势地位,使他们在一个充满人文关怀和科学引导的良好的氛围中茁壮健康成长。

(二) 促进随迁子女与学校文化的认同

随迁子女从闭塞落后的乡村来到开放先进的城市,文化差异很大,缺乏文化认同、缺少归属感是普遍存在的问题,他们常常会心理焦虑不安,明显感觉到自身与城市学生的差异。学校要积极促进随迁子女与城市当地学生的融合,以达到互补互学的作用,不宜将随迁子女单独编班。必须重视良好师生关系和良好生生关系的创设。课堂上教师给予随迁子女更多的关注与爱护,经常互动;课下要经常与他们沟通交流,了解其家庭情况以及心理状态。积极鼓励城市学生与随迁子女一帮一合作学习。有效利用随迁子女的吃苦耐劳、艰苦朴素、纯朴善良的特点,引导城市学生向他们学习,开展自我教育活动,帮助城市学生养成勤俭节约、吃苦耐劳、热爱劳动、自强自立等优秀品质；可以引导城市学生帮助随迁子女形成健康文明的生活方式和生活习惯；还可以通过主题班会等各种形式，让来自不同地区的随迁子女讲解自己家乡的风土人情、名山大川、物产资源等，丰富学生的乡土知识，培养学生的爱国情怀。

四、培养随迁子女健康人格和自我教育能力

（一）培养随迁子女健康人格

随迁子女在城市生活和学校学习活动过程中，经常遭受不平等待遇，心理缺乏安全感和归属感，并有强烈的被剥夺感，而这些心理状态将影响他们的人格健康发展，学校必须高度重视，积极引导。首先从行为习惯养成入手，加强道德养成教育。在随迁子女身心发展的最佳时期，学校要加强他们日常行为规范的养成教育，通过教育促进随迁子女个性社会化的发展，促进随迁子女自觉性、独立性、自制力等良好个性品质的形成，促进随迁子女的全面发展和可持续性发展。学校在对随迁子女的养成教育中既要重视随迁子女良好行为习惯的建立，也要重视其不良行为习惯的矫正，让随迁子女在各种各样的学习和活动中形成良好的行为习惯。其次要加强心理健康教育。随迁子女处于身体和心理发育的重要时期，城乡生活的巨大差异性、家庭的频繁流动性、学习生活环境的陌生感等因素，造成各种各样的心理问题。有的自卑、有的抑郁、有的恐惧、有的自闭、有的多疑，这些都影响他们正常的学习和生活，影响他们健康成长。因此，学校必须重视随迁子女的心理健康教育，把随迁子女的心理健康教育作为一项常规工作来抓，建立健全心理健康教育规章制度，配备专职心理健康教育教师，负责随迁子女的日常心理问题。全体教职员工在平时的教学工作中，多加关注随迁子女的心理状况，一旦发现心理问题，及时疏导，有针对性加以解决。教师和随迁子女面对面进行交流，深入了解随迁子女在学习和生活中遇到的问题，并及时加以解决。对心理有问题的随迁子女开展个别的指导和个案研究，具体工作是由专职心理健康教师负责，定期进行有针对性的心理疏导和干预。积极开展各项有益的活动，鼓励随迁子女积极参加。根据随迁子女的潜能和闪光点，为他们搭建施展自己才能的平台，尽可能给随迁子女创设自我实现广阔的空间，使他们有机会锻炼自己能力，展示

自身优点,获得成功的经验,产生成就感,摆脱自卑的阴影,以缓解他们的心理压力,消除心理障碍,帮助他们走出心理低谷,增强自信心,更加从容地面对城市学习和生活。

（二）培养随迁子女自我教育能力

自我教育就是以学生自我作为教育的对象和教育者,通过自我体验、自我约束、自我激励等心理活动,达到改变自我思想品德结构,提高自我思想境界,改变自我言行的目的。教育不是教师的专利。学生的成长,最终要依赖学生自我教育机制的形成,"教是为了不教"。让学生主动发展,让学生承担起自我教育的任务,是现代教育发展的必然要求。学生的自我教育既是教育的结果,又是进一步教育的内部动机。[①]我们不断思考对农民工随迁子女的教育方法,加强对他们的关爱,改变他们的不良环境等,而最终的目的是提高他们的反思行动能力和自我教育能力。外因固然重要,但更为重要的是他们的反思行动能力。只有他们学会了自我教育的方法,能够通过正确的反思途径改善自己的行为模式,更好地适应社会,这样,才算达到了教育的最终目的。对此,如果农民工家长不能有效地开启子女的心智,学校教师应责无旁贷地为这些农民工随迁子女提供必要的帮助,要有目地培养他们的自我教育意识和自强品格,使其掌握自我教育的方法,培养自我控制、自我调节的能力,从而逐步养成在学习、生活中进行自我教育的习惯,培养他们的自我教育能力和自立自强的品格。

1. 学会自我认识

只有正确认识自己,才能树立自信心,这是自我教育的基础。人们在认识自我的过程中,常常在乎并受制于别人的评价而不能产生正确的自我评价。农民工随迁子女由于其特殊的生活环境,更容易获得来自外界的消极评价。对此,必须提高农民工随迁子女的自我认知水平,树立自强不息的奋斗精神。学会反省、学会参与、学会改进自己的行为模式,积极面对生活,不抱怨、不自责。"真正能拯救自己的人是自己。"人,不能选择自己的出生,无法抗拒那些不可抗拒的

[①] 刘爱香. 小学农民工子女家庭教育问题及对策研究——以潍坊滨海区实验小学为例 [D]. 济南：山东师范大学, 2009：24-25.

偶然性,但他可以改变自己。以积极的心态面对生活,面对人生中的幸与不幸,才是最明智的。一个人可能改变不了别人的看法,但他可以改变自己的能力与命运。空洞的言语永远无法代替真实的行动,只有那些敢于改变命运的人,才能赢得社会和他人的尊重。①

2. 加强激励教育

农民工随迁子女由于家庭环境及自身原因,学习成绩不是很理想。对这些学生,每位任科老师都要做到心中有数,给这些学生制定恰当的目标,运用期望激励的原理,鼓励他们进步,并采取有效措施帮助他们提高自己的学业,进行有目的、有计划、有记录的辅导活动,鼓励为主,对他们的点滴进步充分肯定,对存在问题也实事求是地纠正,引导,杜绝讽刺挖苦这些学生,让他们在老师的鼓励下,品尝到成功的快乐,找到自己合适的位置,不断自强自信。

3. 树立自强精神

在对农民工随迁子女的教育中,多让他们听一些名人的成长故事以激励自己。卑贱者并非是最愚蠢的,英雄从来不问出生,从困境中获得成功的人是最受人敬佩和瞻仰的。认识自己,挑战自我,树立自强不息的精神,坚定自己的意志,通向成功的路就在你的脚下。

4. 不屈不挠、勇于实践

农民工随迁子女,他们大多来自农村。他们有许多值得城里孩子学习的能力和品格,丰富的人生经验、较强的生活适应能力、生活自理能力以及纯朴、善良、热情和勤劳等良好的品格。但是,他们也往往因为自己的贫困与窘境而自卑。因此,鼓励和创造各种机会,开展有针对性的自信心教育,在学校教师教育实践中帮助他们发现自我,肯定自我,提高和完善自我,增强参与意识,协作意识,成就意识,培养不屈不挠、勇于实践、谈笑面对人生、敢于进取的精神,尤其重要。②

---

① 沈茹.农民工子女家庭教育问题及对策[J].中国农业大学学报(社会科学版),2006(3):99-100.

② 沈茹.农民工子女家庭教育问题及对策[J].中国农业大学学报(社会科学版),2006(3):99-100.

第四节 社区帮扶：丰富家庭教育资源

关于社区，费孝通先生曾在其《乡土中国》中这样说道："以全盘社会结构的格式作为研究对象，这对象并不能是概然性的，必须是具体的社区，因为联系着各个社会制度的是人们的生活，人们的生活有时空的坐落，这就是社区，每一个社区有它一套社会结构，各制度配合的方式。"[①]对于农民工随迁子女而言，他们的暂住地就是他们所在的社区，就是他们的"家"，社区也因人口的流动、聚集而变得具有多样性和聚集性。社区功能中重要的一项就是"社会化功能"，让个体通过学习群体文化，适应周围的环境，将个体一体化到群体中去就需要社区服务来实现，而"青少年服务"又是社区服务中的主要内容之一，不仅可以为青少年的身心健康和成长发展在物质和精神方面提供各种帮助和服务，更是形成"三位一体"教育网络的有效途径。[②]根据现代大教育的理论，教育不再是学校教育的狭义概念，它包括学校教育、家庭教育和社会教育三个方面。对于随迁子女来说，他们在家庭教育方面不如城市学生，从而使得这些随迁子女所在社区的教育显得尤为重要，社区要关心随迁子女的学习和生活，针对随迁子女家庭教育存在诸多的问题，社区可以将随迁子女的家庭教育纳入社区管理服务之中，建立随迁子女家庭教育的社区支持体系。

一、优化社区环境

社区不仅仅是成年人长期生活的地方，也是儿童的生活之地，政府和社会必须高度重视社区的建设工作，为随迁子女创造良好的社区生活环境。政府要保障社区教育经费的投入，财政按常住人口的一定标准设立社区教育专项培训经费，落实到位，并建立多渠道筹措经费的机制。经济发达地区，在此基础上进一步增加社区教育经费的投入，要在农民工聚居的地方投资兴建社区图书室、展览馆、活动室、咨询机构、心理辅导中心等文化活动中心。城市的公共教育资

---

① 费孝通.乡土中国[M].北京：三联书店,1985:94.
② 周沛.社区社会工作[M].北京：社会科学文献出版社,2002:13.

源,如图书馆、博物馆、展览馆、体育馆、文化馆等也要免费向农民工家庭开放。

净化社区教育环境对随迁子女健康成长十分重要。目前,一些部门和行业如新闻出版、电影电视、游戏厅、网吧等娱乐场所,为了自身经济利益忽视其社会效益,从事一些有损于青少年健康成长的经营活动与服务,对家庭教育、学校教育造成了较大的负面影响。解决这些问题,从政府的角度出发,对非法黑网吧、游戏厅、书店、色情电影、电视等,进行彻底治理,社区执法部门应当加强监督,对危害青少年健康成长的行为给予严厉的打击,净化社区内的网络教育环境,为随迁子女健康成长营造纯净的成长环境。

社区教育资源开发和服务程度要高。大力开展社区服务,为农民工家庭提供接送随迁子女、提供放心小食堂等便民服务,解决农民工的后顾之忧。为随迁子女放学后提供阅览室、图书室、活动室等,为他们成长提供更广阔的空间。社区内教育培训机构教育资源共享度要高,社区积极建设学习资源服务圈,广泛吸纳受过专门训练的志愿工作者参加社区服务,在社区逐步建立和完善集随迁子女的学习指导、心理咨询、生活救助、家长培训等功能为一体的家庭服务体系,免费为随迁子女以及家长进行各种培训和咨询活动。同时社区内非教育机构教育资源要得到较好的开发和利用,社区要重视无形教育资源的总结、提炼和利用,为随迁子女家庭教育提供全方位的社区服务。

二、建立社区随迁子女教育帮扶、救助体系

少年儿童的教育,历来是家庭、学校与社区共同的责任。但是,长期以来我国社区教育帮扶、救助体系没有受到应有的重视,尤其是对民间组织重视不够,甚至压制民间自愿救助组织的发展,使许多有爱心、关怀之情的人无法充分做好事和善事。相关制度缺失、政府治理理念落后于社会发展的需要是全国、全社会的普遍现象。社区组织是服务公民、沟通公民与政府、与社会各类民间组织的桥梁,建立和完善社区少年儿童教育的帮扶救助体系,对于有效地改善农民工随迁子女的家庭教育极为重要而迫切。社区组织、学校以及民间帮扶救助机构、教育咨询机构要建立经常性的联系,通过它们为农民工家庭及其随迁子女提供实质性的帮助和有关咨询,是完全可行的。①

(一)建立社区随迁子女家庭教育指导中心

将农民工随迁子女的家庭教育纳入社区家庭教育工作范围,纳入社区管理和社区服务的网络之中。要健全农民工居住地区的登记管理制度,针对农民工随迁子女的家庭教育存在的突出问题,充分利用社区教育资源,建立社区随迁子女家庭教育指导中心。随迁子女家庭教育指导中心由政府支持,妇联牵头,社会广泛参与的社会化、开放式的指导家庭教育工作机制。主要由教育工作经验丰富的退休教师或在职教师为指导的公益性的家庭教育指导机构,其主要职能:一是监督部分随迁子女家长履行家庭教育职责;二是为随迁子女提供集中学习活动场所;三是协调随迁子女家庭教育与学校教育的关系。

政府要在财力上给予教育指导中心相应的支持,在社区要为随迁子女家庭教育指导中心配备专门固定的活动场所,购置相应的办公设施,教育指导中心要有挂牌,要有家庭教育方面的书籍、家庭教育指导性的材料、家庭教育宣传材料等。要建立健全家庭教育指导中心的规章制度,加强指导中心的日常管理,要为指导中心的辅导员建立档案,同时建立辖区内随迁子女及其家长名册,尤其要建立贫困家庭、单亲家庭、孤残家庭等特殊家庭儿童档案,要有详细活动记录。

社区要建立一支相对稳定、素质较高、结构合理、专兼职相结合的社区教育管理者队伍和辅导员师资队伍,能定期开展岗前的转岗性培训和在岗的提高性培训。要充分挖掘和利用社区人才资源,聘请社区内退休的老教师、老干部做教育辅导员,组建素质较高的教育工作者队伍,能为社区内农民工及其随迁子女,提供公益性教育服务。帮助家长更新教育观念,树立正确的教育观、人才观,传授家庭教育基本知识,指导家长掌握科学的教子方法,交流和推广家庭教育成功经验,提高家长家庭教育能力,优化家庭教育环境。

教育指导中心在活动的内容方面,要针对社区随迁子女的实际

---

① 沈茹.农民工子女家庭教育问题及对策[J].中国农业大学学报(社会科学版),2006(3):96-100.

问题,要因地制宜,创造性地开展符合随迁子女身心健康发展需求的主题活动内容。如在新生入学之际组织随迁子女家长参加亲子共同成长讲座、亲子参与式活动。对学习困难的随迁子女,可以让受过培训的志愿者上门为其辅导功课。对有心理障碍的随迁子女,志愿者可以提供心理疏导等情感性支持。对随迁子女的家长开展分层次、多维度和可持续的帮助,将有着同质家庭教育问题的家长组织起来,定期开展主题沙龙活动,定期请专家指导。组织城乡家长之间的教育心得交流,介绍经验,形成一个家长网络,充分利用社会民间力量来改善农民工家庭随迁子女的教育方式,提高他们的家庭教育能力。

教育指导中心在活动的方式上,坚持个别辅导与全面普及相结合,结合实际采取座谈会、宣讲培训、发放家长教育宣传材料、组织知识竞赛和问卷调查等形式。加强家庭教育的理论研究,确定研究重点,推进家庭教育工作水平的不断提高。要定期评选优秀家长、优秀随迁子女等活动,树立典型及榜样。社区教育指导中心创设条件,引导随迁子女家长们交流教子经验,定期或不定期地召开家长教子经验交流座谈会,开展家长沙龙,请教育有方的学生家长交流教子经验,如:如何辅导孩子学习;怎样与孩子沟通;怎样做孩子的好朋友等。同时让家长们畅所欲言,谈困惑、找对策,达到取他人之长补自己之短的目的。通过采用参与式的活动方式,来调动随迁子女及其家长主动参与活动的积极性,使之真正参与到各种活动中来,增强随迁子女及其家长的信心,促进随迁子女及其家长形成社会网络,最终促进随迁子女家庭的社区融入。

社区还要加强与学校联系,依托社区的教育资源,建立家庭、学校和社区三结合的随迁子女教育互动网络,并在此基础上构建一个"多元互动合作"的家庭教育指导模式,在这个模式中,让学校指导家庭,以社区影响家庭,以家庭带动家庭,以家庭促进学校,家庭、学校、社区三者沟通合作,为农民工随迁子女家庭教育提供全方位的社区服务,共同优化育人环境,共同承担保证孩子健康成长的职责,改变农民工随迁子女无人管理的状态。

每年由妇联组织问卷调查,对社区随迁子女家庭教育指导中心的工作进行评价,评选优秀社区随迁子女家庭教育指导中心。只有这样,才能充分调动社区教育指导中心的积极性,不断拓展新的家庭教育服务内容,营造家庭教育工作的良好空间,才能提高随迁子女家庭教育的指导性,改善农民工随迁子女的家庭教育,才能长期有效地促进随迁子女的健康成长。

(二)建立社区随迁子女教育活动中心

社区应为随迁子女提供一个活动的场所,从而让生活其中的随迁子女在业余时间能聚在一起下下棋、踢踢球、做做游戏,相互探讨功课,沟通交流。对于农民工随迁子女来说,他们的父母对他们的教育在时间和精力的投入上都远远低于城市居民子女。父母文化素质偏低,无法辅导子女功课,遇到困难周围没有可以为其提供帮助的人。家中玩具有限,缺少同龄玩伴,放学后除了留守家中无处可去,无事可做,业余文化生活单一乏味,没有机会了解、融入自己所在的社区,只能在自己有限的活动空间内做着有限的事。因此,可以充分利用和开发社区资源,建立社区随迁子女活动中心。社区随迁子女活动中心服务对象主要是辖区内所有随迁子女,是为解决暂住在当地的农民工因工作忙没有时间辅导子女学习,或没有能力辅导子女学习的现实问题,为丰富随迁子女业余文化生活,提供活动场所、指导活动内容等的公益性组织。

社区组织成立相关随迁子女活动中心领导管理机构,选配活动中心负责人,负责活动中心的日常工作以及相关活动的组织工作和协调工作。从社区内聘用离退休教师、挑选家庭教育开展较好的家长、有爱心乐于服务志愿者等为活动中心的管理人员。由政府在财力上予以支持,提供专门供随迁子女活动的图书室、阅览室、自习室、棋牌室、绘画室、游戏室、演讲厅、综合活动室等,可供随迁子女开展各种活动。

社区要加强活动中心的管理工作,建立健全活动中心管理制度以及管理人员的工作职责,建立辅导员名册、档案和社区随迁子女的活动档案。加强社区与学校联系,建立社区教育与学校教育信息沟通机制,设置专门的信息员,负责双方的信息联系,及时了解农民工随迁子女在校的思想表现,加强对他们跟踪教育,让社区真正成为农民工随迁子女的"家",让他们也有主人的感觉。

随迁子女活动中心可以开展各种各样的活动,如功课辅导,针对放学后,大部分学生家长不在家、没人照看孩子的实际,活动中心开办义教课堂,聘请志愿者、义工、离退休教师等进行功课辅导。开展读书读报活动,使随迁子女养成每天阅读的好习惯。开展讲故事活动或游戏活动,如"小手拉大手,共创美好家园"、"争当美化、净化家园小卫士"等社会实践活动。引导随迁子女从小事做起,增强建设美好家园的责任感。指导他们开展"我为父母做一件事""助老小分队"等活动,促使他们养成尊老爱老的良好品德。开展"五子棋比赛"、"踢毽子比赛"、"跳绳比赛"等社区文体小竞赛,鼓励他们积极参加,养成动脑健身的习惯。通过活动丰富了随迁子女的课余生活,让随迁子女走出校门的同时走进社区,让学校教育与社区教育接轨。更重要的是让随迁子女能够从心理上融入暂住地,在情感上增强归属感,有助于学校教育与社区教育的真正结合与相互配合,有利于充分发挥社会群体对随迁子女个体发展的影响和促进作用。使社区随迁子女活动中心,真正成为随迁子女活动的乐园和社会实践的第二课堂,促进他们健康、快乐成长和良好行为习惯及道德品质的形成。

三、社区要广泛动员多方力量,关心随迁子女家庭教育问题

社区要积极和妇联、共青团等组织取得联系,争取他们的支持,共同做好农民工随迁子女家庭教育工作。充分发挥利用妇联、共青团等的组织优势和人员的专业优势,开展各种宣传和教育活动,提高人们对随迁子女家庭教育问题的认识水平。组织城市家庭与农民工家庭结对子活动,帮助改善随迁子女的家庭教育状况,提升随迁子女的家庭教育水平。举办社区随迁子女家长学校,强化家庭教育责任,提高家庭教育科学知识的覆盖面。同时,针对农民工家庭教育知识贫乏的现状,深入做好家庭教育科学知识的普及工作,提高家庭教育工作的知晓率,使随迁子女的家长树立正确的教育观念,掌握科学的家庭教育知识,提高自身素质和家庭教育能力。

社区要积极与扶贫、慈善等非政府组织机构取得联系,向这些组织宣传随迁子女家庭教育的重要性,动员他们对农民工随迁子女家庭进行援助,并根据随迁子女家庭的实际情况进行分类指导,如独生子女与非独生子女;家庭流动性较高与家庭相对固定的;家庭经济贫困与家庭经济较好;父母辅导能力较强与辅导能力较差等,研究分析现有随迁子女的家庭不同类型,制定相应帮扶对策,有针对性实施家庭教育支持帮助。变被动为主动,及时摸清随迁子女的流动情况、就学情况、家庭教育情况、心理健康情况、家庭经济情况等,为他们提供心理健康、家庭教育、家庭经济援助等多方面的全方位的补偿服务,提供与城市当地学生一致的社会公共服务,帮助随迁子女尽快适应新的学习环境、适应城市生活。

社会各界要继续加大对经济、生活特别困难的随迁子女家庭的支持帮助,使这部分儿童也能健康成长。社区要对农民工的"单亲家庭"和"特困家庭"的随迁子女给予更多的关心和爱护,对遭遇不幸的家庭进行慰问,对特别有困难的随迁子女按月提供生活资助,帮助他们改善经济状况,减轻家庭负担,以使监护人有条件照顾和关爱自己子女的生活、起居和学习。对品学兼优的随迁子女给予颁发奖学金等鼓励,力争做到把关爱从社区延伸到每个农民工家庭。社区要调动学者和青年志愿者的积极性,更多来关注特困家庭随迁子女的家庭教育问题,鼓励他们深入实际,开展经常性的调查研究,提出合理化的对策和建议。引导青年志愿者以丰富的知识、先进的理念和浓厚的热情,到农民工密集的社区去服务、支教,以改进农民工随迁子女的家庭教育现状。

相关社会组织和社区一起积极开办农民工家长学校,并努力提高家长学校培训的质量和服务类型,使农民工家长学校的建设更为科学化、规范化、制度化,使农民工家长逐渐得到了较为全面、系统、科学的家庭教育指导,提高农民工家庭教育的整体水平,改变农民工家庭教育低效性的现状。对农民工家长实施教育要有针对性,通过各种免费培训和咨询活动,加强农民工家长与子女的教育沟通能力,实施科学家庭教育指导,提高农民工的家庭责任感和社会责任感,使农民工认识到为人父母的家庭责任,尽养育子女的职责,履行社会道德规范。提高家长的文化素质以及家庭教育素质,帮助他们解决子女教育中的困难和问题,改变农民工家庭教育的随意性、盲目性。如浙江省杭州市从1999年开始创办社区家长学校以来,家长学校便以各种免费培训和咨询活动得到了民工家长们的热烈欢迎和好评。在调查中,超过76.3%进城时间逾两年的农民工家长接受了包括社区等家长培训学校的教育和咨询;近82.5%的农民工家长对家长学校表示满意或非常满意;72.6%的农民工家长认为这些家长培训机构对提高自己的家庭教育能力非常有帮助或有所帮助。需要指出的是,在帮助农民工家长完成从"自然父母"向"合格父母"的转变过程中,更该立足把提高家庭教育水平与提高家长素质有机结合起来,在促进农民工随迁子女的家庭教育过程中通过咨询、讲座、亲子互动等行之有效的方法使家长对孩子心理发展过程进行正确的引导和及时的帮助。[①]切实提高农民工家庭教育的水平,加强他们在城市社会的融合度,尽快适应城市生活。

社会要大力宣传普及家庭教育知识,树立正确的教育观念。要利用书籍、广播、电视、网络、新闻媒体等现代传媒方式和途径,深入宣传正确的家庭教育观念,传播成功的教育方法和经验,普及儿童身心健康发展的科学知识。建议在电视台的黄金时段播出诸如"家教讲座"、"家教话题"、"名人教子"等栏目,邀请社会各界人士探讨家庭教育的有效方式、方法,形成全社会关心家教,重视家教,支持家教的良好氛围。

---

① 陈儿,潘孝斌.进城民工子女家庭教育的调查与分析[J].中共杭州市委党校学报,2008;92.

附 录 一

农民工随迁子女家庭教育情况问卷调查
（农民工随迁子女调查问卷）

编号：_____

亲爱的同学：

你好！为了进一步了解农民工随迁子女的家庭教育现状及存在的问题，从而有针对性地逐步改善农民工随迁子女家庭教育现状，让农民工随迁子女受到更好的家庭教育，我们特编制了这份问卷。此份问卷，你不用填写真实姓名，答案也没有正确错误之分，只要根据所了解的情况如实填写即可。谢谢你的支持与合作！祝你学习进步！

填答说明：

1. 本问卷为选择题，在你认为正确的选项前打√。
2. 请用钢笔或圆珠笔填写。

你所在的学校：_____
你所在的班级：_____

问卷部分

1. 你的性别：A. 男　　B. 女
2. 你的民族：_____
3. 你的出生年月：_____年_____月
4. 你的户口类别：
   A. 农业户口　B. 城市户口　C. 其他
5. 你家住房面积多少？
   A. 40 平方米以下　　　　　B. 40—50 平方米
   C. 50 平方米以上

6. 在城市上学已有多久？
A. 1 年以内　　　　　　　B. 1—2 年
C. 2—3 年　　　　　　　 D. 3 年以上
7. 你在城市读书转过学吗？
A. 转过　　　B. 没有转过　　C. 转过几次学？（请说明）
8. 你有几个兄弟姐妹？
A. 一个　　　B. 两个　　　C. 两个以上　　D. 独生子女
9. 你有几个要好的朋友？
A. 许多　　　B. 一个　　　C. 两个
10. 你想回家乡吗？
A. 想　　　B. 不想　　　C. 偶尔想　　　D. 无所谓
11. 你家搬过家吗？
A. 搬过　　　B. 没有搬过　　C. 搬过几次家？（请说明）
12. 你自己是否愿意随父母到城市上学？
A. 愿意　　　B. 不愿意
13. 你认为与家乡相比，你喜欢城市学校吗？
A. 喜欢　　　B. 不喜欢　　　C. 差不多
14. 你认为你的学习成绩同在家乡比：
A. 上升　　　B. 下降　　　C. 差不多
15. 为了跟上你在城市的学习，你是否留级过？
A. 留了一次　　B. 留了两次　　C. 没留过
16. 你的成绩在班中属于哪种水平？
A. 优秀　　　B. 良好　　　C. 中等　　　　D. 较差
E. 很差
17. 城市学校的课本同你家乡的课本相同吗？
A. 相同　　　B. 不相同
18. 在平时学习和生活中，你感觉老师对你怎样？
A. 经常批评　　　　　　　B. 从不关注我
C. 对我不公平　　　　　　D. 不喜欢我
E. 对我很好

19. 学习遇到困难时老师会辅导你吗?
A. 经常　　　B. 有时　　　C. 很少　　　D. 从来不
20. 下课后,老师经常同你谈心吗?
A. 经常　　　B. 有时　　　C. 很少　　　D. 从来不
21. 课堂上,老师经常给你发言机会吗?
A. 经常　　　B. 有时　　　C. 很少　　　D. 从来不
22. 你每天都能按时完成作业吗?
A. 经常　　　B. 有时　　　C. 很少　　　D. 从来不
23. 你平时讲普通话还是说家乡话?
A. 普通话　　B. 家乡话　　C. 听不懂普通话
24. 你在空闲的时候喜欢读书吗?
A. 喜欢,也经常读　　　B. 不喜欢
C. 喜欢,但是不经常读
25. 你有多少本课外书?
A. 10 本以下　B. 10—50 本　C. 51—100 本　D. 100 本以上
26. 你在家里是否有学习的专用桌椅?
A. 有　　　　B. 没有
27. 你拥有的学习辅助用品情况(此题可多选):
A. 电脑　　　　　　　　B. 文曲星等电子词典
C. 随身听　　　　　　　D. MP3
E. 录音机、学习机　　　F. 其他
28. 父母为你学习是否请过家教?
A. 请过　　　B. 没有
29. 你是否参加过辅导班(包括提高班、特长班、补习班等)?
A. 参加过　　B. 没有参加
30. 家长对你学习的期望是:
A. 希望我好好读书,成绩优异　B. 只要成绩过得去就可以
C. 没有什么要求,很少过问我的学习
31. 你希望自己未来从事什么工作?(请填写)_____
32. 你希望自己完成什么学业?
A. 初中　　　　　　　　B. 高中

C. 职校、技校或中专　　　　D. 大专
E. 大学　　　　　　　　　　F. 研究生
J. 出国深造　　　　　　　　H. 不知道或未想过

33. 你愿意把得到老师表扬和批评的事情告诉父母吗？
　　A. 愿意　　　　　　　　B. 告诉表扬不告诉他们批评
　　C. 不说

34. 当你在生活中有困难、有烦恼时，一般更愿意向谁诉说或寻求帮助？
　　A. 老师　　　　　　　　B. 父母
　　C. 兄弟姐妹　　　　　　D. 同学或朋友
　　E. 不告诉别人，自己调整　F. 祖父母或外祖父母
　　J. 其他人

35. 你觉得家庭环境是否影响你的学习？
　　A. 不影响　　B. 有时候影响　C. 影响很大

36. 父母对你的管束你认为：
　　A. 很严格　　B. 还可以　　C. 比较宽松　　D. 不管不问

37. 如果父母两人都不在家，你会自己动手安排家里的事情吗？
　　A. 会　　　　　　　　　B. 不会，从来没做过
　　C. 会，但不做　　　　　D. 很喜欢自己动手

38. 你在家里做家务吗？
　　A. 经常做　　B. 偶尔做　　C. 不做

39. 你如果这次考试比平时考得好，父母会：
　　A. 表扬　　　B. 无所谓　　C. 给钱或者其他物质奖励

40. 当你成绩退步了，父母会：
　　A. 生气打骂　　　　　　B. 批评后同你一起找原因
　　C. 无所谓、无奈

41. 双休日中，你通常在家里做什么？请依次排列出：最爱做的是_____，其次是_____，再次是_____。
　　A. 读书学习　　B. 休息娱乐　　C. 帮父母干活　　D. 其他

42. 在课间、放学后、双休日，你和同学一起玩吗？
　　A. 很多　　　B. 较多　　　C. 一般　　　D. 较少

F. 没有

43. 在课间、放学后、双休日,你和同学一起做作业吗?
    A. 很多　　　B. 较多　　　C. 一般　　　D. 较少
    E. 没有

44. 在放学后,你通常较多的时间是干什么?(限选 3 项)
    A. 参加体育运动　　　　　B. 看电视、电影
    C. 上网玩游戏　　　　　　D. 学习、做作业
    E. 与同学朋友玩　　　　　F. 读书看报纸杂志
    G. 自己在家玩　　　　　　H. 帮父母干活
    I. 其他(请注明)

45. 你的父母是否带你去过比较正规的书店买书?
    A. 每次放假都会带我去　　B. 老师让买参考书的时候才带我去
    C. 很少带我去　　　　　　D. 从没去过

46. 父母在家辅导你学习吗?
    A. 经常辅导　　B. 偶尔辅导　　C. 从不辅导

47. 你父母要求你的平均成绩达到多少分?
    A. 90 分以上　　　　　　　B. 80 分以上
    C. 各科及格就行　　　　　D. 无要求

48. 父母经常和你在一起看书吗?
    A. 经常看　　B. 有时看　　C. 很少看　　D. 没有看过

49. 你父母最关心你哪方面的事情?
    A. 学习成绩　B. 身体健康　C. 品德修养　D. 兴趣爱好
    E. 其他

50. 当你在学习方面遇到困难时一般更愿意向谁求助?
    A. 老师　　　　　　　　　B. 父母
    C. 同学或朋友　　　　　　D. 查阅书籍自己解决
    E. 祖父母或外祖父母

51. 当你犯错误时,父母会怎样对待?
    A. 训斥、打骂　　　　　　B. 体罚
    C. 增加作业量　　　　　　D. 说服教育,从不惩罚

E. 无所谓　　　　　　　　F. 其他(请写明)

52. 你父母知道你的好朋友是谁吗?

A. 知道　　　B. 不知道

53. 家里有重要的事情,父母是否会征求你的意见?

A. 大多数时候征求　　　　B. 有时会征求

C. 不征求　　　　　　　　D. 偶尔征求

54. 你在家里你的心里话经常跟谁说?

A. 爸爸　　　B. 妈妈　　　C. (外)祖父母

D. 兄弟姐妹　E. 其他(请说明)

55. 每天回家后,和父母交流的时间是多少?

A. 半小时　　B. 1小时　　C. 2小时以上　D. 几乎不交流

56. 放学后你是否会与父母聊学校中的情况?

A. 每天都会聊　B. 经常聊　　C. 偶尔聊　　D. 几乎不聊

57. 父母经常和你在一起做游戏吗?

A. 经常　　　B. 有时　　　C. 很少　　　D. 没有

58. 你认为家中父母的关系:

A. 相处愉快,互相关心　　　B. 相处平和,关心不够

C. 相处冷漠,互不关心　　　D. 矛盾较多,经常吵架

59. 你与父母的关系为:

A. 互相尊重,平等的朋友关系

B. 父母听我的

C. 父母对我不管不问,关心不够

D. 父母专制,关系紧张

60. 你父母有空时经常做什么事情?(可多选)

A. 打麻将　　B. 赌牌　　　C. 闲聊　　　D. 看电视

E. 阅读　　　F. 酗酒　　　J. 唱歌　　　H. 上网

61. 你是否会因为父母是农民工而感到自卑?

A. 经常会　　B. 偶尔会　　C. 几乎不会

62. 你现在最想对爸爸妈妈说句什么话?

附录二

一、农民工随迁子女家庭教育情况问卷调查
（农民工家长问卷）

编号：_____

尊敬的家长：

您好！为了进一步了解您孩子的家庭教育现状及存在的问题，从而更好地帮助您对孩子进行科学教育指导，我们特编制了这份问卷，请您在仔细阅读后，根据您自己家庭的实际情况，如实填写这份问卷。相关信息只做学术研究，我们对此问卷将严格保密，请您放心填写。非常感谢您在百忙之中协助我们完成这份问卷！衷心祝愿您及家人一切顺利！祝您的孩子学业有成！

填答说明：

1. 本问卷为单项选择题，您在认为正确的选项前打√。
2. 请用钢笔或圆珠笔填写：

您现在居住地：_____（具体住址）

您的户籍所在地：_____省市_____（地）_____县（市）

问卷部分

1. 您户口所在省市：
   A. 省城内　　B. 县城内　　C. 农村
2. 您有几个孩子？
   A. 1个　　B. 2个　　C. 3个　　D. 4个
3. 您是孩子的父亲,文化程度是：
   A. 小学　　B. 初中　　C. 高中　　D. 大专
   E. 本科以上
4. 您是孩子的母亲,文化程度是：

A. 小学　　　　B. 初中　　　　C. 高中　　　　D. 大专
E. 本科以上
5. 您是孩子的父亲,职业是:
A. 小商小贩　　B. 家政服务　　C. 建筑装修　　D. 保安门卫
E. 零售业主　　F. 清洁工人　　G. 其他
6. 您是孩子的母亲,职业是:
A 小商小贩　　B 家政服务　　C 建筑装修　　D 保安门卫
E 零售业主　　F 清洁工人　　G 其他
7. 您的工作性质属于:_____
A. 自己当老板　　　　　　　B. 与老乡合伙做生意
C. 给暂住地企业打工　　　　D. 工作不稳定,打零工
8. 您每天工作时间是几小时?
A. 有固定工作时间,5—8 小时左右
B. 时间比较固定,每天约工作 10 个小时左右
C. 没有固定时间,时早时晚
9. 您的妻子或丈夫是否和您都在城市工作?
A. 是　　　　B. 否
10. 您全家每月收入大约多少?
A. 1 000 元以下　　　　　B. 1 001—2 000 元
C. 2 001—3 000 元　　　　D. 3 001—4 000 元
E. 4 000 元以上
11. 您大约每月为孩子花费多少?(含各项费用)
A. 100 元左右　　　　　　B. 100—200 元
C. 200—300 元　　　　　　D. 300—400 元
E. 500—600 元　　　　　　F. 700 元以上
12. 您家庭居住情况:
A. 独租房　　B. 合租房　　C. 买房　　　D. 单位宿舍
E. 工棚或简易棚　　　　　F. 住老板家或亲戚家
13. 您家的居住面积:
A. 40 平方米以下　　　　　B. 40—50 平方米
C. 50—60 平方米　　　　　D. 60 平方米以上

14. 您孩子的居住情况:

　　A. 孩子有独立的房间　　　　B. 孩子与父母同住一室

　　C. 孩子与其他人同住一室

15. 您把孩子带来城市的主要原因是什么?(可多选)

　　A. 在老家不听话　　　　　　B. 在老家老人照顾不过来

　　C. 自己想念孩子　　　　　　D. 希望孩子受到好的教育

　　E. 上学方便不用走山路　　　F. 其他原因

16. 您给孩子投了哪些保险?

　　A. 每学年50元的学生意外伤害保险

　　B. 每年上千元的商业保险

　　C. 什么保险都没上

17. 请您按照您所理解的重要程度,为以下家庭教育内容排序,排序为:

　　A. 培养良好学习习惯　　　　B. 培养良好的行为习惯

　　C. 智力开发　　　　　　　　D. 进行道德品质教育

　　E. 健康教育

18. 作为父母,您希望子女在哪些方面得到辅导,请按您的理解为下列选项排序:

　　A. 我想让孩子得到健全人格方面的辅导

　　B. 学习方法的辅导

　　C. 道德品质方面的辅导

　　D. 生活能力方面的辅导

19. 您所了解、掌握的家庭教育方面的常识主要来源于:

　　A. 从电视里学到的

　　B. 参考相关书刊、资讯、报纸了解的

　　C. 从邻里亲朋好友那里交流获得

　　D. 从自己的父母对自己的教育中学来的

　　E. 参加家庭教育讲座,听专家意见

　　F. 与校方及老师商量

　　G. 凭自己的感觉

　　H. 其他(请说明)

20. 您是否阅读过有关家庭教育的书籍？

A. 是　　　　B. 否

21. 您的孩子在上学前是否受过学前教育？

A. 在城镇上过正规幼儿园或学前班

B. 在老家村里上过幼儿园或学前班

C. 没上过

22. 您的孩子是否在打工子弟学校读过书？

A. 是　　　　B. 否

23. 您认为哪个更为重要：

A. 子女教育　　B. 创造家庭收入

24. 您认为教育孩子应当：

A. 有意识地采取科学的教育方式

B. 顺其自然，孩子是否成才是天生的

C. 按传统方式

25. 在家中孩子会经常和您沟通吗？

A. 经常沟通　　B. 有时沟通　　C. 根本不沟通

26. 您闲暇时间喜欢干什么？（根据您的情况为下列选项排序）

A. 看电视　　　　　　　B. 打扑克、玩麻将

C. 看书读报　　　　　　D. 找朋友聊天、喝酒

E. 逛街　　　　　　　　F. 上网

27. 您经常和孩子的老师联系，了解孩子的学习情况吗？

A. 能经常主动与老师联系，积极配合学校教育

B. 老师打电话时会象征性地问问

C. 很少过问

D. 从不过问

28. 您一般通过什么方式来了解您孩子在班级和学校中的情况呢？（可以多选）

A. 参加家长会

B. 老师给您打电话

C. 收到孩子的成绩单或学期评定

D. 与孩子交流

E. 通过孩子的同学或朋友

F. 面见老师

G. 与老师通信

H. 其他(请注明)

29. 您对孩子的学习成绩：

A. 非常重视　　B. 比较重视　　C. 一般情况　　D. 无所谓

30. 您对孩子现在就读学校的办学条件、老师的教学水平满意吗？

A. 满意　　　B. 无所谓　　C. 不满意

31. 您孩子现在的学习怎样？

A. 优秀　　　B. 良好　　　C. 中等或一般　D. 较差

32. 如果孩子学习不理想，您认为影响孩子成绩的主要原因是什么？（可多选）

A. 学校教育质量差　　　　B. 原来的基础差

C. 孩子不用功　　　　　　D. 与老师同学的关系不好

E. 家庭的问题　　　　　　F. 其他

33. 您的孩子有家庭教师吗？

A. 一直都有　　B. 曾经有过　　C. 从来没有

34. 您对孩子学业期望是什么？

A. 初中　　　B. 高中　　　C. 中专或职高　D. 大学

E. 研究生　　F. 出国深造

35. 您期望您的孩子将来从事什么职业？

A. 机关公务员、事业单位人员

B. 国内外大中型企业管理人员

C. 自己创业、个体、私营企业主

D. 商业服务人员

E. 工人

F. 农民

G. 军人

H. 专业技术人员（包括医生、律师、工程师、教师等）

I. 其他

36. 休息日或节假日,您是否经常带孩子去公园、博物馆等地方?
   A. 经常去   B. 有时去   C. 从来没去过
37. 您希望孩子将来生活和工作在什么地方?
   A. 留在城市工作、生活   B. 回家乡城镇工作、生活
   C. 回家乡农村工作、生活   D. 由孩子自己决定
38. 如果家庭经济条件允许的话,您喜欢给孩子买什么?(根据您的情况为下列选项排序)
   A. 为孩子买书籍、学习用品   B. 带他去公园
   C. 给孩子买新衣服   D. 带孩子吃肯德基、麦当劳
   E. 给孩子买玩具   F. 给孩子参加兴趣班
39. 目前您家庭主要负担是什么?
   A. 买房   B. 子女上学   C. 房租、水电等家庭日常开支
   D. 家庭成员医疗及保险费用   E. 其他
40. 您的孩子帮您做家务吗?
   A. 经常主动   B. 有时   C. 很少   D. 从不
41. 您把孩子留在家乡读书最大的担忧是什么?
   A. 农村教学质量差   B. 无人监护,孩子安全问题
   C. 生活习惯的养成   D. 父母不在身边,孩子学坏
42. 您把孩子带到身边读书最大的困难是什么?
   A. 住房   B. 经费   C. 看护
   D. 学校难进   E. 其他
43. 您家里有专供孩子学习做作业的书桌吗?
   A. 有   B. 没有
44. 您为孩子买一些课外读物吗?
   A. 经常   B. 偶尔
   C. 学校老师强烈要求时才买   D. 从不
45. 您认为父母应该主要注重孩子哪些方面的教育?(请排序,最多选五项)
   A. 身体健康   B. 知识教育   C. 情感培养   D. 品德教育
   E. 行为习惯   F. 其他(请注明)

46. 您经常和您孩子谈心吗？
A. 从来不　　B. 偶尔　　C. 经常　　D. 每天

47. 您与孩子在平常生活中谈到的主要内容是（最多选三项）
A. 自己的工作　　　　　　B. 家常事
C. 孩子的学习　　　　　　D. 孩子的身体健康
E. 社会上的热点　　　　　F. 家中的经济状况
D. 其他

48. 您平时注意孩子的饮食营养搭配吗？
A. 注意　　B. 不注意　　C. 偶尔注意

49. 下列知识您经常教育孩子吗？
A. 如何正确使用110、119、120　B. 传授安全知识和防范意识
C. 掌握应急急救措施　　　　　　D. 从不传授这样的知识

50. 您的孩子学习习惯如何？
A. 自己知道学习，不用怎么操心，放学回家后会先做作业然后再玩
B. 需要大人提醒、监督，才能做作业
C. 家长顾不上管他，反正作业他得做，有时会做到很晚才完成
D. 其他情况（请说明）

51. 您在家中辅导孩子学习吗？
A. 从来不　　　　　　　　B. 老师要求下
C. 经常辅导　　　　　　　D. 每天辅导
E. 有空闲的时候

52. 您辅导孩子学习采取什么方式？（可多选）
A. 指导孩子做功课　　　　B. 检查孩子完成的功课
C. 监督孩子做功课　　　　D. 提醒孩子做功课
E. 其他

53. 从不辅导和很少辅导孩子学习的原因是什么？
A. 没时间
B. 孩子功课太难，自己无法辅导

54. 您在家里打骂孩子吗？
A. 从来不　　B. 偶尔　　C. 经常打骂

55. 如果打骂,您为什么打骂孩子?(可多选)
   A. 因为学习成绩   B. 不听家长的话
   C. 做错事情   D. 您当时的心情不好
   E. 其他

56. 您对孩子的教育方法:
   A. 习惯说教批评、责备、打骂、体罚
   B. 沟通、交谈、表扬
   C. 做出榜样

57. 您的家庭教养方式:
   A. 以孩子为中心   B. 树大自然直
   C. 不打不成才   D. 民主、尊重

58. 您经常表扬孩子替他们树立信心吗?
   A. 不   B. 偶尔   C. 经常

59. 在家中,您认为父母和孩子的关系怎样?
   A. 关系紧张   B. 关系一般   C. 关系融洽   D. 其他

60. 您在决定与孩子有关的事情是否征求孩子的意见?
   A. 从不问   B. 很少问   C. 有时问   D. 经常问
   E. 每次都问

61. 您认为教育孩子主要是谁的责任?
   A. 家庭   B. 学校   C. 社会   D. 老师
   E. 其他

62. 您认为家庭教育在孩子的成长过程中应处于什么地位?
   A. 必不可少
   B. 可有可无,在家长有时间和精力的情况下应进行家庭教育
   C. 教育是学校老师的事,不是家庭的责任

63. 在教育孩子过程中,您最大的苦恼是什么?
   A. 没时间教育孩子
   B. 不知道教育方法
   C. 夫妇意见不一致
   D. 孩子不理解家长的苦心,孩子不接受教育
   E. 其他(请注明)

64. 您在教育孩子时,是否会提前思索应该采取的方式与方法？

　　A. 每次都会　　B. 经常会　　C. 偶尔会　　D. 不会

65. 您在教育完孩子后,是否会有意识地总结、反思自己的教育方式方法？

　　A. 每次都会　　B. 经常会　　C. 偶尔会　　D. 不会

66. 您认为在教育孩子问题上最重要的因素是什么？

　　A. 有良好的家庭物质条件

　　B. 父母受过较高教育

　　C. 父母有正确的教育方法

　　D. 有好的学校和老师

　　E. 不知道

　　F. 其他

67. 您觉得有必要接受教育孩子的知识吗？

　　A. 有必要,再忙我自己也要学或者请教

　　B. 需要,但没时间精力

　　C. 不需要,孩子自己成长

　　D. 学不学都一样

　　F. 其他

68. 您对孩子看电视或上网玩游戏的态度是什么？

　　A. 只要不耽误学习,随便看、随便玩

　　B. 从时间上加以限制,只允许休息日看或玩

　　C. 在电视内容上和游戏内容上把关,避免不健康内容对孩子的影响

　　D. 从来不让看电视,玩游戏

69. 您认为,您的家庭里人际关系情况怎样？

　　A. 相处愉快,互相关心　　　B. 相处平和,关心不够

　　C. 相处冷漠,互不关心　　　D. 矛盾较多,经常争吵

70. 您是否参加所在社区的活动或组织？

　　A. 经常参加　　　　　　　B. 有时参加

　　C. 很少参加　　　　　　　D. 从来没参加过

71. 您的孩子生活习惯怎样?

A. 自己的事情自己做,如按时起床,做扫地、洗小衣服等小家务事

B. 总是大人督促提醒才行,很少做家务

C. 孩子时间挺紧的,父母该多帮助孩子处理生活问题,家务事不用做,孩子只管把学习搞好就行了

72. 您的孩子参加下列活动的情况怎样?

家务活:

A. 经常干　　　　　　B. 偶尔干　　　　　　C. 基本不干

社会公益活动:

A. 经常参加　　　　　B. 偶尔参加　　　　　C. 不参加

社区活动:

A. 经常参加　　　　　B. 偶尔参加　　　　　C. 不参加

73. 您是否参加过孩子所在的学校组织的家长培训,如家长学校、有关教育孩子方面的讲座等?

A. 很少参加　　　　　B. 从未参加过　　　　C. 经常参加

74. 您觉得自己需要补充教育子女的教育学和心理学知识吗?

A. 非常需要　　　　　　B. 比较需要

C. 不大需要　　　　　　D. 不需要

75. 您更希望从下列哪些机构中获得家庭教育方面的指导?

A. 孩子所在的学校　　　B. 社区机构

C. 政府教育部门　　　　D. 社会福利结构

76. 您认为学校、社区和政府部门等应该采取什么方式指导家庭教育?(不限项)

A. 以专题讲座、家长会等集体方式为主

B. 以家访、来学校咨询等个别方式为主

C. 根据学生实际情况分类进行指导为主

D. 以发放报纸、书籍等资料形式为主

E. 其他

77. 您最想对孩子说的一句话是什么?

_____。

二、农民工家长访谈提纲节选

1. 家庭有几口人？来源地哪里？婚姻情况怎样？在城市生活几年？
2. 您受教育情况怎样？您做什么工作？劳动强度如何？能适应城市的生活节奏吗？
3. 你们家目前主要的压力来自哪方面？在孩子的教育投入问题上，您承担得起吗？
4. 您的孩子多大了？读几年级？孩子转过学吗？孩子在家听话吗？孩子会帮忙做家务吗？
5. 孩子有事，愿意和您谈吗？谈话的内容是什么？您平常跟孩子沟通吗？
6. 管教孩子是否遇到困难？遇到了哪些困难？
7. 您对孩子有什么期望？在学习方面您希望读到什么程度？希望孩子从事什么工作？
8. 您最关心孩子的什么事情？对孩子的学习情况、人际交往情况、生活技能情况了解吗？
9. 当您在家庭教育上遇到困难时，您最希望得到来自哪方面的帮助？
10. 您家庭重视孩子的学习吗？怎么重视的？给孩子检查作业、辅导功课吗？给孩子请家教、主动购买学习用的辅导书或习题集吗？给孩子报课外辅导班吗？
11. 您平时是怎样教育孩子的？主要靠说服教育，还是打骂孩子？谈谈您的教育方法。教育方法是否因为从农村到了城市而有所改变？如果在某个问题上您和孩子的意见不一致，您会怎么办？
12. 哪些因素影响了您在教育孩子上的转变？是家长会、电视网络、书籍报刊吗？周围城市人教育孩子对您教育孩子是否有影响？
13. 您教育孩子的知识是如何获得的？您觉得自己教育孩子的

知识够用吗？是否考虑过通过某种方式增加教育知识、提高教育水平？

14. 您觉得家庭教育重要吗？教育是学校的事，这种说法对不对？

15. 家长会或其他家校活动，您参加吗？您经常与学校教师联系吗？您在学校获得哪些教育资源？您对此有什么看法？

16. 您家庭居住社区环境和人际交往情况怎样？您家庭与所在的社区有互动吗？您在社区获得哪些教育资源？

附录三

农民工随迁子女家庭教育情况问卷调查
（教师调查问卷）

编号：_____

尊敬的老师：

您好！农民工随迁子女教育问题已逐渐成为社会普遍关注的问题，本研究从家庭教育角度对这个问题进行研究。为了进一步了解农民工随迁子女在学校的学习、生活、思想等方面的情况，我们特编制了这份问卷。请您在仔细阅读后，根据自己观察的实际情况，以及自己的感受，如实填写这份问卷。相关信息只做学术研究，本问卷采取无记名的形式答卷，答案无对错之分，我们对此问卷将严格保密，请您放心填写。衷心感谢您真诚的合作！

填答说明：

1. 本问卷为单项选择题，您在认为正确的选项前打√。
2. 请用钢笔或圆珠笔填写。

问卷部分

1. 您的性别：
   A. 男　　　　B. 女
2. 您的教龄：
   A. 0—10年　　B. 10—20年　　C. 20年以上
3. 您的职称：
   A. 小教一级　B. 小教二级　C. 小教高级　D. 小中高
4. 是否担任班主任：
   A. 是　　　　B. 否
5. 您现在主要任教学科：

A. 语文　　　B. 数学　　　C. 英语　　　D. 音乐
E. 体育　　　F. 美术　　　G. 其他

6. 您现在任教年级是：
A. 一年级　　B. 二年级　　C. 三年级　　D. 四年级
E. 五年级　　F. 六年级

7. 政治面貌：
A. 党员　　　B. 团员　　　C. 群众　　　D. 其他党派

8. 您认为农民工随迁子女与本地城市居民子女相比很难管教吗？
A. 很难　　　B. 一般
C. 不难　　　D. 与本地城市居民子女没什么区别

9. 您认为农民工随迁子女与本地城市居民子女相比最大的差别是什么？
A. 学习成绩普遍较差　　　B. 学习缺乏热情和动力
C. 行为习惯差　　　　　　D. 性格孤僻
D. 家庭教育缺乏　　　　　E. 不守纪律
F. 品德修养差

10. 您校教师对承担农民工随迁子女学生的教学任务的态度怎样？
A. 都愿意　　　　　　B. 大部分愿意
C. 少部分人愿意　　　D. 大部分不愿意

11. 就您所教的学科而言，学校采用的教材适合农民工随迁子女吗？
A. 适合　　　B. 比较适合　　C. 不太适合

12. 学校招收农民工随迁子女，就本校教师而言，您认为目前最需要加强的是什么？
A. 工作态度　　B. 知识素养　　C. 教学技能　　D. 沟通技巧
E. 课堂组织管理能力　　　　F. 其他

13. 您对农民工随迁子女父母最大的希望是什么？
A. 重视教育孩子　　　　　　B. 常与孩子沟通交流
C. 对孩子采取正确的教育方式　D. 常与老师保持联系

14. 您认为教育农民工随迁子女存在哪些困难?
A. 难以与随迁子女的父母取得联系
B. 难以与随迁子女的父母沟通
C. 随迁子女的家长娇宠放纵,不管孩子
D. 随迁子女的家长不懂得教育方法
15. 您认为农民工随迁子女有哪些优点?
A. 独立生活能力强　　　　B. 学习很自觉
C. 遵守纪律　　　　　　　D. 吃苦耐劳
E. 勤俭节约

教师访谈提纲

1. 您班农民工子女占班级学生的比例是多少？家庭状况怎样？
2. 您觉得农民工随迁子女与本地城市居民子女的关系怎样？本地城市居民子女对他们的态度怎样？
3. 农民工家庭重视子女的家庭教育吗？
4. 农民工随迁子女遇到问题，家长会不会主动与老师联系交流？
5. 学校召开家长会、开展课堂开放等需家长配合的各类教育活动，这些农民工家长参与情况如何？
6. 在平时的教育教学活动中，农民工随迁子女存在哪些问题？
7. 在与农民工家长互动中的分歧在哪里？
8. 农民工家长如何看待学校和家庭关于教育的分工？

参考文献

一、专著

1. 鲁洁主编.教育社会学[M].北京:人民出版社,1990年.
2. 缪建东.家庭教育社会学[M].南京:南京师范大学出版社,1999年.
3. 关颖.社会学视野中的家庭教育[M].天津:天津科学院出版社,2000年.
4. 赵忠心.家庭教育学[M].北京:人民教育出版社,1993年.
5. 赵忠心,黄富顺主编.中国家庭子女教育[M].吉林:吉林教育出版社,2000年.
6. 王兆萍.转型经济发展中的文化断裂与贫困研究[M].北京:中国社会科学出版社,2007年.
7. [法]布迪厄著,包亚明译.文化资本与社会炼金术[M].上海:上海人民出版社,1997年.
8. 哈经雄,腾星.民族教育学通论[M].北京:教育科学出版社,2001年.
9. 杨昌勇,郑淮.教育社会学[M].广州:广东出版社,2005年.
10. 蒋国河.教育获得的城乡差异[M].北京:知识产权出版社,2007年.
11. [美]乔纳森·特纳.社会学理论的结构[M].北京:华夏出版社,2001年.
12. 薛晓源,曹荣湘.全球化与文化资本[M].北京:社会科学文献出版社,2005年.
13. [法]布迪厄,华康德,李猛,李康.实践与反思——反思社会学导引[M].北京:中央编译出版社,1998年.
14. 张人杰.国外教育社会学基本文选[M].上海:上海华东师

范大学出版社,1989 年.

15. 刘少杰. 后现代西方社会学理论[M]. 北京:社会科学文献出版社,2002 年.

16. [澳]马尔科姆·沃特斯. 现代社会学理论[M]. 北京:华夏出版社,2000 年.

17. 侯钧生. 西方社会学理论教程[M]. 天津:南开大学出版社,2001 年.

18. [美]戴维·兰德斯著,门洪华等译. 国富国穷[M]. 北京:新华出版社,2001 年.

19. [美]文森特·帕里罗等著,周兵等译. 当代社会问题 [M]. 北京:华夏出版社,2002 年.

20. [美]英格尔斯(Alex Inkeles)著,殷陆君译. 人的现代化[M]. 成都:四川人民出版社,1985 年.

21. [美]阿玛蒂亚·森(Sen. Amartyak). 贫困与饥荒[M]. 北京:商务印书馆,2001 年.

22. 林宇. 家庭文化资本与农民工子女成就动机内驱力[M]. 厦门:厦门大学出版社,2011 年.

23. 杨德森主编. 行为医学[M]. 长沙:湖南师范大学出版社,1990 年.

24. 陈成文. 社会弱者论——体制转换时期社会弱者的生活状况与社会支持[M]. 北京:时事出版社,2000 年.

25. 郑其龙. 家庭教育学[M]. 长沙:湖南教育出版社,1984 年.

26. [苏]马卡连柯. 马卡连柯全集第三卷[M]. 北京:人民教育出版社,1957 年.

27. 蔡元培. 中学修身教科书[M]. 北京:中央广播电视大学出版社,2012 年.

28. 中国超常儿童追踪研究协作组. 怎样培养超常儿童[M]. 西安:西安交通大学出版社,1987 年.

29. 国务院发展中心课题组. 农民工市民化[M]. 北京:中国发展出版社,2010 年.

30. 世界银行. 2006 年世界发展报告:公平与发展[M]. 北京:

清华大学出版社,2006年.

31. 李惠斌,杨雪冬.社会资本与社会发展[M],北京:社会科学文献出版社,2000年.

32. 柯兰君,李汉林主编.都市里的村民——中国大城市的流动人口[M].北京:中央编译出版社,2001年.

33. 渠敬东.生活世界中的关系强度——农村外来人口的生活轨迹[M].北京:中央编译出版社,2001年.

34. 中国进城务工农民子女教育研究及数据建设课题组.中国进城务工农民子女教育研究[M].北京:教育科学出版社,2001年.

35. [美]戴维·斯沃茨.文化与权力——布尔迪厄的社会学[M].上海:上海译文出版社,2006年.

36. 杨东平.中国教育公平的理想与现实[M].北京:北京大学出版社,2005年.

37. 刘精明.国家、社会阶层与教育——教育获得的社会学研究[M].北京:中国人民大学出版社,2005年.

38. [法]卢梭.论人类不平等的起源和基础[M].北京:商务印书馆,1962年.

39. [美]罗尔斯.正义论[M].北京:中国社会科学出版社,1988年.

40. 吴康宁.教育社会学[M].北京:人民教育出版社,1998年.

41. 杨东平.深入推进教育公平[M].北京:社会科学文献出版社,2008年.

42. 邱天助.布尔迪厄文化再制理论[M].台北:桂冠图书公司,2002年.

43. 李路路.再生产的延续:制度转型与城市社会分层结构[M].北京:中国人民大学出版社,2003年.

44. 陈一筠.家庭与下一代[M].北京:社会科学文献出版社,1996年.

45. 陈会昌.德育忧思——转型期学生个性心理研究[M].北京:华文出版社,1999年.

46. 钟水映.人口流动与社会经济发展[M].武汉:武汉大学出

版社,2000年.

47. [苏]霍姆林斯基著,林志英译.家长教育学[M].北京:中国妇女出版社,1982年.

48. 周大鸣.渴望生存:农民工流动的人类学考察[M].广州:中山大学出版社,2005年.

49. 费孝通.乡土中国[M].北京:三联书店,1985年.

50. 周沛.社区社会工作[M].北京:社会科学文献出版社,2002年.

51. Peter M. Blau and Otis Dudley Duncan. The American occupational structure[M]. N. Y.:The Free Press,1967.

52. Coleman,J. S. Family,school and social capital. In Husen,T. & Postlethwaite,T. N. (Eds),International encyclopedia of education[M]. Oxford:Pergamon Press,1994.

53. Putnam D. Robert. Making democracy work:civic traditions in modern Italy[M]. Princeton University Press. 1993.

二、期刊

1. 孙银莲.论家庭文化资本对学生成长的影响[J].湖南师范大学教育科学学报,2006(7).

2. 钟艳君,王小丁,邓芷苡.近年来我国进城务工人员随迁子女义务教育问题研究综述[J].文史博览(理论),2013(9).

3. 朱伟珏."资本"的一种非经济学解读——布迪厄"文化资本"概念[J].社会科学,2005(6).

4. 宇红,王欢.解读布尔迪厄的社会资本理论[J].理论界,2004(3).

5. 克莱尔.消除贫困与社会整合:英国的立场[J].国际社会科学杂志(中文版),2000(4).

6. 胡湘明.论中国青年心理健康的社会支持系统[J].青年探索,1996(5).

7. 贺寨平.国外社会支持网研究综述[J].国外社会科学,2001(1).

8. 肖水源.社会支持对身心健康的影响[J].中国心理卫生杂志,1987(4).

9. 李强.社会支持与个体心理健康[J].天津社会科学,1998(1).

10. 丘海雄.社会支持结构的转变:从一元到多元[J].社会学研究,1998(4).

11. 张文宏,阮丹青.城乡居民的社会支持网[J].社会学研究,1999(3).

12. 蔡禾,叶保强,邝子文,卓惠兴.城市居民和郊区农村居民寻求社会支援的社会关系意向比较[J].社会学研究,1997(6).

13. 谢亚男.家庭教育是构建和谐社会的基础[J].湖南科技学院学报,2006(12).

14. 张萍,赵晓伟.新形势下家庭教育与和谐社会关系探析[J].福建党史月刊,2010(6).

15. 何金定.从几个大城市看我国流动人口的特征影响及对策[J].南方人口,1998(3).

16. 张文新,林崇德.青少年的自尊与父母教育方式的关系——不同群体间的一致性与差异性[J].心理科学,1998(6).

17. 李宏利,张雷.家庭社会资本及其相关因素[J].心理科学进展.2005(3).

18. 陆铭,李爽.社会资本、非正式制度与经济发展[J].管理世界,2008(9).

19. 卢燕平.社会资本与我国经济和谐发展[J].统计研究,2007(10).

20. 孙俊华,陈传明.企业家社会资本与公司绩效关系研究——基于中国制造业上市公司的实证研究[J].南开管理评论,2009(2).

21. 周新富.家庭社会资本组成构面及其与学习结果之关系[J].台湾教育社会学之研究,2003(3).

22. 曾守锤,章兰根.流动儿童家庭教育的若干特点及其对社会工作的启示意义[J].华东理工大学学报(社会科学版),2008(4).

23. 项继权.农民工子女教育:政策选择与制度保障——关于农

民工子女教育问题的调查分析及政策建议[J]. 华中师范大学学报（人文社科版），2005（3）.

24. 雷万鹏,杨帆. 流动儿童教育面临结构转型——武汉市流动儿童家长调查[J]. 教育与经济，2007（1）.

25. 查啸虎,黄育文. 从冲突到融合:进城农民工子女的课堂文化适应研究[J]. 教育科学研究，2011（1）.

26. 乔金霞. 互动与融合——基于符号互动理论视角下的农民工子女社会融合教育[J]. 哈尔滨学院学报，2012（10）.

27. 刘黎红,胡伟. 关于构建流动儿童家庭教育社会支持体系的思考[J]. 中共青岛市委党校青岛行政学院学报，2009（2）.

28. 章淼榕. 青年农民工家庭教育现状调查与行动研究[J]. 武汉理工大学学报（社会科学版），2012（6）.

29. 宋蓓. 农民工子女的城市融入[J]. 安徽教育学院学报，2006（7）.

30. 宋林飞. 农民工子女的城市融入[J]. 江苏社会科学，2005（5）.

31. 汪恭敬,王守恒,姚运标. 文化资本视角下推进农民工随迁子女教育公平的策略[J]. 中国电力教育，2009（2）.

32. 文东茅. 家庭背景对我国高等教育机会及毕业生就业的影响[J]. 北京大学教育评论，2005（3）.

33. 李春玲. 社会政治变迁与教育机会不平等——家庭背景及制度因素对教育获得的影响（1940－2001）[J]. 中国社会科学，2003（3）.

34. 余秀兰. 文化再生产:我国教育的城乡差距探析[J]. 华东师范大学学报（教育科学版），2006（2）.

35. 李琼,倪玉菁,李小青. 新课程改革环境下教育的平等性:家庭社会经济背景对学生成绩的影响[J]. 全球教育展望，2011（4）.

36. 周序. 文化资本与学业成绩——农民工家庭文化资本对子女学业成绩的影响[J]. 国家教育行政学院学报，2007（2）.

37. 齐学红. 学校、家庭中的文化资本与社会资本[J]. 全球教育展望，2007（4）.

38. 许昆鹏.对流动农民家庭教育投资情况的调查分析——以杭州市为例[J].农业经济,2006(3).

39. 陈儿,潘孝斌.进城民工子女家庭教育的调查与分析——基于对浙江省七地民工家庭的实地调查[J].中共杭州市委党校学报,2008(4).

40. 糜薇.农民工流动子女的家庭教育问题与社会工作的介入——对成都市郊农民工家庭调查的思考[J].法制与社会,2008(9).

41. 黄显钧.进城农民工子女家庭教育的若干问题及解决对策[J].法制与社会,2011(7).

42. 刘芳.昆明市流动人口子女家庭教育问题研究[J].昆明学院学报,2011(1).

43. 冯绮云.流动人口子女教育问题的研究综述[J].华东经济管理,2007(6).

44. 段成荣,吕利丹,王宗萍,郭静.我国流动儿童生存和发展:问题与对策——基于2010年第六次全国人口普查数据的分析[J].南方人口,2013(4).

45. 李静.福利多元主义视域下流动儿童家庭教育社会支持体系研究[J].理论导刊,2012(11).

46. 马流辉.农民工流动家庭化的趋势及其政策应对[J].江浦纵横,2013(12).

47. 郭江平.农村人口流动家庭化现象探析[J].理论探索,2005(3).

48. 李禄胜.对城市流动人口生存状态的分析和思考[J].宁夏社会科学,2002(3).

49. 沈茹.城市农民工子女家庭教育问题及对策[J].中国农业大学学报(社会科学版),2006(3).

50. 李慧玲.农民工随迁子女教育问题的对策建议[J].青少年研究(山东省团校学报),2011(5).

51. DiMaggio, P. Cultural capital and school success. The impact of status culture participation on the grade of U. S. high school students

[J]. American Sociological Review, 1982(2).

52. Downey, D. B. When bigger is not better: family size, parental resources and children's educational performance [J]. American Sociological Review, 1995(5).

53. Wong, R. S. K. Multidimensional influences of family environment in education: the case of socialist Czechoslovakia [J]. Sociology of Education, 1998(1).

54. De Graaf, P. M. The impact of financial and cultural resources on educational attainment in the Netherlands [J]. Sociology of Education, 1986(4).

55. Farkas, G., Grobe, R. P., Sheehan, D. & Shuan, Y. Cultural resources and school success: gender, ethnicity and poverty groups within an urban school district [J]. American Sociological Review, 1990(1).

56. Coleman, J. S. Social capital in the creation of human capital [J]. American Journal of Sociology, 1988(supplement).

57. Blake, J. Number of siblings and educational mobility [J]. American Sociological Review, 1985(5).

58. Fejgin, N. Factors contributing to the academic excellence of American Jewish and Asian students [J]. Sociology of Education, 1995(1).

59. Khattab, N. Social capital, students' perceptions and educational aspirations among Palestinian students in Israel [J]. Research in Education, 2002(68).

60. Hagan, J., Mac Millan, R. & Wheaton, B. New kid in town: social capital and the life course effects of family migration on children [J]. American Sociological Review, 1996(3).

61. Stevenson, D. L. & Baker, D. P. Shadow education and allocation in formal schooling: transition to university in Japan [J]. American Journal of Sociology, 1992(6).

62. Teachman, J. D. Family background, educational resources and educational attainment [J]. American Sociological Review, 1987(4).

63. Bourdieu, P. Reproduction in education, society and culture[J]. Sage,1990.

64. StrausMA,SugarmanDB,Giles-silms J. Speaking by parents and subsequent antisocial behavior of children[J]. Arch Pediatr Adolesc Med,1997(8).

三、博士、硕士学位论文

1. 陈锋.文化资本导论[D].北京:中共中央党校,2005年.

2. 龚雯.进城农民工子女家庭教育的城市适应研究[D].长沙:中南大学,2007年.

3. 马菱.进城农民工子女家庭文化资本研究——以上海市闵行区为例[D].上海:华东师范大学,2010年.

4. 李壮.农民工社会资本、城市融入与城市规划管理[D].北京:中国城市规划设计研究院,2013年.

5. 张妗帆.家庭社会资本与儿童社会交往的关系研究——以某城镇为例[D].长春:吉林大学,2012年.

6. 杨卉.流动儿童家庭教育研究[D].北京:中央民族大学,2007年.

7. 刘丹.流动儿童家庭教育资本研究[D].昆明:云南大学,2010年.

8. 瑞晓辉.农村公办小学中流动儿童家庭教育问题及对策[D].北京:首都师范大学,2007年.

9. 刘爱香.小学农民工子女家庭教育问题及对策[D].济南:山东师范大学,2009年.

10. 赖越颖.流动儿童家庭教育现状的个案研究[D].重庆:西南大学,2008年.

11. 刘南.流动人口家庭教育实地研究[D].南京:南京师范大学,2006年.

12. 李建丽.学校对城市弱势群体家庭教育支持的研究[D].天津:天津师范大学,2007年.

13. 张娟.家庭社会资本影响中职生教育选择的问题研究[D].

重庆:西南大学,2008年.

14. 李伟梁.流动人口子女家庭教育问题研究[D].武汉:华中师范大学,2003年.

15. 黄小燕.小学农民工子女家庭教育问题初探[D].重庆:西南大学,2006年.

16. 严警.家庭教育文化资本研究[D].武汉:华中师范大学,2012年.

17. 王洪兰.家庭文化资本的传承研究[D].武汉:华中科技大学,2006年.

18. 马连奇.农村家庭文化资本与初中英语学习效果关系的研究[D].重庆:西南大学,2008年.

19. 黄娟.家庭背景对大学毕业生就业的影响研究[D].长沙:湖南师范大学,2010年.

20. 刘顺平.资本占有与关系获得——对班级场域学生社会地位分层的研究[D].上海:华东师范大学,2010年.

21. 甄国玲.我国农村的家庭文化资本对儿童受教育状况的影响——一种文化再生产现象的分析[D].上海:上海师范大学,2007年.

22. 高飞.农民工家庭教育资源现状研究[D].北京:北京师范大学,2006年.

23. 梁霞.家校合作——青少年社会化的有效途径[D].上海:上海师范大学,2005年.

24. 柳波.并非通过法律的维权——以中国转型期"农民工"的维权途径选择为视角[D].重庆:西南政法大学,2008年.

25. 郑凌燕.我国高校大学生资助政策存在的问题及对策研究[D].南昌:南昌大学,2009年.

26. 张丽.农民工子女家庭教育现状的调查和研究[D].上海:上海师范大学,2011年.

27. 章春苗.温州民工子女家庭教育问题研究 [D].金华:浙江师范大学,2007年.

28. 刘家伶.试论曾国藩的家庭语文教育对现代家长的启示

[D].长沙:湖南师范大学,2008年.

29. 颜楚华.当前农村贫困地区家庭教育问题初探[D].长沙:湖南师范大学,2004年.

30. 赵芬.山西省农民工随迁子女义务教育公平问题研究[D].太原:山西财经大学,2011年.

31. 李福华.农民工随迁子女义务教育政府执行问题研究[D].郑州:郑州大学,2013年.

32. 廖水根.农民工随迁子女义务教育管理机制研究[D].南昌:南昌大学,2007年.

33. 刘立志.新时期我国青少年犯罪问题的思考[D].大连:辽宁师范大学,2004年.

34. 王平华.农民工子女义务教育的缺位及保障对策研究[D].南京:河海大学,2007年.

后 记

随着工业化、城市化进程的日益加快和市场对劳动力资源需求的不断增加,农民工以家庭形式进入城市的人数也越来越多,伴随这一现象,农民工随迁子女教育问题成为比较突出的社会问题之一。在农民工随迁子女教育问题中,家庭教育无疑是最为关键和基础的,它面临着巨大的压力和挑战,逐渐成为一个重大的社会问题。农民工随迁子女在城市学习是否得到公平对待?家庭教育是否得到应有的重视?这是我多年来一直在思考的问题。父母大学毕业后分配在苏北农村中学教书,父亲身体不好,我三个月便在保姆家生活,在苏北农村度过金色童年。待我胜似亲人的保姆、儿时最亲密的伙伴,他们都是农民和农民的子女,我深知他们生活学习的艰辛。尽管我已在城市生活三十多年,但内心深处依然深藏着浓厚的乡村情结,他们贫困的家庭生活,艰难的求学经历,曾无数次栩栩如生地闯入我的梦乡,这也注定了我与农民以及农民的子女有着天然的千丝万缕的联系和割舍不断的牵挂。多年来,我一直观察他们、关注他们,先后就农民工随迁子女教育问题发表了多篇文章;主持完成了镇江市软科学项目《镇江市农民工子女家庭教育问题研究》,本书是在此课题研究基础上,进一步充实而形成的。

在本书即将付梓之际,感谢我的导师安徽师范大学金维才教授,在写作过程中,导师从选题、结构安排,到创新提炼都给予悉心指导,导师严谨治学的态度和谆谆教诲,我始终铭记在心。感谢江苏科技大学马克思主义学院、公共管理学院的领导、同事们的大力支持帮助。在写作过程中,还得到了镇江市京口区教育局副局长于咏梅、镇江市中山路小学校长黄涛、镇江市实验小学校长施勤、镇江市润州实验小学校长樊安成、镇江市桃花坞小学校长蔡艳、镇江市朱方路小学校长徐海东、镇江市京口区教育局教育科科长江亚平、南京市栖霞区教育局副局长韩俊、句容市崇明小学校长曹慧、句容市实验小学书记张双林及副校长熊开玉、金坛市华罗庚实验学校副校长孟国卫、镇江市妇女联合会副主席郑迎伟、镇江市公安局杨进等诸位的大力协作,是他们的热情接纳和积极配合,保证了调查工作的顺利进行,在此向他们表示感谢!特别要感谢我的家人,感谢他们对我的理解和支持!他们始终是我奋发向上、不断进取的力量源泉!

农民工随迁子女家庭教育问题研究是一项系统深入且具有重要现实意义的课题,由于作者研究功力不足,学识有限,书中纰漏、不足之处在所难免,敬请各位专家、学者批评指正。

沈 茹

2015 年 5 月 16 日于镇江